Research on the Cultivation of English
Autonomous Learning Ability from Multidimensional Perspectives

多维视角下的英语自主学习能力培养研究

易斌 著

中山大学出版社
SUN YAT-SEN UNIVERSITY PRESS

·广州·

版权所有　翻印必究

图书在版编目（CIP）数据

多维视角下的英语自主学习能力培养研究/易斌著.—广州：中山大学出版社，2024.6
ISBN 978 - 7 - 306 - 08106 - 3

Ⅰ.①多…　Ⅱ.①易…　Ⅲ.①英语—学习方法—研究　Ⅳ.①H319.3

中国国家版本馆 CIP 数据核字（2024）第 103599 号

DUOWEI SHIJIAOXIA DE YINGYU ZIZHU XUEXI NENGLI PEIYANG YANJIU

出 版 人：	王天琪
策划编辑：	金继伟
责任编辑：	金继伟
封面设计：	曾　婷
责任校对：	管陈欣
责任技编：	靳晓虹
出版发行：	中山大学出版社
电　　话：	编辑部 020 - 84110283，84113349，84111997，84110779，84110776
	发行部 020 - 84111998，84111981，84111160
地　　址：	广州市新港西路 135 号
邮　　编：	510275　　传　真：020 - 84036565
网　　址：	http://www.zsup.com.cn　　E-mail: zdcbs@mail.sysu.edu.cn
印 刷 者：	广东虎彩云印刷有限公司
规　　格：	787mm×1092mm　1/16　20 印张　350 千字
版次印次：	2024 年 6 月第 1 版　2024 年 6 月第 1 次印刷
定　　价：	78.00 元

如发现本书因印装质量影响阅读，请与出版社发行部联系调换

内容简介

从党的十八大开始,中国特色社会主义进入新时代。随着我国日益融入国际社会,英语在促进国际交往、提升国家软实力等方面发挥的作用愈发不可或缺。英语作为国际通用语言的地位日益彰显。英语不仅关系到国家的对外开放和国际交流,而且是推动中华优秀文化传播的重要工具。在新时代,英语自主学习能力的培养符合我国教育发展方向,对于提升我国国际竞争力、培养适应新时代要求的人才具有重要的现实意义和深远的影响。

本书从语感教学、情商教学、任务型教学、叙事教学、自媒体建设、信息素养教育六个视角,对新时代英语自主学习的重要性和自主学习能力培养的策略进行了分析、反思和论证,阐明"学习兴趣—学习意识—学习习惯—学习成就"四位一体对英语自主学习能力培养的重要意义,以期为广大学子适应终身学习社会、树立英语学习自信提供参考与启示。

目 录

绪 论 …………………………………………………………………… 1

第一章 语感教学与英语自主学习能力培养 ……………………… 27
  第一节 语感教学概述 ………………………………………… 27
  第二节 语感教学的意义与原则 ……………………………… 45
  第三节 语感教学中培养英语自主学习能力的策略 ………… 62

第二章 情商教学与英语自主学习能力培养 ……………………… 75
  第一节 情商教学概述 ………………………………………… 75
  第二节 情商教学的意义与原则 ……………………………… 101
  第三节 情商教学中培养英语自主学习能力的策略 ………… 108

第三章 任务型教学与英语自主学习能力培养 …………………… 123
  第一节 任务型教学概述 ……………………………………… 123
  第二节 任务型教学的意义与原则 …………………………… 159
  第三节 任务型教学中培养英语自主学习能力的策略 ……… 165

第四章 叙事教学与英语自主学习能力培养 ……………………… 174
  第一节 叙事教学概述 ………………………………………… 174
  第二节 叙事教学的意义与原则 ……………………………… 183
  第三节 叙事教学中培养英语自主学习能力的策略 ………… 189

第五章 自媒体建设与英语自主学习能力培养 …………………… 227
  第一节 自媒体概述 …………………………………………… 227
  第二节 自媒体建设的意义与原则 …………………………… 240
  第三节 自媒体建设中培养英语自主学习能力的策略 ……… 244

第六章　信息素养教育与英语自主学习能力培养……………… 265
　第一节　信息素养概述……………………………………… 265
　第二节　信息素养教育的意义与原则……………………… 279
　第三节　信息素养教育中培养英语自主学习能力的策略………… 287

结　语……………………………………………………… 304

参考文献…………………………………………………… 307

绪　　论

2012年11月在北京召开的中国共产党第十八次全国代表大会，是在我国进入全面建成小康社会决定性阶段召开的一次十分重要的大会。从党的十八大开始，中国特色社会主义进入新时代。2017年10月18日，习近平总书记在中国共产党第十九次全国代表大会上，作了题为《决胜全面建成小康社会　夺取新时代中国特色社会主义伟大胜利》的报告，指出"中国特色社会主义进入了新时代"。进入新时代，是从党和国家事业发展的全局视野、从改革开放和十八大以来取得的历史性成就和历史性变革的方位上作出的科学判断。这个新时代，是在新的历史条件下继续夺取中国特色社会主义伟大胜利的时代。中国特色社会主义进入新时代是我国发展新的历史方位。

一、研究缘起

1. 全球化、多元化时代英语的重要价值日益彰显

自冷战结束后，跨国贸易的迅速发展，以及信息技术革命等因素共同促成了20世纪末全球化时代的到来。毫无疑问，全球化使国际间的交流日益增强，语言接触愈加频繁。因此，全球化从某种意义上表现为语言的全球化，而语言的全球化也为全球通用语的产生提供了可能性。就目前来看，英语就恰好充当了全球通用语的角色。

英语在国际上广泛传播的原因可以从语言内部与外部两个方面来分析。从内因来看，英语的接纳能力强，对发展变化有较强的适应性，有的学者把英语的混合特质与渗透性看作英语的根本特征。这种特征使英语迅速延伸到各种新的领域，也在一定程度上解释了英语成为世界性语言的原因所在。从外因来看，开始于17世纪的英国殖民扩张以及20世纪美国经济的崛起使英语迅速发展为全球通用语。20世纪70年代末开始的信息技

术革命及20世纪90年代的全球化浪潮加速了英语的国际传播。

英语作为全球通用语，使用极为广泛。世界上把英语作为第一语言的国家很多，把英语作为第二语言的国家也与日俱增。在人类历史上，还没有哪种语言能像英语传播得这样迅速与广泛。① 为此，许多把英语作为第二语言或外语的国家甚至面临着民族共同语与英语之间的竞争和冲突，英语的渗透成为一个不得不面对的现实问题。

可见，社会生活的信息化与经济的全球化以及文化的多元化使英语的重要性日益彰显。英语作为最重要的信息载体之一，已成为人类生活各个领域中使用最为广泛的语言。学习英语不仅符合信息时代的需要，还有利于学生的全面发展及人才素质的提高，以及学生在多元化社会中的发展和认知能力的提高。因此，许多国家在基础教育发展战略中把英语教育作为公民素质教育的重要组成部分。在我国，英语教育发展速度飞快，学习英语的学生人数由1985年的不足5000万增加到2008年的1.6亿以上（如果加上幼儿园阶段学习英语的儿童，就有2亿以上）。② 英语几乎是各级各类学校的必修课程。尤其从2001年起，我国各地的小学陆续开始设立英语课程，个别地方的一些幼儿园也开始开设英汉双语课程。英语学习的重要性成了全社会关注的话题。

2. 新时代"双减"背景下提高学习效率的现实需求

2021年国家出台了《关于进一步减轻义务教育阶段学生作业负担和校外培训负担的意见》（以下简称"双减"政策），要求持续打好"双减"攻坚落实战。"双减"政策以其措施全面性、治理周期长效性，彰显了政府在新时代持续治理中小学生学业负担过重问题的决心，重塑了学校教育主阵地的地位，构建了学校教育提质增效的"减法思维"与"课堂教学—作业设计—课后服务"的良性循环路径。③ 随着我国教育改革的深入推进，"双减"政策已经成为社会关注的焦点。在这个背景下，英语自

---

① [英] D. Nettle, S. Romaine, *The Extinction of the World's Languages* (Oxford: Oxford University Press, 2007), p.31.

② 刘道义：《外语基础教育发展报告（1978—2008）》，上海外语教育出版社2008年版，第222页。

③ 李芳："双减"政策下学校教育提质增效的问题与突破，载《云南师范大学学报（哲学社会科学版）》2023年第5期，第139–148页。

主学习的重要性和作用日益凸显。

（1）提高学习效率。随着"双减"政策的实施，英语自主学习显得尤为重要。通过自主学习，学生可以合理安排自己的学习时间，提高学习效率。与此同时，自主学习还能帮助学生养成良好的学习习惯，培养其终身学习的能力。

（2）拓宽学习渠道。在实施"双减"政策背景下，传统的英语课堂教学受到了一定的限制。而英语自主学习则可以有效地拓宽学习渠道，让学生在更广阔的领域里学习英语。如今，互联网上丰富的英语学习资源为学生提供了无限的学习空间。通过多渠道自主学习，学生可以接触到更多的英语素材，提高自己的英语实际运用能力。

（3）培养创新能力。"双减"政策强调减轻学生负担，这为学生提供了更多自由发展的空间。英语自主学习可以让学生在掌握基本知识的基础上，进一步发挥自己的主观能动性，培养创新能力。在自主学习过程中，学生需要不断探索、尝试，从而找到适合自己的学习方法。这种创新能力的培养，有助于学生未来的发展。

（4）提高综合素质。英语自主学习不仅仅是为了提高英语成绩，更重要的是提高学生的综合素质。通过自主学习，学生可以锻炼自己的意志力、自制力，培养良好的学习习惯。此外，英语自主学习还能帮助学生提高跨文化交际能力，拓展国际视野。

（5）应对未来挑战。在全球化的背景下，英语已经成为国际交流的重要工具。具备良好的英语能力，有助于学生应对未来的挑战。虽然"双减"政策减轻了学生的学业负担，但社会对学生英语能力的要求并未降低。因此，英语自主学习显得尤为重要。

3. 培养英语学科核心素养的有效路径

2014年3月，教育部发布《关于全面深化课程改革 落实立德树人根本任务的意见》，提出了"核心素养"这一重要概念，要求将研制与构建学生核心素养体系作为推进课程改革深化发展的关键环节。核心素养概念的提出，旨在充分体现和发挥学科的育人功能，落实立德树人的根本任务，是我国顺应世界教育改革发展潮流，从国家战略的高度，为新世纪教育改革确立的发展方向。围绕英语核心素养来设计和实施英语课程，必定会成为我国英语教育改革的一个里程碑。① 只有抓住学科核心素养，才能抓住学科教育的根本。② 英语学科核心素养涵盖了与语言有关的重要素质，体现了落实"立德树人"的育人要求，与《中国学生发展核心素养》中的文化基础、自主发展及社会参与总体框架高度吻合和对应。其中，学习能力属于自主发展的一部分，语言能力和思维品质属于文化基础的一部分，而文化意识既属于文化基础的一部分，又属于社会参与的一部分。③ 自主学习作为一种现代化的学习方式，对于培养英语学科核心素养具有重要的意义。

在语言能力方面，自主学习鼓励学生主动接触和运用英语，通过独立阅读、听力练习、口语表达和写作等活动，不断提高英语语言理解和表达能力。在自主学习的过程中，学生可以根据自己的兴趣和需求选择学习内容，自主创设语言环境，增强语言实践，从而有效提升语言能力。

在文化意识方面，自主学习促使学生积极探索英语国家的文化背景，通过阅读、观看影视作品，网络交流等多种途径，了解和比较不同文化之间的情感态度、价值观、文化传统和社会文化现象。这有助于培养学生的文化意识，提高其跨文化交际能力。

在思维品质方面，自主学习倡导学生独立思考，通过分析、综合、评价等认知过程，培养其批判性思维能力。在自主学习过程中，学生不断探索和解决问题，有利于提高其思维品质，培养创新精神和实践能力。

在学习能力方面，自主学习强调学生成为学习的主体，通过制订学习计划、选择学习策略、调控学习过程、评价学习成果等环节，培养学生的自主学习能力。这有助于学生形成终身学习的理念，提高学习效率，为未来的学习和发展奠定坚实的基础。

综上所述，自主学习在培养英语学科核心素养方面具有重要作用。通过自主学习，学生可以全面提升语言能力、文化意识、思维品质和学习能力，为适应终身发展和社会需要奠定坚实的基础。因此，教育工作者应重

---

① 程晓堂、赵思奇：《英语学科核心素养的实质内涵》，载《课程·教材·教法》2016年第5期，第79-86页。

② 余文森：《从三维目标走向核心素养》，载《华东师范大学学报（教育科学版）》2016年第1期，第11-13页。

③ 束定芳：《关于英语学科核心素养的几点思考》，载《山东外语教学》2017年第2期，第35-41页。

视培养和提高学生的英语自主学习能力，从而有效促进英语学科核心素养的培养。

二、研究意义

新时代英语作为国际通用语言，其地位日益重要。英语不仅关系到国家对外开放和国际交流，还是推动中华优秀文化传播的重要工具。随着我国日益融入国际社会，英语作为国际通用语言，在促进国际交往、提升国家软实力等方面发挥着不可或缺的作用。

在教育领域，英语是重要的外语科目，从小学到大学，英语教育普及率持续上升，为培养能够参与国际竞争和交流的人才奠定了基础。在职场上，英语能力往往是衡量人才的重要标准之一，有助于求职者拓宽就业和职业发展的道路。此外，随着互联网和新媒体的发展，英语在网络文化和信息传播中也占据着显著位置。在全球化的今天，具备良好的英语能力无疑为人们获取信息、交流思想提供了极大的便利。

总的来说，新时代英语在我国的地位体现在其作为国际交流的工具，在教育、职场、文化传播等多个领域的广泛应用，以及国家对外语教育改革的持续重视。在新时代背景下，培养学生的英语自主学习能力不仅是教育发展的需要，更是学生个人发展和社会进步的一个重要因素。新时代英语自主学习能力培养的意义主要体现在以下七个方面。

1. 满足国家教育战略需求

随着我国国际化进程的加快，英语已经成为推动社会主义核心价值观国际化、加强国际交流与合作的重要工具。提升国民的英语应用能力，尤其是青少年的英语自主学习能力，是实现我国教育现代化、建设学习型社会、培养拔尖创新人才的重要举措。

2. 促进学生个体发展

在知识经济时代，个人需要不断学习新的知识和技能以适应社会的发展。培养学生的英语自主学习能力，有助于他们通过自我探索和终身学习提升自身素质，增强国际竞争力，实现个人价值。

3. 提升国际理解与交流能力

英语作为国际交流的通用语言，掌握英语并能自主学习，有助于学生更好地理解世界的多样性，提升跨文化沟通能力，为构建人类命运共同体做出贡献。

4. 培养创新精神和实践能力

自主学习鼓励学生主动探索，独立解决问题。这有助于培养学生的创新精神和实践能力，符合我国新时代对创新型人才的需求。

5. 实现教育公平与质量提升

自主学习能力的培养能够使学生根据自己的学习节奏和学习方式进行学习，有助于实现学习资源的公平分配，提高学生的学习效率和学习质量。

6. 减轻学生负担

培养学生的自主学习能力，可以引导学生合理规划学习任务，减少学生对教师的依赖，从而在一定程度上减轻学生的学习负担。

7. 适应教育技术发展

随着信息技术的发展，多媒体和网络资源为学生提供了丰富的学习材料和手段。培养学生英语自主学习能力，可使学生有效地利用这些资源，提升学习效果。

新时代英语自主学习能力的培养符合我国教育发展方向，对于提升我国的国际竞争力、培养适应新时代要求的人才具有重要的现实意义。同样，研究英语自主学习能力的培养无疑具有重要的理论意义和实践意义。

（1）理论意义。

第一，完善教育心理学理论。自主学习是教育心理学中的一个重要概念，对其培养机制的研究有助于完善和发展教育心理学相关理论，特别是在语言学习领域。

第二，构建以学生为中心的教育模式。自主学习能力的研究强调学生在学习过程中的主体地位，有助于构建以学生为中心的教育模式，提高教育的个性化和适应性。

第三，提供学习策略研究的视角。自主学习能力培养涉及学习策略的选择和使用，研究这一问题可以为学习策略研究提供新的多维视角和理论基础。

第四，促进跨学科研究的融合。自主学习能力培养的研究往往需要结合教育学、心理学、社会学等多个学科的理论和方法，有助于促进跨学科研究的融合和发展。

（2）实践意义。

第一，增强学习动机和兴趣，提高学习效率和质量。自主学习鼓励学生根据自己的兴趣和需求选择学习内容和方法，有助于增强其学习动机和兴趣，提高学习的积极性和主动性。自主学习能力培养可以帮助学习者更有效地学习英语，提高学习效率和成绩，并促进深度学习和理解。

第二，培养终身学习能力。自主学习能力是终身学习的重要基础，通过培养自主学习能力，可以帮助学生在未来不断变化的社会中适应新的学习需求。

第三，适应教育技术的发展，促进教育公平。随着教育技术的快速发展，自主学习能力培养的研究可以为新型教学模式的设计和应用提供指导，如在线学习平台、移动学习应用等。自主学习能力培养可以帮助那些在传统教育环境中处于不利地位的学生通过自主学习取得进步，从而促进教育公平。

第四，促进教师专业发展。自主学习能力培养的研究可以为教师提供新的教学方法和策略，支持并促进教师的专业发展和教学创新。

总之，研究英语自主学习能力培养不仅在理论上有助于丰富和完善教育理论体系，而且在实践中对于提高学生的学习效率、培养终身学习能力、适应教育技术发展等方面都具有重要的指导意义。

三、研究方法

1. 文献研究法

文献研究法即通过阅读、分析、整理有关文献材料，全面、正确地研究某一问题的一种方法。文献法是一种古老而又富有生命力的科学研究方法。对现状的研究，不可能全部通过观察与调查，它还需要对与现状有关的种种文献做出分析。没有继承和借鉴，就没有发展，而研究先前的历史事实需要借助文献。文献法属于非接触性的研究方法。因此，根据相关的理论框架，从一定的方法论、价值取向出发收集、分析、解释有关自主学习的各类文献资料，揭示其蕴含的意义，是本书最为基础的工作。本书的文献资料主要包括语感教学、情商教学、任务型教学、叙事教学、自媒体建设、信息素养教育六个方面。本书通过对以上文献资料的分析，力求做到渊源有自，论述有理有据。

2. 逻辑论证法

逻辑思维又称抽象思维，是人的认识的高级阶段，即理性认识阶段，是人脑对客观事物间接概括的反映，并凭借科学的抽象揭示事物的本质。其特点是以抽象的概念、判断和推理作为思维的基本形式，以分析、综合、比较、抽象、概括和具体化作为思维的基本过程，从而揭露事物的本质特征和规律性联系。逻辑论证法能够帮助人们清晰地表达思想，有条理地分析问题，提高论证的严密性和说服力。只有经过逻辑思维，人们才能把握具体对象的本质，进而认识客观世界。本书从语感教学、情商教学、任务型教学、叙事教学、自媒体建设、信息素养教育六个视角，对新时代英语自主学习的重要性和自主学习能力培养的策略进行了逻辑论证，为拓宽人们对自主学习的认识提供了新的视角。

3. 比较研究法

有比较才有鉴别，有比较才有超越。比较研究法是一种根据特定标准，将两个或多个相关事物进行对照分析的研究方法，旨在揭示这些事物之间的相似性和差异性，进而把握它们的内在联系和本质特征，以揭示教育的普遍规律及其特殊表现，从而得出符合客观实际的结论。比较研究的本质在于从事物的相互联系和差异的比较中观察事物、认识事物，从而探索规律。正如爱因斯坦所说："知识不能单从经验中得出，而只能从理智的发明同观察到的事实两者的比较中得出。"① 本书通过情商与智商的比较、任务型教学与传统 3P（presentation 讲授，practice 练习，production 表达）教学的比较、自媒体语境和信息化教学环境与传统教学环境对自主学习能力培养的比较分析，探讨其各自的优点及存在的不足，并挖掘其中的内在规律性，以更好地为我所用。本书还通过对不同教学方法和策略的比较，揭示英语教学改革的合理路径，以更好地为未来的课程设计与教学改革提供有价值的参考。

四、研究主题

（一）国内外关于自主学习及其能力培养的研究

从 20 世纪 50 年代开始，自主学习就已成为教育心理学领域研究的一个重要课题。操作主义、人本主义、建构主义、社会认知学派和信息加工心理学等从不同角度对自主学习进行了研究。国内外关于自主学习的研究涵盖了多个方面，包括理论探讨、方法研究、实践应用等。

1. 自主学习理论研究

自主学习的概念与内涵：学者们对自主学习的定义进行了广泛的探讨，尽管尚未形成统一的定义，但普遍认为它是一种学习者主动控制学习过程、自我调节学习策略、自我评价学习成果的学习方式。

理论基础：研究通常涉及人本主义心理学、认知心理学、社会建构主义等理论，这些理论均为自主学习提供了理论支撑。

2. 自主学习方法与策略研究

方法论：如何实施自主学习，包括学习环境的构建、学习任务的设计、学习资源的提供等。

策略研究：探讨学习者在自主学习过程中采用的具体策略，如时间管

---

① ［德］爱因斯坦：《爱因斯坦文集》（第一卷），许良英、范岱年编译，商务印书馆 1976 年版，第 278 页。

理、目标设定、自我激励、资源搜索等。

3. 自主学习现状调查与分析

现状调查：通过问卷调查、访谈等方法，了解学生在不同学科、不同教育阶段自主学习的现状。

问题分析：针对调查发现的问题，如学习动机、自我监控能力、学习策略的应用等，进行深入分析。

4. 自主学习能力培养与评估

能力培养：研究如何在教育实践中提升学生的自主学习能力，如课程设计、教学方法改革等。

评估体系：构建评估学生自主学习能力的指标体系，包括自我激励、元认知、资源利用等方面的能力。

5. 不同教育领域学生自主学习能力培养研究

学科教学：如何在语文、数学、外语、地理等学科教学中融入自主学习。

教育层次：从幼儿园到高等教育，不同教育阶段自主学习的特点与实施策略。

特殊群体：针对不同学生群体，如中等职业学校学生、高中生、研究生等，研究自主学习能力的培养。

6. 自主学习指导策略与原则

理论依据：结合自主学习的理论基础，提出教师指导学生进行自主学习的原则。

实践应用：构建具体的教学策略，指导实际教学中自主学习的应用。

国内外学者关于自主学习的研究不仅关注理论的探讨，更侧重于实践中的应用研究，力图在教育改革中发挥重要作用，帮助学生形成适应终身学习和社会发展需要的自主学习能力。

国外学者 Holec 将自主学习定义为"负责自己学习的能力"，这种能力具体表现在确定学习目标、决定学习内容和进度、选择学习方法和策略、监控学习过程、评估学习效果等方面。① Dickinson 认为，自主学习既是一种学习态度，又是一种独立学习的能力。② Zimmerman 认为，自主学习的定义具有三个特征：第一，学习者具有较强的元认知和动机方面的自我调节能力；第二，学习者能有效监控学习进程并根据反馈及时调整学习计划；第三，学习者知道适时使用特定的学习策略并做出正确的反应。③ Benson 认为，自主学习是一种让学习者更多地自我管理自身学习的能力。④ Pintrich 认为，自主学习是一种主动的、建构性的学习过程，在这个学习过程中学生首先确定自己的学习目标，接着监视、调节、控制由目标和情境特征所引导和约束的认知、动机以及行为，自主学习在学生的个体、环境以及总和的成就中起中介作用。⑤ Little 认为，自主学习能力主要包括三种：一是能够准确地对自己的能力进行公正客观的评价，并且能够做出决定的能力；二是元认知能力，也就是学生对于学习的计划、监控以及评价的能力；三是能够运用有效资源以及在自主学习过程中保持良好心态的能力。⑥

关于自主学习的内在机制，社会认知学派的 Como 和 Mandinach 最早提出了一个自主学习模型，对自主学习的产生、保持及其与学习成绩的关系做了说明。在此基础上，持信息加工观点的 Butler 和 Winne 又提出了一个更为详尽的自主学习模型，以此来阐释自主学习的内在机制。⑦ 关于自主学习与学习成绩的关系，Ablard 和 Lipschultz 指出，学生自主学习之间

---

① ［法］H. Henri, *Autonomy and Foreign Language Learning* (Oxford: Pergamon Press, 1981), pp. 44 – 45.

② ［英］L. Dickinson, *Self-instruction Language Learning* (Cambridge: Cambridge University Press, 1987), pp. 12 – 13.

③ ［美］B. J. Zimmerman, "Self-regulated Academic Learning and Achievement: the Emergence of a Social Cognitive Perspective", *Educational Psychology Review* (1990): 173 – 181.

④ ［英］P. Benson, P. Voller, *Autonomy and Independence in Language Learning* (London: Longman, 1997), pp. 112 – 113.

⑤ ［捷克］P. R. Pintrich, *The Role of Goal Orientation in Self-regulated Learning* (California: Academic Press, 2000), pp. 425 – 501.

⑥ ［美］D. Little, *Learner Autonomy: Definition, Issue and Problems* (Dublin: Authentik Language Learning Resources Ltd, 1991), p. 48.

⑦ ［英］D. L. Butler, P. H. Winne, "Feedback and Self-regulated Learning: A Theoretical Synthesis", *Review of Educational Research* (1995): 245 – 281.

的差异，可能与他们在成就目标方面的差异有关。① 对于自主学习能力的获得，社会认知学派的 Schunk 和 Zimmerman 认为，它是一个把外部学习技能内化成自己能力的过程，要先后经历观察、模仿、自我控制和自主阶段。②

国内学者董奇和周勇认为，"自主学习"和"他控学习"是相对的，是学生提高其学习效率，达到其学习目标，并确保其学习成功的过程。在学习活动的整个过程里，学生把自己所进行的学习活动作为意识对象，同时需要不断地进行积极、自觉的计划、监察、评价、反馈、控制和调节。自主学习具有能动性、反馈性、调节性、迁移性、有效性等特征。③

庞维国认为，自主学习一般是指个体自觉确定学习目标、制订学习计划、选择学习方法、监控学习过程、评价学习结果的过程或能力。他将自主学习概括为建立在自我意识发展基础上的"能学"，建立在学生具有内在学习动机基础上的"想学"，建立在学生掌握了一定的学习策略基础上的"会学"，建立在意志努力基础上的"坚持学"。④ 具体来说，从横向角度看，如果学生的学习动机是自我驱动的，学习内容是自己选择的，学习策略是自主调节的，学习时间是自我计划和管理的，学生能够主动营造有利于学习的物质和社会性条件，并能够对学习结果做出自我判断和评价，则其学习就是充分自主的。反之，如果学生在学习的各个方面完全依赖他人的指导和调控，则其学习就不是自主的。从纵向角度看，如果学生在学习活动之前，自己能够确定学习目标、制订学习计划、做好具体的学习准备，在学习活动中能够对学习进展、学习方法做出自我监控、自我反馈和自我调节，在学习活动后能够对学习结果进行自我检查、自我总结、自我评价和自我补救，则其学习就是自主的。如果学生在整个学习过程中

---

① ［德］K. Ablard, R. Lipschultz, "Self-regulated Learning in High-achieving Students: Relations to Advanced Reasoning, Achievement Goals, and Gender", *Journal of Educational Psychology* (1998): 94–101.

② ［德］D. Schunk, B. J. Zimmerman, "Self-regulation of Learning and Performance", *Lawrence Erlbaum Associates* (1994): 4–20.

③ 董齐、周勇：《论学生学习的自我监控》，载《北京师范大学学报》1994年第1期，第8–14页。

④ 庞维国：《自主学习：学与教的原理和策略》，华东师范大学出版社2003年版，第4页。

完全依赖他人的指导和调控，则其学习就不是自主的。①

余文森认为，自主学习的内涵包括主动性、独立性和自控性。主动性是自主学习的基本品质，它表现为"我要学"，是基于学生对学习的一种内在需要。独立性是自主学习的灵魂，表现为"我能学"，是学生学习的一种重要品质。在自控性方面，自主学习要求学生对为什么学习、能否学习、学习什么、如何学习等问题有自觉的意识和反应。它突出表现在学生对学习的自我计划、自我调整、自我指导、自我强化上，即在学习活动之前，学生能够自己确定学习目标、制订学习计划、选择学习方法、做好学习准备；在学习活动之中，能够对自己的学习过程、学习状态、学习行为进行自我观察、自我审视、自我调节；在学习活动之后，能够对自己的学习结果进行自我检查、自我总结、自我评价和自我补救。②

徐锦芬认为，自主学习能力应包括了解教师的教学目的与要求、制订学习计划、监控学习策略的使用等，并以大学生为研究对象就英语自主学习能力的发展规律及其影响因素进行探讨，得出元认知策略、掌握目标定向、补偿策略、记忆策略对自主学习能力具有显著影响的结论。③ 华维芬和冷娜认为，动机调控策略被证实与自主学习能力显著相关，使用动机调控策略越频繁、越恰当，英语学习者的自主性越强。④ 华维芬的调查表明，互联网时代学生的数字素养与其自主学习能力密切相关。⑤

国内关于自主学习能力培养的研究呈现多元化的特点，覆盖了不同学段、不同学科以及不同的教学环境。从学段上来看，既有针对大学生自主学习能力的研究，也有对小学生、中学生自主学习能力培养策略的探讨。在学科领域，除了通用的教育学领域，还有具体到语文、数学等学科的自主学习研究。此外，研究者还关注如何在特定的教学环境中，如在信息技术支持的环境下或是在远程教育中，培养学生的自主学习能力。

---

① 左昕：《关于自主学习的理论和能力培养的策略问题——基于初中历史自主学习视角的研究》，华东师范大学硕士学位论文，2010年，第3-4页。
② 余文森：《自主学习的内涵》，载《江西教育》2008年第14期，第39页。
③ 徐锦芬：《中国大学生英语自主学习能力发展规律及影响因素研究》，外语教学与研究出版社2014年版，第37页。
④ 华维芬、冷娜：《自主学习与动机调控策略研究》，载《外语研究》2017年第4期，第49-52页。
⑤ 华维芬：《数字素养与英语自主学习研究》，载《外语教学》2020年第5期，第66-70页。

在自主学习能力的定义和特征上，国内研究普遍认同自主学习能力包含学习目标的自我设定、学习策略的主动运用、学习过程的自我监控以及对学习结果的自我评价等方面。在培养自主学习能力的策略上，国内研究提出了多种方法。首先，教师需要通过激发学生的学习兴趣来提高他们的学习动机。其次，教师要教授学生有效的学习策略，帮助他们掌握获取、加工和应用知识的方法。再次，教师需要培养学生的自我监控能力，使他们能够对自己的学习过程进行有效的管理。最后，通过构建积极的学习氛围，教师可以鼓励学生进行合作学习，从而在互动中提升自主学习能力。在具体的实施过程中，研究者们提倡将自主学习与传统的接受学习相结合，发挥两者各自的优势。比如，在课堂中，教师的角色从知识的传递者转变为学习的引导者和促进者，引导学生开展探究性学习、合作学习等。

从国内外研究的趋势看，关于自主学习的研究已经从20世纪80年代的各派纷争开始转向对诸家自主学习理论的综合，更多的研究者注重从各派自主学习理论中吸收合理的成分，纳入自己的研究框架，不断地探索和实践，以期找到更有效的培养自主学习能力的策略和方法。但文献检索结果表明，在关于自主学习的众多研究中，目前尚无从多维视角来系统探讨英语自主学习能力培养问题的。故本研究在新时代，尤其是全球一体化、中华民族走向伟大复兴、社会信息化发展，以及"双减"政策实施等国内外大背景下，具有一定的现实意义和学术价值。

（二）自主学习的含义与特征

1. 自主学习的含义

自主学习具有以下三个方面的含义：第一，自主学习是由学习者的态度、能力和学习策略等因素综合而成的一种主导学习的内在机制。简言之，就是学习者指导和控制自己学习的能力。比如，制订学习目标的能力、针对不同学习任务选择不同学习方法和学习活动的能力、对学习过程进行监控的能力、对学习结果进行评估的能力等。对教育实践者（以及学习者本身）来说，培养自主学习就是培养学习者自主学习的能力。第二，自主学习指学习者对自己的学习目标、学习内容、学习方法以及使用的学习材料的控制权。通俗地讲，就是学习者在以上这些方面进行自由选择的程度。从另一个角度讲，就是教育机制（教育行政部门、教学大纲、学校、教师、教科书）给予学习者的自主程度或者是对学习者自由选择的宽容度。对教育实践者来说，培养自主学习就是在一定的教育机制中提供自主学习的空间以及协调自主学习与总体教育目标的关系。第三，自主学习是一种学习模式，即学习者在总体教学目标的宏观调控下，在教师的指导下，根据自身条件和需要制订并完成具体学习目标的学习模式。①

自主学习是学习者在总体教学目标的宏观调控下，在教师的指导下，根据自身条件和需要自由地选择学习目标、学习内容、学习方法，并通过自我调控的学习活动完成具体学习目标的学习模式。自主学习强调学习者的主体地位，注重发挥学习者的能动性、独立性和创造性。

首先，自主学习是由学习者的态度、能力和学习策略等因素综合而成的一种主导学习的内在机制。这意味着学习者具有自我指导和控制学习的能力，能够根据自己的需求和兴趣选择学习的内容和进度。这种内在机制使得学习者能够更加主动地参与到学习过程中，提升学习的效果和效率。

其次，自主学习强调学习者在学习过程中的自由选择权。学习者可以根据自己的兴趣和需求选择学习的目标、内容、方法和使用的材料。这种自由选择程度使得学习者能够更好地调整自己的学习策略，以适应不同的学习环境和任务。

最后，自主学习是一种学习模式，学习者在总体教学目标的宏观调控下，在教师的指导下，根据自身条件和需要制订并完成具体学习目标。这种学习模式能鼓励学习者主动探索、思考和解决问题，并培养学习者的创新能力和批判性思维能力。

总的来说，自主学习是学习者在学习过程中凭借自我决定、自我选择、自我调控和自我评价反思的能力，通过自我调控的学习活动，实现具体学习目标的学习模式。这种学习模式有助于培养学习者的主体性、独立性，提升学习的效果和效率。

2. 自主学习的特征

自主学习作为一种现代化的学习方式，其核心在于提高学习者的主动性和自主性，培养学习者独立思考和解决问题的能力。自主学习具有以下八个特征。

---

① 程晓堂：《论自主学习》，载《学科教育》1999年第9期，第32-35、39页。

（1）意愿性。自主学习建立在学生对学习内容有兴趣、有需求的基础上。学生愿意学习，对学习有内在的动力和热情。

（2）主动性。在自主学习中，学生是学习的主体，他们主动地探索知识，积极寻找学习资源，而不是被动地接受知识。

（3）目标明确性。自主学习需要有清晰的学习目标，学生知道他们要学什么、为什么要学以及怎样去学。

（4）方法多样性。自主学习鼓励学生运用多种学习方法和学习途径，如多媒体计算机、计算机网络等，以适应不同的学习内容和个人的学习习惯。

（5）自律性。自主学习要求学生有良好的时间管理和自我管理能力，能够合理地安排学习时间和任务，自我监控学习进度。

（6）合作性。虽然自主学习强调独立性，但它不是孤立的学习。学生可以根据需要选择学习伙伴，进行交流和合作，以提高学习效率。

（7）情感体验。自主学习带给学生积极的情感体验，他们通过学习获得成就感和自我效能感，从而增强自信心。

（8）自我评估与反思。自主学习还包括对学习成果的自我评估和反思，学生能够识别自己的强项和弱项，不断调整学习策略以促进自我提升。

这些特征共同构成了自主学习的基本框架，旨在培养学生的自主学习能力，为他们终身学习和适应社会发展的需要打下坚实的基础。

（三）自主学习的价值与影响因素

1. 自主学习的价值

自主学习作为一种现代化的学习方式，其价值体现在四个方面。

（1）知识与技能的提升。自主学习使学生能够根据自己的兴趣和需求选择学习内容，通过自我驱动获取新知识、培养新技能，不断丰富个人的知识体系和技能储备。

（2）学习效率的提高。自主学习培养学生自我规划学习的能力，通过制订学习计划、合理分配时间，提高学习效率。

（3）学习动机的增强。自主学习鼓励学生探索和实践，这能够增强学生的学习动机，使学生从"要我学"转变为"我要学"，激发其学习兴趣和内在动力。

（4）思维能力和创新能力的培养。自主学习鼓励学生独立思考和解决问题，有助于培养学生的批判性思维和创新能力。

自主学习要求学生自我管理学习过程，自我调节学习状态，有助于学生养成良好的自我管理习惯。在自主学习的过程中，学生需要适应不断变化的学习情境和问题，其适应能力可得到提升。自主学习不仅仅是知识的学习，更是情感和价值观的培养，学生在学习过程中能够形成正确的价值观和积极的人生态度。自主学习是终身学习的重要组成部分，通过自主学习，学生能够不断适应社会发展的需要，实现终身学习。自主学习还关联到社会责任感，学生在学习过程中能够认识到个人发展与社会进步的关系，其对社会的责任感和使命感亦能从中得到培养。

自主学习作为一种与时代发展相适应的学习方式，对学生的全面发展和未来适应社会具有重要的价值，有助于培养符合社会主义现代化建设需要的合格建设者和可靠接班人。

2. 自主学习的影响因素

自主学习的影响因素可以从内部因素和外部因素两个方面进行分析。

（1）内部因素，主要包括以下六个方面。

第一，学习动机。学生内在的驱动力，如对知识的渴望、对成就的追求、对未来的规划等，是推动自主学习的重要因素。

第二，自我效能感。学生对自己完成学习任务的信心能够促使学生更加积极地参与学习过程。

第三，学习策略。学生采用的有效的学习方法和技巧，如时间管理、目标设定、自我监控等，对自主学习的效果有直接影响。

第四，自我调节。学生对自己学习情绪和行为的调节能力，包括面对困难和挫折时的坚持和适应能力。

第五，认知风格。个体偏好的信息处理方式，如场独立型或场依存型等，影响学生的学习方法和自主学习的效果。

第六，元认知能力。学生对自己的学习过程进行监控、评估和调整的能力，是自主学习的关键组成部分。

（2）外部因素，可以从以下八个方面进行阐述。

第一，教育环境。包括学校文化、课堂氛围、教学资源等，这些因素为学生自主学习提供了支持和便利。

第二，家庭环境。家庭的学习氛围、家长的教育态度和对学习的支持程度，对学生的自主学习有重要影响。

第三，社会环境。社会对学习的重视程度、对知识和技能的需求、竞争压力等，都会影响学生的学习动机和自主学习的态度。

第四，教师支持。教师在教学过程中的指导、鼓励和反馈，对学生的自主学习能力和动机有重要影响。

第五，同伴影响。同学或朋友的学习态度、学习习惯和学习成绩等，通过社交互动对个体的自主学习产生影响。

第六，技术支持。现代教育技术，如互联网、在线学习平台、多媒体资源等，为自主学习提供了丰富的资源和工具。

第七，课程设计。课程内容的难易程度、实用性和趣味性，以及课程对学生自主学习的引导和促进，都是影响自主学习的重要因素。

第八，评价体系。学校和社会的评价体系，如考试制度、成绩评价等，会影响学生对自主学习的态度。

齐莫曼认为，自主学习包括自我内在的自主、行为的自主、环境的自主三个方面。其中，影响内在的自主的因素有自我效能感、已有知识、元认知过程、目标情感等，而自我效能感的作用最大；影响行为的自主的因素有自我观察、自我判断、自我反应三类，并且每一类行为反应都是可观察、可训练且相互影响的，这三类行为反应又都受自我过程及环境变化的影响；影响环境的自主的因素主要有物质环境（如学习场所）和社会环境（如榜样作用、支持系统）。了解和识别这些影响因素，有助于教育工作者、家长和学生本人更好地促进和优化自主学习过程，提升学习效果。

（四）自主学习的理论基础

自主学习的理论基础是多方面的，它主要涉及教育心理学、认知科学以及人本主义哲学等多个领域。

1. 建构主义学习理论

建构主义理论是21世纪教育改革的重要指导理论，被誉为"当代教育心理学中的一场革命"。建构主义思想源于康德对理性主义与经验主义的综合，建构主义理论融合了皮亚杰的"自我建构理论"和维果茨基的

"社会建构理论",并把它们有机地运用到学习理论中来,在此基础上形成了"意义建构"。① 建构主义认为,知识不是通过教师传授得到的,而是学习者在一定的情境即文化背景下,借助其他人(包括教师和学习伙伴)的帮助,利用必要的学习资料,通过意义建构的方式获得的。它提倡在教师指导下的"以学习者为中心的学习"。也就是说,既强调学习者的认知主体作用,又不可忽视教师的主导作用。正如皮亚杰所认为的:"儿童是主动的学习者,真正的学习并不是由教师传授给儿童,而是出自儿童本身,应让儿童自发地和主动地进行学习。"② 教师是意义建构的帮助者、促进者,而不是知识的传授者、灌输者。学生是信息加工的主体,是意义的主动建构者,而不是外部刺激的被动接受者和被灌输的对象。

建构主义学习理论是一种认知心理学理论,强调知识是个人在特定文化和社会背景下,通过互动和实践主动建构的,而不是被动接受的。这一理论认为,学习是一个动态过程,学习者基于他们的先前知识和经验,通过与外部环境的互动,不断地建构、调整和重构他们的认知结构。建构主义学习理论的核心观点包括以下四个方面。

第一,知识观。知识不是静态的、绝对的,而是动态的、相对的。它是个体对客观世界的一种解释或假设,会随着认识的深入而发展和变化。知识具有情景性,意味着在不同的语境中需要被重新解释和应用。

第二,学生观。学生是带着丰富的经验和巨大的潜能来到学习过程中的。每个学生都有其独特的经验、兴趣和认知风格,因此,在面对具体问题时,他们会基于自己的背景形成不同的理解。

第三,学习观。学习是学习者基于原有知识,对外部信息进行主动选择、加工和处理,从而生成个人意义的过程。学习是一个主动建构的过程,而不是简单的信息接收。

第四,教学观。教学应重视学生的原有知识和经验,引导学生在原有知识的基础上建构新知识。教师的角色是促进者、指导者和合作者,而不仅仅是知识的传递者。

---

① 杨维东、贾楠:《建构主义学习理论述评》,载《理论导刊》2011年第5期,第77-80页。
② [瑞士]皮亚杰:《皮亚杰教育论著选》,卢濬选译,人民教育出版社1990年版,第4-5页。

2. 认知学习理论

认知学习理论主要关注学习者学习过程中的心理活动,它强调学习者在学习过程中的主动性和心理结构的不断变化。以下是认知学习理论的六个核心观点。

第一,学习的主体性。认知学习理论认为学习者是学习的主体,他们通过主动参与和思考来建构知识。这一点与行为主义理论形成对比,后者认为学习是被动接受外部刺激的结果。

第二,认知过程。认知学习理论描述了信息处理的连续过程,包括感知、注意、记忆、理解和问题解决。这些过程涉及信息的接收、加工、存储和应用。

第三,选择性。学习者在接收信息时具有选择性,他们会基于已有的知识、兴趣和动机来关注某些信息,而忽略其他信息。

第四,结构化学习。认知学习理论强调理解学科的基本结构,即学科的基本概念、原理和它们之间的关系。例如,布鲁纳的发现学习理论认为,掌握学科的基本结构能够使学习者更好地理解和应用知识。

第五,认知发展。认知学习理论还关注学习者的认知发展,即学习者在学习过程中如何调整和扩展他们的认知结构。这涉及同化和顺应两种过程,同化是将新信息融入现有认知结构,而顺应则是调整认知结构以适应新信息。

第六,教学实践。认知学习理论为教学实践提供了指导原则,如通过直观的方式展示学科内容结构,组织由简到繁的教学内容,促进学习者理解以求知识的持久和迁移,提供认知反馈,鼓励学习者设定目标,同时提供归纳和演绎的教学序列,以及引入辩证冲突以培养高水平思维。

认知学习理论的代表人物包括皮亚杰、托尔曼、布鲁纳和奥苏贝尔等,尤其是布鲁纳的发现学习理论和奥苏贝尔的有意义接受学习理论对现代教育产生了深远的影响。

(1)布鲁纳的发现学习理论。

美国心理学家、教育学家布鲁纳(J. S. Bruner)提倡发现教学。他认为,教学的根本目标在于使学生尽可能牢固掌握科学内容,尽可能成为自主的思想家,使其日后能独立地向前迈进。为实现这一目标,学生必须积极主动地建构自己的知识结构,亲自探索或"发现"应得出的结论或规律性知识，并发展他们发现学习的能力。

发现学习理论强调学习过程应该是一个积极主动的探索过程，学生通过自己的努力和实践来发现知识和理解原理。这种理论认为，学习不是被动地接受知识的过程，而是通过主动探索和实践来构建知识的过程。发现学习理论的核心理念包括如下四个方面。

第一，学习者的主动性。学生是积极主动的探索者，他们通过自己的实践和探索来建构知识。

第二，教学环境的适应性。教师应该创造一个支持性的学习环境，鼓励学生提出问题、探索答案，并提供必要的资源和支持。

第三，真实世界的问题解决。学习应该与真实世界的问题解决相结合，学生通过解决实际问题来获取知识和技能。

第四，反思和自我调节。学生通过反思自己的学习过程和结果，来调整学习策略和方法，提升学习效果。

发现学习理论对于培养学生的自主学习能力、创新思维和实践能力具有重要意义。它适用于各个学科领域，可以帮助学生更好地理解和应用知识。在我国的教育实践中，发现学习理论也被广泛应用，特别是在新课程改革中，发现学习被视为一种重要的教学策略，用以促进学生的全面发展。

（2）奥苏贝尔的有意义接受学习理论。

有意义接受学习理论是由美国心理学家大卫·奥苏贝尔（David Ausubel）在20世纪60年代提出的。这一理论强调了学习过程中学生对知识的理解和内化，以及学习材料与学生已有知识结构之间的联系。有意义接受学习理论的核心观点包括如下五个方面。

第一，学生的认知结构。奥苏贝尔认为，学生的认知结构是他们已有知识和经验的心理组织，这对新知识的学习和理解至关重要。学生的认知结构决定了他们如何处理和理解新的信息。

第二，新知识与原有知识的联系。有意义接受学习理论强调，新知识的学习必须与学生已有的知识和概念联系起来，这种联系应该是非人为的和实质性的。学生通过将新信息与已有的认知结构相结合，来理解和记忆新知识。

第三，学习的积极性。奥苏贝尔认为，学习是一个积极主动的过程，学生需要参与到学习过程中，主动地将新知识与原有知识进行整合。

第四,教学方法。有意义接受学习理论对教学方法提出了特定的要求。教师应该提供有组织、有结构的学习材料,帮助学生建立新知识与原有知识之间的联系。同时,教师应该鼓励学生提问和进行批判性思考,以促进学生的深度理解。

第五,认知同化。奥苏贝尔提出了认知同化(cognitive assimilation)的概念,指的是学生通过将新知识纳入已有的认知结构中,从而改变和发展自己的认知结构。

有意义接受学习理论对教育实践产生了深远的影响,特别是在课程设计和教学方法的选择上。它强调了学生的主体性和认知发展,以及教师作为引导者和促进者的角色。这种理论在教育领域得到了广泛应用,尤其是在帮助学生理解复杂概念和理论时。

(3)人本主义学习理论。

人本主义学习理论是美国的罗杰斯(C. R. Rogers)以存在主义哲学和人本主义心理学为基础提出的。该理论认为,教育的目标不仅仅是传授知识,更重要的是发展学生的自我意识、自主性和创造性。人本主义教育强调尊重学生的个性,关注学生的情感需求,创造一种支持和接纳的学习环境,使学生能够自主学习,实现个人潜能的发展,反对传统的以教师为中心的教学模式。

罗杰斯反对教师灌输知识而学生被动接受知识,提倡以学生为中心的教学。他认为,以教师为中心的教学至少产生了八种对学生而言的弊端[1]:一是教师拥有知识,学生是"容器",只能是知识的接受者。二是阐述式的教学方法是灌输知识的主轴,考试往往是压迫学生接受知识的手段。三是教师是权力的拥有者,学生只能服从,行政领导又是更高权力的拥有者,教师和学生都得服从。四是权威形成课堂上必须遵守的政策。作为权威人的教师,被看作知识的源泉,他们无论是受到钦佩还是被瞧不起,总是居于中心位置。五是教师难以信任学生,学生对教师的动机、诚意、公正、能力也常抱怀疑态度。六是教师认为管理学生的最好办法是使他们经常地处于恐惧的状态之中。小学生常受蔑视,中学生怕考试不及格、毕不了业,大学生和研究生负担更重、怕拿不到学位等。七是民主及

---

[1] 郭娟、蒋海燕:《人本主义在英语教学中的应用》,首都师范大学出版社2005年版,第29页。

其价值在教育界受到践踏和嘲弄。学生无权选择课程和学习方式，教师也无权选择他们的行政官员，也不能参与教育政策的制定。八是传统教育更强调智育，不重视人的全面发展。学生的兴趣和情感往往被忽视。

人本主义学习理论的核心观点强调，教育应该关注学生的个性发展、自我实现和情感需求。人本主义学习理论的具体表现如下。

第一，学生中心。人本主义学习理论认为教育应该以学生为中心，关注学生的个体差异、兴趣和需求。教师作为引导者和促进者，应帮助学生自我发展和自我实现。

第二，自我实现。人本主义学习理论强调学生的自我实现是教育的主要目标。学生应该被鼓励去探索和实现自己的潜能，成为独立、自主和有创造性的人。

第三，情感因素。人本主义学习理论认为情感因素对于学习和个人发展至关重要。教育应该关注学生的情感需求，建立积极、支持和共情的师生关系。

第四，自发学习。人本主义学习理论提倡学生进行自发学习，即学生自主选择学习内容、学习方式和学习节奏，认为教师应该鼓励学生去探索和实践，通过自己的经验来建构知识。

第五，教学的方法和过程。人本主义学习理论强调教学方法和过程应该符合学生的个性和需求。教师应该采用非指导灌输性的教学方法，鼓励学生进行自主学习和自我探索。

第六，重视人际关系。人本主义学习理论认为人际关系对于学生的成长和发展至关重要。教育应该培养学生的社交能力，帮助他们建立积极的人际关系。

人本主义学习理论强调学生的个性发展和自我实现，注重情感因素和人际关系，提倡以学生为中心和非指导性的教学方法。这种理论对于促进学生的全面发展和个性成长具有重要意义。

五、研究的创新点

本书期待在以下两个方面能有所创新。

1. 研究切入点方面注重多维视角

本书从语感教学、情商教学、任务型教学、叙事教学、自媒体建设、信息素养教育六个视角,对新时代英语自主学习的重要性和自主学习能力培养的策略进行分析、反思和论证,以突破研究视野的桎梏。语感是学好英语的基础,情商影响英语学习的态度和动机,任务型教学倡导英语学习在"做中学",叙事教学注重激发英语学习的兴趣,自媒体是学生英语学习的重要工具和平台,信息素养教育则是学生英语学习的助推剂。这些都是英语学习的重要方面,有利于彰显英语自主学习能力培养的研究价值。

2. 研究内容方面聚焦信息技术的赋能意义

在新时代,无论是开展语感教学、情商教学、任务型教学、叙事教学,还是开展自媒体建设与信息素养教育,都受益于信息技术的赋能,这一点有必要得到强化。信息技术作为现代教育的重要组成部分,对于促进学生自主学习发挥着重要的作用,具体表现在以下六个方面。

(1) 资源获取的便捷性。信息技术提供了丰富的网络资源和学习平台,学生可以轻松获取到海量的学习资料,包括电子书籍、在线课程、教育软件以及各种专业网站和数据库。这些资源使得学习不再局限于传统的课堂和教材,学生可以根据个人兴趣和需求选择适合的学习材料。

(2) 学习方式的多样性。信息技术的应用使得学习方式更加多样化。除了传统的阅读和听讲,学生还可以通过视频、互动游戏、模拟实验等多种方式进行学习,这些方式更加生动有趣,能够提高学生的学习积极性。

(3) 个性化学习体验。信息技术允许学生根据自己的学习节奏和风格进行个性化学习。学生可以通过智能教育系统获得定制化的学习计划和资源推荐,使学习更加符合个人需求。

(4) 互动与合作学习。信息技术提供了各种交流工具,如论坛、社交网络、在线协作平台等,使学生能够与同伴、教师进行即时互动,开展合作学习,提高沟通能力和团队协作能力。

(5) 培养解决问题的能力。信息技术的应用可以让学生面对更多的实际问题,通过信息分析、处理、创造等方式解决问题,培养学生的批判性思维和创新能力。

(6) 促进自主学习能力的发展。信息技术可以提供即时反馈和互动体验，使学习过程更加生动有趣，有效激发学生的学习兴趣和内在动机。信息技术的使用鼓励学生自主探索、自我管理，可以通过设置学习目标和自我评估，帮助学生提高自主学习的能力。

六、全书内容与结构

本书由六章内容及绪论和结语构成。

绪论部分从全球化、多元化时代英语的重要价值日益彰显，新时代"双减"政策背景下提高学习效率的现实需求，以及培养英语学科核心素养的有效路径三个方面入手，介绍研究缘起、研究意义与研究方法，并结合国内外关于自主学习的研究，梳理和总结自主学习的含义与特征、自主学习的价值与影响因素以及自主学习的理论基础，并在此基础上提出研究的创新点及全书内容与结构安排。

第一章从语感教学的维度分析与论证英语自主学习能力的培养。这一章从语感的概念、内涵与语感特征出发，介绍英语语感能力培养方法与语感训练模式，分析语感教学的意义与原则，以及语感教学与英语自主学习能力培养的内在关系及其影响因素，提出语感教学中关于英语自主学习能力培养的相应对策。

第二章从情商教学的维度分析与论证英语自主学习能力的培养。这一章结合情商的概念、特点与影响因素，分析情商与智商、情商与自主学习的关系，提出情商教育的必要性、内容和方式，介绍情商教学的意义与原则，通过进一步分析情商教学中培养学生自主学习能力的困难所在，提出情商教学中关于英语自主学习能力培养的相应对策。

第三章从任务型教学的维度分析与论证英语自主学习能力的培养。这一章从任务的界定与构成要素、任务的设计与评价介绍中引出任务型教学的内涵，分析任务型教学中"学得"与"习得"的区别、二者整合的必要性及开展合作学习的方式和常见的误区，介绍任务型教学的意义与原则，并进一步分析传统3P教学对学生主体性的抑制和任务型教学对学生主体性的关怀，提出任务型教学中关于英语自主学习能力培养的相应对策。

第四章从叙事教学的维度分析与论证英语自主学习能力的培养。这一章从叙事的概念、教学属性出发，介绍叙事教学的内涵及叙事教学在英语语法、词汇和阅读教学中的应用，指出课前、课中和课后各阶段应该注意的问题，分析叙事教学的意义与原则，并从社会认知的视角介绍叙事教学的学生情怀、叙事课堂生态语境建构的重要性、原则与方法以及信息技术融入叙事教学的启示，提出通过信息化叙事教学策略建构培养学生英语自主学习能力的相应对策。

第五章从自媒体建设的维度分析与论证英语自主学习能力的培养。这一章介绍自媒体的概念、特征、功能、主要形式以及影响因素，分析自媒体建设的意义与原则，对比传统教学环境下自主学习的局限性与自媒体环境下自主学习的优势，阐述自媒体建设对英语自主学习能力培养的重要性，并提出相应的对策。

第六章从信息素养教育的维度分析与论证英语自主学习能力的培养。这一章通过分析信息素养的内涵及特点、结构与意义、影响因素，以及信息素养缺失的表现与原因，阐释信息素养教育的意义与原则，并结合信息化时代成人自主学习所具有的优势，提出相应的对策。

结语部分总结概括了兴趣、意识、习惯、成就四个方面对新时代英语自主学习的重要性，阐明"四位一体"（学习兴趣—学习意识—学习习惯—学习成就）对英语自主学习能力培养的重要意义，呼吁广大学子树立英语学习自信，学会用英语讲好中国故事，向世界传递中国声音！

第一章 语感教学与英语自主学习能力培养

第一节 语感教学概述

一、语感的概念与内涵

语感（language sense）这一概念最早由夏丏尊提出，他认为语感是对文字应有的灵敏的感觉。① 叶圣陶认为，语感是对事物或文本的认识与感知，是对语言文字的一种特殊的理解。② 吕叔湘认为，语感包括语法感、语义感、语音感，而语感能力的强弱决定学生的认知能力、理解能力和表达能力。③ 朱智贤认为，语感是一种对语言文字的敏锐的感受力、正确的理解力。④ 王尚文认为，语感是思维，并不直接参与作用而由无意识替代的在感觉层面进行言语活动的能力，即半意识的言语能力。⑤ 李海林认为，语感是指言语与上下文之间的联系、言语行动的含义、言语表意和内在含义之间的联系，是一种对言语客体的直接吸收。⑥ 万明华认为，语感是人类在长期言语活动中所形成的一种对语言敏锐的审美感知能力。⑦

美国语言学家斯蒂芬·克拉申（Stephen Krashen）曾指出，"语感是

---

① 杜草甬、商金林：《夏丏尊论语文教育》，河南教育出版社1987年版，第116页。
② 叶圣陶：《叶圣陶语文教育论集》，北京教育出版社1980年版，第127页。
③ 吕叔湘：《中学语文教师的语法修养》，载《中学语文教学》1985年第10期，第36页。
④ 朱智贤：《心理学大词典》，北京大学出版社1998年版，第68页。
⑤ 王尚文：《语感论》，上海教育出版社2000年版，第35页。
⑥ 李海林：《言语教学论》，上海教育出版社2000年版，第233页。
⑦ 万明华：《语感能力与语法教学》，载《中国语文》1991年第4期，第4页。

直觉认识的结果,语感的培养是语言教学的重要任务之一"①。语感是人们对语言的直接感受能力,它包括对语音、语意、语言情感色彩等方面的感知。具有敏锐语感的人能更好地理解和运用语言,把握语言的内涵和外延,从而更准确地表达自己的思想和情感。语感是语言学习者在与语言不断接触和使用的实践中逐渐形成和提高的。在语文和英语等语言教学中,培养学生的语感是非常重要的,它有助于提高学生的语言理解和表达能力。语感作为学习者对语言的一种灵敏的感觉能力,不是与生俱来的,也不是一蹴而就的,必须遵循一定的逻辑顺序,进行有意识的训练。

语感的内涵可以从以下五个方面来理解。①语言感知层面:这是语感的基础,涉及对语言声音、韵律和节奏的感知。一个具有良好语感的人能够准确把握语言的音调、重音、节奏等,从而在听力和发音上更加准确、自然。②语义理解层面:指对词语和句子意义的理解能力,不仅包括字面意义,更重要的是能够理解语言的深层含义和隐含意义。这通常需要结合语境来推断。例如,同样是"走",在不同的语境下会有"离开"或"去世"的隐含意义。③情感把握层面:语言表达中往往蕴含着情感色彩,语感强的人能够很好地把握语言中的情感变化,理解言外之意。比如,通过语气的变化感知说话人的情绪。④语境适应层面:在交流中,能够迅速适应不同的语言环境,理解话语背后的文化背景和社会环境,以及在特定语境下的语言使用规范。⑤创造性运用层面:良好的语感能促进语言的创新使用,如在文学创作中,作者可以通过丰富的语感创造出独特的语言风格和表达效果。

总的来说,语感的内涵体现在一个人对语言的综合感知、理解、应用和创新能力上,它是一个涉及听、说、读、写等多方面语言技能的综合体现。在教学过程中,注重培养语感可以帮助学习者提高语言运用的准确性和有效性,增强沟通和理解的能力。

---

① [美] S. D. Krashen, *Principles and Practice in Second Language Acquisition* (Oxford: Pergamon, Ltd., 1982), p. 38.

二、语感的特征

语感作为一个人在长期的语言接触和使用过程中形成的对语言的直观、直觉的感知和理解能力,具有以下特征。

（一）直观性

语感是一种直观的感知,人们对语言中的声音、节奏、意义等方面的把握往往是一种直觉的反应,而不是通过理性分析得出的。所谓直觉是人脑对事物、事物本质及其规律做出迅速识别、敏锐洞察、直接理解和整体判断的思维过程。这是一种潜意识思维,或者说是通过某种潜意识直接把握对象的思维过程,其特点是不需要经过明确的思维步骤,没有经过严格的逻辑推理,往往凭"感悟"。

语感的直观性特征主要表现在以下五个方面。

（1）形象性。语感往往具有很强的形象性,人们通过语言可以直观地感受到事物的形象、色彩、动态等。例如,形容一个地方很美,人们可以通过语言直观地想象出那个地方的美景。

（2）生动性。语感具有生动性的特征,人们通过语言可以生动地描绘出事物的特点和情境,使他人仿佛身临其境。例如,形容一个人非常生气,可以通过语言生动地描绘出那个人生气的样子和情绪。

（3）实时性。语感具有实时性的特征,即人们可以通过语言实时地表达和传递信息。例如,在面对面交流中,人们可以通过语言实时地表达自己的想法和感受。

（4）直接性。语感具有直接性的特征,即人们可以通过语言直接地表达和传递信息。例如,在语言交流中,人们可以直接表达自己的观点和态度。

（5）感知性。语感具有感知性的特征,即人们可以通过语言感知到他人的情感和态度。例如,在语言交流中,人们可以感知到他人的语气、语调和情感变化。

(二)综合性

语感涉及对语言各个要素的综合把握,包括声音、节奏、意义、情感、语境等多个方面,这些要素相互交织,形成一个整体。语感的综合性特征主要体现在以下五个方面。

(1)输入与输出的关系。语感可以分为输入型和输出型。输入型主要包括听和读,是解码的过程;输出型主要包括说和写,是编码的过程。

(2)语境的理解。语感涉及对语境的理解,包括言辞语境和非言辞语境。言辞语境是指由上下文构成的一种言语系统。非言辞语境包括主观语境和客观语境,如言语实践主体的个性、修养、说话时的心境,以及自然环境和社会环境。

(3)语言的隐含意义。语感涉及对语言的隐含意义的理解,这种隐含意义是由语境赋予的,它包括语义和语形的相互影响,以及句子以外的意思。

(4)语言的选择和应用。语感包括在特定的语境下选择合适的语言特性,以及如何有效地应用这些语言特性。

(5)代码的阅读和编写。具有良好的语感可以让人更高效地阅读和编写代码,能更准确地判断代码的行为,甚至能感觉到代码中可能存在的问题或可以优化的地方。

(三)情感性

语感与情感紧密相连,人们在对语言的理解过程中,往往会受到情感的影响。情感是人在感受外界事物时产生的,对行为动作进行制约的一种内心体验。情感本身并不是一种能单独存在的东西,它往往通过感受、知觉而黏附在一定的表象之中。语感的情感性特征主要表现在以下六个方面。

(1)情感体验。语感往往伴随着一定的情感体验,如喜悦、悲伤、愤怒等。在语言交流过程中,人们对不同情境和语境产生不同的情感反应,这些情感反应会影响语感的形成和表现。

(2)情感表达。语感是一种表达情感的能力,通过语言的方式传递自己的情感。在语言表达中,人们会运用不同的语气、节奏、修辞等手段来表达自己的情感,从而使语言更具感染力和表现力。

（3）情感共鸣。语感具有情感共鸣的特点，即在语言交流中，双方能够理解和感受到彼此的情感。这种情感共鸣使语言交流更加深入、生动，有助于建立良好的人际关系。

（4）情感调节。语感还具有情感调节的功能，通过调整语言的表达方式和内容，以适应不同的情感需求和情境。这种情感调节有助于保持语言交流的和谐与平衡。

（5）情感反应。语感对语言中的情感因素具有敏感性，能够迅速地识别语言中的情感信号并做出反应。这种情感反应有助于人们在语言交流中更好地理解和适应他人的情感需求。

（6）动态性。语感是一种动态的感知，随着语言环境的变化，人们对语言的理解和感知也会相应发生变化。

（四）个体差异性

每个人的生活经历、文化背景、教育水平等因素不同，使得每个人的语感也会有所差异。语感的个体差异性特征主要表现在以下五个方面。

（1）语言能力。不同的人在语言能力上存在差异，有些人天生具备较强的语言表达能力，能够熟练地运用各种语言技巧和修辞手法，而有些人则可能在这方面的能力相对较弱。

（2）文化背景。不同文化背景的人，其语感也可能存在差异。文化背景会影响人们的语言习惯、价值观和表达方式，从而导致语感的差异。

（3）个人经历。不同个人经历的人，其语感也可能存在差异。个人经历会影响人们的情感表达和价值观，从而导致语感的差异。

（4）性格特点。不同性格特点的人，其语感也可能存在差异。性格特点会影响人们的表达方式和表达习惯，从而导致语感的差异。

（5）认知风格。不同认知风格的人，其语感也可能存在差异。认知风格会影响人们的信息处理方式和思维模式，从而导致语感的差异。

（五）实践性

语感是在实际的语言使用中形成的，通过听、说、读、写的实践，人们的语感会得到锻炼和提高。语感的实践性特征主要表现在以下五个方面。

（1）实用性。语感具有实用性的特征。语言是人类社会交流的基本工具，人们在实际生活中需要运用语言来表达自己的想法和需求，这就要求语感能够真实、准确地反映出事物的特点和情境。

（2）动态性。语感具有动态性的特征。语言是不断发展变化的，人们在实际交流中需要根据不同的情境和语境来调整自己的语言表达，这就要求语感能够及时地反映出这种变化。

（3）情境性。语感具有情境性的特征。语言的理解和表达往往需要依赖于具体的情境，人们在实际交流中需要根据情境来选择合适的语言表达，这就要求语感能够准确地把握情境。

（4）互动性。语感具有互动性的特征。语言交流是一种双向的互动过程，人们在实际交流中需要根据他人的语言表达来理解和回应，这就要求语感能够有效地参与到这种互动中。

（5）适应性。语感具有适应性的特征。语言交流需要适应不同的语境和场合，人们在实际交流中需要根据不同的语境和场合来调整自己的语言表达，这就要求语感要具有较强的适应性。

三、英语语感能力的培养方法

（一）创设情境，触发语感

语感是一种敏锐的感知，它依赖于学习者自身的感受。语感教学中要注重学生语言知识的积累与语言能力的培养，而要提高学习者的语感，就必须有一个良好的语言学习氛围。[1] 情境是教学过程中教师创设的一种情感氛围。教学情境的创设是教师在教学过程中的常规教学行为。良好的教学情境不仅有利于教师有效地组织教学，而且有利于激发学生的学习兴趣和动机，使其进入积极的心理状态，聚精会神地听课。教育学家布鲁姆曾说："成功的外语课堂教学应当在课内创设更多的情境，让学生有机会运用已学到的语言材料。"[2] 英语中的预制语块（prefabricated chunks）由于具有出现频率较高，形式、结构和意义比较固定且便于学习者记忆、加

---

[1] 卢艺：《初中语文语感教学策略研究》，青海师范大学硕士学位论文，2023年，第39页。
[2] 邓垚：《英语教学情境创设要恰当》，载《中国教育学刊》2020年第7期，第103页。

工、存储及提取等特点，因而对培养学生的语感有重要作用。预制语块是一种兼具词汇与语法特征的语言结构，通常由多个词构成，并具有特定的话语功能。心理语言学的研究发现，人的记忆中保留有大量的预制语言单位，这些预制的语言单位就是信息语块，由几个词项构成，但比单个的单词包含更多的信息，这就是预制语块。预制语块普遍存在于人脑的记忆中，而且随着人们对记忆材料的熟悉程度增加，预制语块的数量也相应增加，从而使大脑可以存储和回忆更多的信息。① 因此，英语教学中教师应努力创设情境，激发学生的语块意识，改善学生的认知模式，使他们养成自觉发现语块、自觉模仿语块及自觉运用语块的良好习惯，提高他们语言表达的准确度、流利度和自动化程度，进而触发其语感。例如，我们可以通过创设以下情境，让学生掌握其中的语块，以达到交际的准确性和流畅性，从而触发学生的语感。

Tom: Hello, I'm Tom. Where are you from?

Mary: I'm from America. What about you?

Tom: I'm from America, too. I'm so glad to know we are from the same country. Would you mind telling me where you live?

Mary: Of course not. I live at 38 Park Road.

Tom: At 38 Park Road? We live near each other. What a coincidence!

Mary: Are you kidding? You mean we are neighbors, won't you?

Tom: Absolutely right. Let's go home together.

Mary: Ok. Let's go!

（二）注重朗读，感受语感

古语有云："书读百遍，其义自见。"这强调的是朗读对培养学生语感的重要作用。朗读不仅有利于提高学生语感的直觉性，而且有利于增强学生语感的整体性。朗读可以使学生体会文章中规范、形象的语言，最终起到潜移默化的作用，并使大脑对语言的反应更加敏捷。在英语词汇及篇章教学中，重音、爆破、同化、连读、语调等语音知识均会对学生的朗读产生较大的影响。

---

① 王立非、张大凤：《国外二语预制语块习得研究的方法进展与启示》，载《外语与外语教学》2006年第5期，第17-21页。

在朗读时，教师应尽量让学生把握单词及句子的重音。如英语中关于单词重音有"名前动后"一说，即对于一些兼类词，当它作名词用时，其重音在前面；而当它作动词用时，则其重音在后面。如：'present（名词，礼物），pre'sent（动词，赠予）；'import（名词，进口），im'port（动词，输入）；'object（名词，实物），ob'ject（动词，反对）等。又如英语读音失去爆破的情况，即在某些情况下，只需我们做出发音的准备，但实际上并不发音，稍做停顿后就发后面的音。例如：Goo(d) morning；Mr. Dere(k)；That is an ol(d) pi(c)ture of a bi(g) cart. 此外，英语中当相邻的两个词在意义上密切相关且同属于一个意群时，常将前后音节拼起来连读（连读符号：~）。如：Not ~ at ~ all. He called ~ you half ~ an ~ hour ~ ago. 在教学中，教师应多引导学生进行朗读，以培养他们整体把握和理解文章的能力，进一步增强他们的语感。

（三）指导背诵，积淀语感

背诵是英语输入和输出的有效途径。当然，背诵不是死记硬背，而是建立在对英语语句、段落及篇章结构的理解之上，其实质是对英语语音、语调、语速的理解，以及对舌头灵活性的综合训练。乔姆斯基认为后天经验是决定语感的变量。语感可通过后天的学习来培养。而语感的培养则需要经过长期的语言文字训练，以及大量的语言知识的输入才能达到。因此，人们必须积极主动地进行语言实践活动。而这与背诵的特征是相符合的。语言学家朱光潜更指出语言初学者可将记忆单词与做大量语法练习的时间及精力用于背熟几篇精选的文章，从而培养该语言的语感。由此可见，背诵在语言语感培养过程中起了重要作用。① "和尚念经，有口无声"般的死记硬背不仅不利于学生语感的积淀，反而会削弱其学习兴趣与动机。实际上，背诵的过程也就是学生将知识内化的过程。因此，在英语教学中，教师只要指导学生坚持不懈、不断积淀，就必然会实现从量变到质变的飞跃，并最终培养出标准的英语思维以及良好的英语语感，从而提高其对英语的综合运用能力。下面的六个例句，虽然其表现形式各异，但内容差别不大。

---

① 田霞：《背诵对高中生英语写作能力提高的实效研究》，华中师范大学硕士学位论文，2015年，第7-8页。

例 1：He lives in Beijing.
例 2：He does live in Beijing.
例 3：It's Beijing where he lives.
例 4：Beijing is the city where he lives.
例 5：It's he who lives in Beijing.
例 6：It's in Beijing that he lives.

如果学生能以句子这种较大单位的形式在大脑中存储信息，那么他们在提取这类信息时也就能以较大的单位进行，从而加快信息处理的速度。因此，教师应指导学生通过背诵这类句子，做到脱口而出，不断丰富和积累语言知识，最终养成良好的英语语感。

（四）扩大输入，丰富语感

英语输入的数量对英语学习的效果影响较大。学习语言如果没有输入就如无源之水。"狼孩"现象的形成就源于环境中缺乏语言输入。乔姆斯基认为，人虽然具有天生的语言习得能力，但前提是必须反复地为他们提供各种语言刺激。苏联教育家维果茨基在强调教育对儿童的发展所起到的主导和促进作用时，提出了最近发展区理论。他认为儿童的发展有两种水平：一种是儿童已经达到的现有发展水平，另一种是儿童通过努力可能达到的发展水平，即潜在的水平，这两种水平之间的距离，就是"最近发展区"。

美国语言学家克拉申提出了"输入假设"，即如果学习者现有的语言水平为"i"，那么我们为学习者提供的语言输入应该为"i+1"，也就是说，输入应该略高于学习者现有的可理解水平，教师应该围绕"1"来做文章。在谈到输入时，Dowhower 指出："重复性阅读能明显提高学生的朗读速度和准确性，以及整体的语篇理解率。"[①]

在英语听、说、读、写四项技能中，人们借助于听和读从外界输入信息，因此，听和读属于输入型技能。基于此，在英语教学中，教师应强化听力和阅读教学，增加语言的输入量，增强学生学习、吸收和创造性运用语言的能力，从而丰富学生的语感。

---

① 戴功：《输入方式、输入次数与语篇理解》，载《外语教学与研究》（外国语文双月刊）2007 年第 7 期，第 285–293 页。

(五) 鼓励输出，锤炼语感

1985 年，Swain 提出了"可理解输出假设"，认为输出能引起学生对语言问题的关注，对目标语的句法结构与语义进行假设检验，形成元语言功能，提高目标语表达的流利性与自动性，促使陈述性知识向程序性知识转化，从而有助于学生检验目标语句法结构与词汇的使用，促进语言知识的内化，以及语言运用的自动化，非常有益于外语语感的形成和发展。① Swain 还认为，语言输出既可以提高学习者二语的流利程度，也可以提高学习者二语的准确性。因此，Swain 在其语言"输出假设"理论中提出语言输出的三个功能——注意/触发功能、假设/验证功能、元语言功能。② 在英语听、说、读、写四项技能中，说和写属于输出型技能，人们通过它们表达思想，向外界传递信息。

在英语口语教学中，教师应为学生多提供话题，让他们就学习、生活、交通、医疗、环保、饮食、旅游、社交等展开交流与讨论，教师可就相应话题提供范例供学生参考和模仿，使学生在大量的语言输出中不断锤炼语感。在写作教学中，教师可引导学生将口语交流中的话题用书面语写下来，然后进行互换评阅，最后由教师点评，力求使学生对各种话题耳熟能详。通过加大输出，学生的语感可以得到反复锤炼。

(六) 挖掘素材，强化语感

语感生成后还需要不断强化，这正如"逆水行舟，不进则退"。语感的强化离不开持之以恒的训练。在英语教学中，教师可以通过挖掘素材来不断强化学生的语感。譬如，教师在闲暇之余可搜集一些有趣的句子来调动学生学习英语的兴趣，并要求学生多读、多记，以此来不断强化学生的语感。如在讲解完课文后，教师可向学生提供一些由某些单词或短语引出的相关句子，让学生玩味。

例1：Never trouble trouble till trouble troubles you.

---

① 王颖：《论输出对外语语感培养的作用》，载《山东大学学报（哲学社会科学版）》2003 年第 6 期，第 81 - 84 页。

② 田霞：《背诵对高中生英语写作能力提高的实效研究》，华中师范大学硕士学位论文，2015 年，第 12 页。

（麻烦没来找你，就别去自找麻烦。）

例2：I saw a saw saw a saw, but this saw can't saw that saw.

（我看到过一把锯子锯另外一把锯子，但是这把锯子锯不断那把锯子。）

例3：I know. You know. I know that you know. I know that you know that I know.

（我知道。你知道。我知道你知道。我知道你知道我知道。）

教师还可以借助一些绕口令来强化学生的语感。

例1：The big black bug bit a big black bear, made the big black beer bleed blood.

（一只大黑虫叮了一只大黑熊，害得大黑熊流了好多血。）

例2：I thought a thought. But the thought I thought wasn't the thought I thought I thought. If the thought I thought I thought had been the thought I thought, I wouldn't have thought so much.

（我有一种想法。但是我的这种想法不是我曾经想到的那种想法。如果这种想法是我曾经想到的想法，我就不会想那么多了。）

例3：I wish to wish the wish you wish to wish, but if you wish the wish the witch wishes, I won't wish the wish you wish to wish.

（我希望梦想着你梦想中的梦想，但是如果你梦想着女巫的梦想，我就不想梦想着你梦想中的梦想。）

（七）拓展活动，巩固语感

"问渠那得清如许？为有源头活水来。"语感来源于对语言的不断接触、感知和领悟，学生生成的语感最终要通过语言活动来巩固。语言活动对语感能力的培养具有重要意义。通过参与各种语言活动，学生可以使用语言进行交流，这有助于提高他们对语言的实际运用能力，从而增强语感。活动中的对话、讨论、演讲、角色扮演等环节，可以增加学生接触和运用语言的机会。活动往往涉及多个领域，如文化、艺术、科学等，参与活动可以拓宽学生的知识面，提高学生的综合素质，从而有助于其语感的培养。活动中的互动交流可以帮助学生了解不同语言背景下的交流习惯和表达方式，增加语言的实际运用场景。活动不仅能够提供丰富的语言实践机会，还具有激发学习兴趣、增强语言意识、培养语言习惯、提高综合素质、促进互动交流和培养创新思维等多方面的作用。

在日常教学中，教师应始终秉持"学生中心"的理念，努力通过课内和课外的听、说、读、写等活动来加强语感训练，引导学生及时进行总结与反思，使语感在活动中不断得到巩固，使语感如同"清渠活水"更富有生命力。例如，在英语角活动中，教师可通过引导学生围绕某个主题进行交流和讨论来巩固学生的语感。在谈论理想时，可引用以下句子。

例1：Living without an aim is like sailing without a compass.

（生活没有目标就像航海没有指南针。）

例2：Ideal is the beacon. Without ideal, there is no secure direction; without direction, there is no life.

（理想是指路明灯。没有理想，就没有坚定的方向；没有方向，就没有生活。）

在谈到励志的话题时，可引用以下句子：

例：Confidence in yourself is the first step on the road to success.

（自信是走向成功的第一步。）

此外，英语中的名言警句和谚语等对拓宽学生的知识面，巩固学生已经建立起来的语感也具有重要作用。

例1：A man cannot whistle and drink at the same time.

（一心不能二用。）

例2：All things in their being are good for something.

（天生我材必有用。）

例3：Never offer to teach fish to swim.

（不要班门弄斧。）

总之，在英语教学中，教师要努力通过创设丰富多彩的情境来触发学生的语感，培养其学习兴趣；努力引导学生朗读与背诵英语名篇名句，使学生不断感受和积累语感；通过扩大可理解的语言输入和输出以增加语言的训练量，不断丰富和锤炼学生的语感；通过挖掘教学中的各种素材强化学生的语感；通过拓展各种学习和竞赛活动来巩固学生的语感，从而不断夯实学生的综合语言运用能力。

四、英语语感训练模式

语言学家克拉申的语言监控理论（monitor model）指出："当我们将一些基本句型操练到一定程度并在脑海中形成一种规律性的东西，并在某种程度上获得对该语言的某种感觉时，就能自然地监察自己所说语言的正确与否。"[①] 谚语"熟读唐诗三百首，不会作诗也会吟"也表明：多读和熟记在某种程度上能将客观的言语对象内化为主观的语感图式。众多研究揭示：语感是可以通过日常训练生成、巩固和发展的。教师可通过如下语感训练模式，培养学生良好的语感能力。

（一）坚持一个中心

英语教学的目标之一是培养学生的英语综合应用能力，特别是听、说能力，使他们在今后的学习、工作和社会交往中能用英语有效地进行交际，同时增强其自主学习能力，提高综合文化素养，以适应我国社会发展和国际交流的需要。[②] 对于外语教学来说，不容置疑的一点是学生综合语言能力的发展需要良好的语感来支撑。

语感是直觉认识的结果，语感的培养是语言教学的重要任务之一。叶圣陶先生也曾指出，语言文字的训练最要紧的就是语感的训练，亦即培养学生对语言的敏锐感觉。汤富华认为："语感就是学习者多方位接触某种语言及其相关文化而产生的一种规律性的感觉。语感不是直觉，更不是简单的感觉，不是与生俱来的，不是跨语言的，也不是终生拥有的。实际上，语汇和语篇之间存在一个很大的障碍，它们之间绝无平路，而是一个深渊，从语汇达到语篇只能飞跃过去，这种飞跃的助力就是语感。"[③] 基于对语感的以上认识，以培养学生良好的英语语感能力作为英语教学的一

---

① 汤富华：《大学英语课堂应导入语感训练步骤》，载《湘潭大学学报（哲学社会科学版）》1999年第3期，第111－112页。

② 胡燕平：《从"大学英语课程教学要求"看综合教程的特色》，载《外语界》2008年第3期，第71－75页。

③ 汤富华：《第二语言习得语感训练模式的假设》，载《惠州学院学报（社会科学版）》2002年第1期，第66－70页。

个重要中心内容,可以为学生综合语言能力的发展奠定坚实的基础。

(二)区分两个层次

语感在类属上可分为母语语感和二语语感,在层次上可分为浅层语感和深层语感。"母语语感是通过长期使用母语而产生的一种与文化紧密相连且近乎本能的规律性感觉,是一种直觉,属于深层语感;而二语习得层面的语感实质上是知识体系构建的结果,更多是知识的感觉。"①"二语语感只是一种浅层的语感,是可以后天养成的,它的表现形式就是初级的语言听、说、读、写的能力。"②

美国语言学家克拉申认为"学得"与"习得"是两种不同的学习方式:"习得是一种无意识、自然而然地学习语言的过程,类似于儿童母语能力发展的过程;而学得则是通过听教师讲解语言现象及语法规则,并辅之以有意识的练习与记忆等活动,从而达到对所学语言的了解及对其语法概念的掌握。"③尽管一般认为"学得"比"习得"更困难,但前者仍具有自身的优势,如它是有目的、有计划、有步骤进行的,其内容是在总结前人经验的基础上经过优化组合安排的,而且是循序渐进的,避免了不必要的重复,缩短了学习的周期。相反,后者有时具有一定的盲目性,无意识地经历了太多的重复,浪费了宝贵的时间与精力。在我国作为外语而开设的英语课程主要通过"学得"进行,因而使得二语语感归属于浅层语感。可见,将语感作浅层与深层之分不仅有利于揭示语言学习的本质,也有利于厘清语感(sense)与直觉(intuition)之争,对我们进行语感教学与训练无疑具有重要的现实意义。

(三)经历三个阶段

良好的英语语感的获得不是一蹴而就的,必须经过长期的训练,一般要经历感受、积累和飞跃三个阶段。首先,由克拉申"可理解的输入"

---

① 汤富华:《感觉语感的感觉——语感还是直觉》,载《外语学刊》2010年第3期,第148-150页。

② 马越、汤富华:《语言发展与语习得观照下的语感辨析》,载《惠州学院学报(社会科学版)》2008年第10期,第9-13页。

③ [美] S. D. Krashen, *Principles and Practice in Second Language Acquisition* (Oxford: Pergamon Press, Ltd., 1982), p.117.

(comprehensive input) 的概念可知信息输入尤其是可理解的信息输入能极大地丰富语言学习者大脑中的语感图式,从而使我们获得对语言更为丰富的感受,为语感的养成奠定良好的基础。其次,学习者在充分感受语言的基础上,必然经历一个量的不断积累的过程。这一过程呈现出由感性到理性的不断发展的特征。辩证唯物主义认为,量的不断积累是事物质变的前提和条件,是必然经历的过程。语言学习者经过不断的听、说、读、写训练进行感性的积淀,逐渐走向理性的思维,这一过程需要付出艰辛的努力。最后,正如量变必然走向质变一样,语感的不断积累也必然促使语言水平迅速提高,从而进入语感的由理性到感性的飞跃阶段。

在以上三个阶段的学习过程中,感受是前提和基础,积累是关键,飞跃是目的。在感受阶段,语感训练应重在指导学生朗读经典语段,加大对学生的语言可理解输入;在积累阶段,重在指导学生背诵名句、名篇;在飞跃阶段,则侧重于指导学生进行对话和写作。三个阶段循环往复,不断地螺旋上升,从而使语感层次得到不断提升。

(四) 注重四个前提

汤富华曾撰文指出,成功的学习需要四个先决条件:时间(time)、精力(energy)、志向(ambition)和需求(requirement)。四个条件的英语单词首字母连起来刚好为 tear(泪水),意思是语感训练必须付出诸多的泪水,需苦学方能有所斩获。[1] 正如"冰冻三尺非一日之寒",充足的时间是语感训练的最基本前提。因此,语言学习者需要持之以恒、坚持不懈,投入大量的时间进行语言实践。精力是语感训练的另一个重要条件,有时间而无精力,语感的训练也将徒劳无益。同样,一个学习者对语感作何种程度的理解与追求势必影响到其最后的结果。这是不容赘言的。关于需求方面,语感是构成学生语言运用能力的一个重要方面,因此,对语感的应用需求的强弱将直接影响到语言学习者的学习动机、积极性及最终的学习效果。在语感训练中需要特别注重加强学生对可理解的输入和输出的需求,使他们乐于训练、勇于实践。

---

[1] 汤富华:《语感范畴与语言策略》,载《西安外国语大学学报》2007 年第 2 期,第 21—24 页。

（五）训练五个 100 小时

语感教学需要持之以恒地反复进行训练，可通过"五个 100 小时"来培养学生的英语语感，即模仿 100 小时、写作 100 小时、对话 100 小时、讨论 100 小时和视听 100 小时。学生通过模仿录音，可以清楚地把握音的重读、连读、失去爆破、浊化、弱读和同化，以及句子的节奏、意群、语调等。尤其是利用电子产品的复读功能反复进行操练，可以使学生的语感不断地得到强化。写作练习可以使学生加大语言的输出量，培养他们用英语思维进行表达的习惯，从而产生"下笔如有神"之感。对话是人与人之间进行情感交流的一种重要形式。对话可以填平彼此的"信息差"，最终达到交际的目的。同时，对话还可以有效提升学生对语感的灵敏度，并可以使双方取长补短，共同进步。在语感训练中，让学生参与某一主题的讨论，可使学生熟练掌握相关话题的语言结构与题材，使他们在以后的语言输出中更加有效。此外，试听方式可以很好地运用信息对视觉和听觉的刺激来构建直观形象的画面，有利于人的大脑中语感图式的形成与清晰化，对学生语感能力的发展起到重要的作用。

（六）沿着六个路径

英语语感训练可坚持听读、书写、背诵、阅读、会话和视听多种途径相结合。一般说来，可以将以上六个路径分为两种类型：即输入型和输出型，其中听读、阅读、视听主要属于输入型路径，而书写、背诵、会话则主要属于输出型路径。根据克拉申的"输入假说"可知，如要对学习者的第二语言习得产生积极作用，必须保证输入是可以理解的，亦即"可理解的输入"（comprehensible input）是第二语言习得的必备条件。Swain 认为，可理解的输入对学习者发展二语能力是不够的，要全面提高学习者语言水平，必须"迫使"（push）学习者输出语言，指出语言输出是语言学习不可或缺的过程，它不仅使学习者在使用语言中学习语言，而且对学习者的认知发展和社会身份建构起着积极的作用。① 1985 年，Swain 提出了"可理解的输出"（comprehensible output）的概念，指出可理解的语言

---

① 刘春燕：《语言输出在英语学习中效果最优化的课程设计研究》，载《课程·教材·教法》2015 年第 5 期，第 87－92 页。

输出对促进学习者准确、流畅地运用语言具有重要的意义和价值,并认为可理解的输出具有注意触发功能、假设验证功能以及元语言的功能。成功的二语学习不仅需要大量的可理解输入,而且需要大量的可理解输出,即输入与输出在语言训练中同等重要。因此,在英语语感教学与训练中,只有把握正确的方向,沿着相应的路径,让学生进行有效的语言输入与输出实践,才能避免其误入歧途,取得事半功倍的效果。

(七) 采用七个方法

这里的七个方法曾经在上文中进行过详细的介绍,具体是指:创设情境,触发语感;注重朗读,感受语感;指导背诵,积淀语感;扩大输入,丰富语感;鼓励输出,锤炼语感;挖掘素材,强化语感;拓展活动,巩固语感。也就是说,语感的养成需要循序渐进,遵循"触发—感受—积淀—丰富—锤炼—强化—巩固"这样一个由浅入深的逻辑顺序。

语感的生成无法立竿见影,必须经过一个长期的、有针对性的练习过程。与此相适应,在语感的实际训练中,可通过创设丰富的情境来触发学生的语感,使学生有身临其境之感,培养其训练的兴趣,从而达到事半功倍的效果;注重和引导学生朗读与背诵英语名句名篇,使学生谙熟语块、句子及语篇的结构,不断感受并积累语感;通过扩大可理解的语言输入和鼓励可理解的语言输出来增加语言的训练量,不断锤炼学生的语感;挖掘教学中的各种素材,使学生熟悉不同的语言题材,把握不同的语言结构,进而强化学生的语感;通过拓展活动,如开展英语角活动和英语口语大赛、英语诗歌朗诵大赛以及英语写作大赛等竞赛活动,训练学生的听、说、读、写,不断巩固学生的语感。一句话,在语感训练中,教师要竭尽所能地通过多种多样的方法与手段将学生的语言训练引向深入,从而不断地促进其语感能力的生成与发展。

(八) 落实八个概念

基于二语习得的相关研究成果,汤富华在长期的语感教学和研究中身体力行,先后提出了工作英语(working English)、语言公差(linguistic tolerance)、语言智商(linguistic IQ)、支持材料(supporting material)、习得障碍(acquisition disorder)、习得极限(linguistic acquisition limit)、有

效输入（effective input）、有效输出（effective output）八个概念[①]，主张通过引导学生正确把握语言公差，充分发挥语言智商，进行大量的有效输入和有效输出的操练来获得语言支持材料，克服二语习得之障碍，扩大学生的语言接触极限，达到使学生掌握工作英语的目的。这极大地丰富了语感教学的理论，为语感训练的实践提供了有效的指导。

总而言之，基于语感对语言综合运用能力培养具有重要作用的认识，在语感教学中，要力求将英语语感教学及训练与听、说、读、写有机结合，努力通过"多听"使学生感受语感，通过"多说"使学生增强语感，通过"多读"使学生发展语感，通过"多写"使学生巩固语感。

五、语感教学的内涵

语感教学是一种以培养学生的语言感知能力和审美情趣为核心的教学理念。它主张通过各种语言实践活动，让学生在感受语言美感的过程中，提高语言理解和运用能力。语感教学的内涵主要包括以下七个方面。

（1）语言感知能力的培养。语感教学关注学生对语言的感知和体验，通过丰富的语言实践活动，学生在听、说、读、写的过程中，敏锐地感知语言的节奏、韵律、语音、词汇、语法等特性，从而培养其语言感知能力。

（2）审美情趣的提升。语感教学强调在语言学习过程中，培养学生对语言美的感知和欣赏能力。教师通过选用优美的语言材料，创设丰富的语言情境，引导学生体验和欣赏语言的美，从而提升学生的审美情趣。

（3）语言运用能力的提高。语感教学旨在让学生在感受语言美感的过程中，提高语言运用能力。通过各种实践活动，如朗读、背诵、模仿、创作等，学生在实际的语言环境中锻炼语言运用能力，实现学以致用。

（4）情感态度的培养。语感教学注重培养学生的情感态度，让学生在语言学习过程中，体验和感受语言所传达的情感和价值观。教师通过生动的语言、丰富的情境和情感丰富的教材，激发学生的情感共鸣，培养其

---

① 汤富华：《企业对外推介英译的文体与文化思考》，载《中国翻译》2000年第6期，第35页。

情感态度。

（5）创新思维的激发。语感教学鼓励学生发挥创造性，通过语言实践活动，如改编、创作等，激发学生的创新思维，培养其创新能力。

（6）文化素养的提高。语言是文化的载体，语感教学不仅关注语言本身，还关注语言所承载的文化内涵。教师通过介绍不同文化背景下的语言特点和表达方式，引导学生了解和欣赏不同文化，提高其文化素养。

（7）学习策略的培养。语感教学帮助学生掌握有效的学习策略，如如何倾听、观察、模仿、反思等，使学生在语言学习过程中，能够独立地感知、理解和运用语言。

总之，语感教学关注学生的全面发展，旨在通过培养学生的语言感知能力、审美情趣、语言运用能力、情感态度、创新思维、文化素养和学习策略，提高其整体语言水平，实现素质教育的目标。

第二节 语感教学的意义与原则

一、语感教学中的元语言能力

（一）元语言

元语言（metalanguage）作为一种描述语言的语言，是交际过程中确认和解释语码的重要手段。它是用来讨论语言、语法、语义、语言处理程序和语言学理论的一种高级语言。元语言具有以下六个重要的功能。

（1）描述和分析功能。元语言能够对语言的结构、意义和用法进行详细的描述与分析。通过元语言，学者可以对语言的规则和模式进行抽象化的提炼和系统的阐述，从而更好地理解语言的本质特征。

（2）理论构建功能。元语言是构建语言学理论的重要工具。它提供了形式化的表达方式，使得语言学家可以提出和验证关于语言的假设，构建具有内部一致性和可验证性的理论体系。

(3)模型构建功能。元语言可以用来构建语言模型,这些模型可以是句法模型、语义模型或语用模型。通过模型,学者可以模拟、预测语言的使用与理解过程,为语言教学和学习提供指导。

(4)交流和论证功能。元语言是学术交流的重要手段。学者使用元语言表达自己的观点,论证自己的理论,并与他人进行交流和讨论。这种交流和讨论有助于推动语言学领域的发展和进步。

(5)工具和应用功能。元语言作为一种工具,可应用于多种语言学研究领域,如语言教学、机器翻译、自然语言处理等。通过元语言的应用,可以提高语言学研究的实用性和影响力。

(6)跨学科研究功能。元语言应用不仅限于语言学领域,还可以用于与其他学科进行交叉研究。例如,元语言可以用于研究语言与认知、语言与社会、语言与文化的关系,促进学科之间的相互理解和融合。

元语言的功能是多方面的,它不仅有助于语言学理论的构建和语言现象的深入理解,还可以促进学术交流和跨学科研究,具有重要的理论意义和实践价值。在计算机科学和语言学中,元语言通常用于描述编程语言的语法和语义,以及用于构建语言处理程序,如编译器和解释器。元语言能力是一种反思语言特征及其功能的能力,它注重语言单位的运用及语言的形式,在学生的阅读、写作等各方面语言功能的发展中起着关键作用。学生的元语言能力与语块、语感、语境之间具有较大的正相关性,它影响语言使用的适切性与得体性,对学生的跨文化交际具有重要意义。

(二)元语言能力

元语言能力(metalinguistic ability)是指个体对语言的反思性理解和运用能力,它涉及对语言的本质、结构、功能和语言学习过程的认知和理解。元语言能力是语言能力的重要组成部分,通常包括以下五个方面。

(1)元语言知识。指对个体语言知识的认识,包括对语言的语音、语法、词汇、语义等基本知识的了解。具备元语言知识的人能够理解语言的结构和规则,能够分析和描述语言现象。

(2)元语言意识。指个体对语言的自我意识,包括对自己语言能力和语言使用的认识。具备元语言意识的人能够反思自己的语言学习过程,意识到自己的语言强项和弱项,以及语言学习中取得的进步和存在的问题。

（3）元语言调节。指个体在学习语言时能够对自己的学习策略和学习过程进行调整和控制。具备元语言调节能力的人能够根据学习目标和任务，选择合适的学习策略，监控和调整学习进度。

（4）元语言评估。指个体对语言学习成果的评价能力，包括对自己的语言水平和语言使用能力的评估。具备元语言评估能力的人能够客观地评价自己的语言水平，识别自己的优势和不足。

（5）元语言交际。指个体在使用语言进行交际时，能够对自己的语言交际过程进行调控。具备元语言交际能力的人能够在交际中意识到自己的语言表达方式和交际策略，并根据交际情境进行调整。

元语言能力对于语言学习非常重要。具备元语言能力的人能够更深入地理解语言的内在结构和规则，从而提高语言理解能力。元语言能力可以帮助个体更好地组织和选择语言表达方式，提高语言表达的准确性和有效性。元语言能力使得个体能够自主地调整学习策略，监控学习过程，从而提高语言学习的自主性和效率。尤其是在遇到语言学习中的困难和问题时，具备元语言能力的人能够运用元语言知识进行分析和解决。元语言能力也是个体终身学习语言的基础，它使得个体能够持续地学习和适应新的语言知识和技能。

（三）"语块、语感、语境"三位一体与元语言能力培养

1. "三位一体"对元语言能力培养的重要性

在全球化和多元化时代，我国的外语教学面临新的任务和挑战，有必要践行语块意识、语感能力、语境表达"三位一体"的理念，不仅要传授语言知识，培养学生的语块意识和语感能力，而且要加强学生的文化修养，增强其语境表达能力，将元语言融入以意义为中心、以交际为导向的有效教学中去，为学生元语言能力的培养打造重要的实践平台。

首先，良好的语块意识和语感能力有助于减少语用失误，提高语境表达的准确度，从而增强学生元语言能力培养的自信心。在英语学习中，由于缺乏语块意识，许多学生养成了诸如以单个词为记忆单元、在阅读中逐词朗读的习惯。受这些不良习惯的影响，学生在语境表达时常常采取直译的手法，再加上汉语的负迁移，因而造成许多语用失误。太多的语用失误严重地打击了学生学习英语的兴趣和积极性，使他们不敢开口说、不敢下

笔写，而疏于练习的口语和写作能力必然因这种恶性循环而每况愈下。由于语块是语言使用中形成的习惯性语言构块，使用时不需要有意识地关注语法结构，从而有效避免了语言错误，确保了语境表达的准确性。[①] 因此，学生掌握的语块越多，其语感能力就越强，语境表达必然会更准确，从而增强学生元语言能力培养的自信心。

其次，良好的语块意识和语感能力有助于降低大脑的信息编码成本，提高语境表达的流畅度，从而增强学生元语言能力培养的意志力。语块的使用通常被认为是一种产出策略，它能增强话语流利性。如果学生大脑中存储了大量的语块，就能抵制可能出现于心理中的任何不确定模式的干扰，在使用时就能轻而易举地检索运用，并渐渐达到自动化，从而拥有较好的语感能力。这样在提取语言知识时就能减少语言规划、信息加工及编码的任务，减轻大脑在实时言语产出时的负担，从而大大增强语境表达的流畅度。由此可见，在语言学习中，如能借助语块与语感在头脑中形成多种备选答案，就能节省语言输出的时间，从而提高语境表达的流畅性。当学生在不同语言环境下能够借助语块意识和语感能力自如地表达思想的时候，学生的学习会更加高效，面对困难时也会更有前进的动力和意志力。

最后，良好的语境表达能力有助于语块意识的激发，促进语感能力的生成，从而增强学生元语言能力培养的成就感。语境表达属于语言输出，而输出具有注意功能、检验功能和元语言功能。输出的注意功能指学生能注意到其想要表达的与其能表达的两者之间存在着哪些差距，从而激发其有意识的学习；检验功能是指输出能检验学生的语境表达是否符合规范；输出的元语言功能指的是当学生需要表达某种意思，没有获得成功而不得不再次尝试的时候，对目标语用法所进行的一种反思。在听、说、读、写四种技能中，学生通过听和读的输入获取信息，通过说和写的输出表达思想，输入是基础，输出是目的，二者相辅相成，密不可分。由于作用与反作用的关系，当学生的输出，即语境表达能力达到良好阶段的时候，必将进一步提高学生的输入技巧，触发其语块意识、催生其语感能力，从而让学生体验到语言学习的成就感。

---

① 王立非、张大凤：《国外二语预制语块习得研究的方法进展与启示》，载《外语与外语教学》2006 年第 5 期，第 17 – 21 页。

2. "三位一体"对元语言能力培养的可行性

语块常常是以整体形式被个体记忆、加工、存储及提取的成串的语言结构。语块的结构相对固定，出现频率较高，运用语境比较确定，具有比单个词和长句更好的中介效应。语感是人们对语言符号的一种敏锐的直觉能力，是一种高级的语言定式，是直觉认识的结果。语境表达属于语言输出，是对字、词、句、段在不同语言环境下的统摄与驾驭。在语言学习中，语块是基础，语感是中介，表达是目的，三者密切联系，相辅相成。

语块一般以整体形式存储在大脑词库中，它是语感生成的重要基础。"语块从结构上可分为四类：多元词语块（polywords）、习俗语语块（institutionalized expressions）、短语架构语块（phrasal constraints）及句子构建语块（sentence builders）。根据语块在不同情景中的会话结构和话语语用特点，语块又可分为社交互动（social interactions）、必要的话题（necessary topics）和话语设置（discourse devices）三类。"①

人们语境表达的流利程度或语感能力的强弱并不取决于学生大脑中存储了多少语法规则，而取决于学生大脑中存储了多少语块。事实上，生活中约70%的日常口语是由语块构成的。在外语学习中积累语块、增强语块意识，将有助于学生增加短时记忆的容量，提高语感能力和增强语境表达的效果，进而为元语言能力的培养夯实基础。

一般情况下，学生语块知识越丰富、语块意识越强，就越有利于语感能力的生成和语境表达水平的提高。如在表达"期待明年再见到你"这个句子时，许多学生会给出这样的答案：* Look forward to see you again next year. 而语块意识和语感稍好的学生大都知道"look forward to doing something"是习惯搭配，可看作一个语块，因为这里的"to"是介词，从而避免以上错误。语境表达能力好的学生语感能力一般较强，语块意识也会更敏锐。人们凭着语感，常常可以不假思索地理解别人的话语，辨别词义的细微差别及感情色彩，甚至从语句或语段的开头就能预测出整个话语的含义。人们还可以不假思索地运用语言，准确而得体地表达思想情感。例如，在翻译句子"尽管他很年轻，却知道很多事情"时，语感能力强

---

① 王立非、张大凤：《国外二语预制语块习得研究的方法进展与启示》，载《外语与外语教学》2006年第5期，第17-21页。

的学生能迅速地从以下句型中挑选其中一个来表达。

(1) Although he is young, he knows much.

(2) He is young, but he knows much.

(3) Young as he is, he knows much.

(4) Being young, he knows much.

(5) He knows much despite/in spite of/regardless of/ juvenility.

由此可见,语言学习中如能借助语块与语感在头脑中形成多种备选答案,就能节省语言输出的时间,从而提高语言表达的流畅性。但是,由于语感能力的差异,即使两个语言知识大体相同的人,他们的语言理解与语境表达水平也会有明显区别。良好的语块意识和语感能力有助于改善学生的认知模式,最大限度地降低大脑的编码成本,节省语言输出的时间,极大地提高学生语境表达的准确度、流畅度和有效性,为学生的元语言能力培养创造条件,为跨文化交际积淀巨大的正能量,从而使语块意识、语感能力、语境表达"三位一体"在外语教学中既是必要的又是可行的。

3. "三位一体"对元语言能力培养的策略性

在语块意识、语感能力、语境表达构成的"三位一体"中,语块意识是支撑语感能力的奠基石,语感能力是增强语境表达的助推器,语境表达是培养语块意识和锤炼语感能力的练兵场,外语教师有必要运用有效的策略,追求"1+1+1>3"的教学效应,为学生元语言能力培养提供持续、巨大的正能量,为跨文化交际的有效进行保驾护航。

(1) 以夯实词汇为基础,培养学生的语块意识,为元语言能力的培养搭建发展平台。

语块是两个或更多词的组合、结构相对凝固、意义具有整体性或透明性、可整体记忆和运用的语言单位。英语语块意识应该包括三层含义:一是语块识别能力,学习者能在语言材料中找出语块;二是语块表述能力,学习者能根据所给语言材料,利用语块结构完整表述材料的意义;三是语块应用能力,学习者能在交际中正确使用语块。[1] 语块不仅能减轻语言习得与理解过程中的记忆负担,还能提高语言的输出速度与流畅性,有利于

---

[1] 刘恬:《语块意识对汉语习得的影响实证研究》,中央民族大学硕士学位论文,2020年,第15-16页。

学习者的语言习得与日常交际,可谓是语言习得的一条捷径。"万丈高楼平地起",词汇是英语学习的基础,如果没有词汇做支撑,语境表达就会像"丈二和尚摸不着头脑"。作为一种语言使用惯例,语块兼有语法及词汇的特征,暗含着一定的潜语境,具有约定俗成的特点,这一点在词汇学习中尤其重要。

然而,语块在语境表达中的作用长久以来并未得到充分重视。学生缺乏语块意识,需要教师在日常的课堂上耐心指导以引起他们的注意。例如:Now he is used to getting up early on weekends, but he used to get up very late. 在以上句子中,"be used to"作为一个语块,意思是"习惯,适应",其中"to"是介词,因此其后接动词时要跟动名词形式搭配;而"used to"作为一个语块,意思是"过去常常",其中"to"是不定式符号,因此其后要跟动词原形搭配。日常教学发现,有些同学没有正确把握以上两个语块而导致语误。在词汇学习中,学习者如能明确地将它们作为语块来学习和记忆以引起注意,就可以避免在语言表达中出错。因此,在语言教学中,教师有必要加强对英语词汇学知识的讲解,尤其是要求学生熟练掌握和运用构词法知识。

在日常教学中,教师要引导学生有意识地识记典型的、最常用的词汇搭配,改变通常以单个词为单位的死记硬背习惯,要把语块作为一个单位来对待和记忆,学会如何辨认语块并选择有价值的语块加以记忆。事实上,英语中的许多短语动词都可以当作语块来学习与运用,如 call at, call on, call for, call off, call up, look for, look after, look round, look up, look back, look into, look on, look through, look forward to 等。学生若能学会正确运用这些语块知识来提升词汇的理解、记忆、运用与再生能力,久而久之一定能培养起良好的语块意识,进而发展语感能力,增强语言表达的效果,做到因时、因地、因人而异的有效交际,从而使大学生元语言能力的培养不再是"巧妇难为无米之炊",而是"问渠那得清如许?为有源头活水来"。

(2) 以剖析语篇为核心,培育学生的语感能力,为元语言能力的培养树立效率标杆。

在语言教学中,翻译是一种常见的语境表达方式。高超的翻译水平除了要有丰富的词汇做支撑外,译者还必须洞悉两种语言各自的特色以及它们之间所存在的文化差异。在这个过程中,基于语篇的语感培养尤为重要。

要做好翻译，不仅需要扎实的语言功底和翻译技巧，还需要译者具备"千锤万凿出深山"般良好的语感能力。因此，基于语篇分析为核心的语境表达对锤炼学生的语感能力具有重大的意义。由于语块具有相对固定的形式和可预测的性质，能缩小意义期待的范围，因此有利于学生预测语篇的内容。一般认为，语篇是比句子层次更高的语言单位，是一系列连续的句子构成的语言整体。[1] 语篇分析就是从语义、语法及语用等几个方面对语言文本进行分析，研究语篇结构、句子排列、句际关系、会话结构及语句的指向性和信息度，以及句子衔接和语义连贯等内容。[2]

在语言教学中，教师要引导学生努力改变以单个词为单位的阅读习惯和输出习惯，学会如何辨认语块并灵活运用语块，并在语篇的基础上，通过创设情境触发语感、注重朗读感受语感、指导背诵积淀语感、扩大输入丰富语感、鼓励输出锤炼语感、挖掘素材强化语感、拓展活动巩固语感等方式培养学生对语言的敏锐感觉，增强对语篇的领悟能力和语境表达能力，提高跨文化交际效果，从而使学生元语言能力的培养不再是"雾里看花终隔一层"，而是"会当凌绝顶，一览众山小"。

（3）以扩大可理解输入和输出为手段，增强学生的语境表达能力，为元语言能力的培养提供技术保障。

可理解输入要求输入应该略高于学习者的当前语言水平，这样才能够促使学习者通过上下文线索来理解和吸收新信息。这种现象在语言学中被称为"i+1"原则，即学习者的当前语言水平"i"加上一个难度等级"1"。可理解输入应当包括多样化的语言材料，反映真实生活中的语言使用情况，这样能够提高学习者的语言适应能力。在教学实践中，教师应根据学生的语言水平、兴趣和需求，设计和调整教学内容和方法，确保学生能够接收到足够的可理解输入，从而促进语言的习得和运用。

可理解输出要求学习者的输出应当尽可能准确，反映出他们对语言知识的理解和掌握。输出应当是完整的句子或话语，能够表达清晰的意思，输出的内容应当符合语言使用的语境和交际目的，学生的输出应当包括不同的语言功能、词汇和语法结构，以展现他们的语言灵活性。学生在输出

---

[1] 黄国文：《语篇分析概要》，湖南教育出版社1988年版，第96页。
[2] 韩子满：《浅析语篇分析与翻译》，载《山东外语教学》1997年第4期，第42-46页。

过程中能够自我监控和自我调整，根据反馈来改进自己的语言使用方式。在教学实践中，教师应当鼓励学生进行可理解输出。比如，通过角色扮演、小组讨论、写作练习等方式，学生有机会在实际语境中使用语言。同时，教师也应当提供有效的反馈，帮助学生理解自己的输出，并指导他们如何改进语言的使用。通过这种方式，学生能够更加自信地使用目标语言，并逐步提高语言水平。

在听、说、读、写四项技能中，听和读属于输入型技能，而说和写则属于输出型技能。大量的听、读练习，能让学生的大脑逐渐形成一种习惯，呈现一种模式，进而产生一种比逻辑强很多的语感力量，形成良好的语境表达习惯和较强的语境表达能力。

由于可理解输入是第二语言习得的必备条件，因此，当输入具有可理解性时，就能引起学生对语言问题的关注，对目标语的句法结构及语义进行检验，促进语言知识内在化以及语言运用自动化，进而促进学生良好的语境表达能力的形成、巩固与发展。同理，在跨文化交际中，语言的输出也必须是可理解性的，应符合逻辑并呼应语境的要求。

事实上，在语言学习中，学生常常碰到的俗语或谚语也属于语块范畴。如：Where there is a will, there is a way. （有志者事竟成。）Easy come, easy go. （来得容易去得快。）East, west, home is best. （金窝银窝不如自己的草窝。）Well begun is half done. （好的开端是成功的一半。）A man cannot whistle and drink at the same time. （一心不能二用。）Never offer to teach fish to swim. （不要班门弄斧。）这些语句经历了长期的文化浸润，已经约定俗成，具有各自的丰富语境。在情境中学习以上语块，加强对文化背景的理解，扩大可理解输入和输出，对学生巩固和发展自身的语感和语境表达能力具有十分重要的意义，可使学生元语言能力的培养不再是"摸着石头过河"，而是"功到自然成"。

（4）以"1+1+1＞3"为目标，整合语块意识、语感能力和语境表达，为元语言能力的培养谋求整体效应。

作为"谈论语言的一种语言"和"描写自然语言的语言"，元语言对解释及描述方面的工作具有重要意义，可以广泛应用在教学工作中。在英语教学中，教师要努力提高学生的元语言意识，鼓励学生多使用元语言，并通过实践来提高他们的理解能力。这种教学方法对学生的学习和成长都有重要的影响，能够帮助他们比较好地理解和掌握英语知识。① 在英语教学及跨文化交际中，即使具备显性和有意识的知识也不能保证自发的语言运用。只有那些完全内化了的、隐性的、潜意识的知识（即目标语的语块和语感）才能驱动自由流畅的语境表达。也就是说，只有通过识记大量的语块才能增强语言的敏感性，逐渐培养出语感能力，形成自如、地道的语境表达。

在多元文化时代，跨文化交际日益频繁。促进学生形成个性化的学习方法以及发展他们的自主学习能力和跨文化交际能力是当前大学英语教学改革的重要目的。高等教育阶段外语水平的发展有必要以对语言结构和功能的更深层次的理解为基础，在外语课堂教学中引入元语言知识，加强对学生元语言能力的培养。这同时也是外语教育发展的客观要求。践行语块意识、语感能力、语境表达"三位一体"的大学生元语言能力培养，要以学生为中心，既要注重传授语言知识，更要注重培养其语言综合运用能力和自主学习能力。"1+1+1＞3"正是大学英语教学改革在培养学生元语言能力方面所追求的整体效应，使大学生元语言能力的培养不再是"头痛医头，脚痛医脚"，而是"成龙配套"。

二、语感教学的意义

语感教学法具有科学性和系统性，能够提高教学效率，使学生在较短的时间内掌握语言知识，形成语言技能，达到教学目标。语感教学强调学生的全面发展，注重学生的个性差异，鼓励学生主动参与和探究，充分调动学生的学习积极性，是适应素质教育要求的一种有效的教学方法。语感教学的意义具体体现在以下六个方面。

（1）提升语言理解力。语感教学注重对学生进行语言实践的训练，通过多种教学手段激发学生对语言的感知能力，加深其对语言内涵的理解，使其不仅懂得语言的表层意思，还能把握语言的深层结构和隐含意义。

---

① 李芳：《高中英语教师课堂元语言应用个案研究》，重庆三峡学院硕士学位论文，2023年，第44页。

(2) 增强语言表达能力。良好的语感能帮助学生在表达时更加得心应手,准确、生动地运用语言描述思想、情感和观点。语感教学通过各种口语和书面表达的练习,不断提高学生的语言表达能力和交际能力。

(3) 培养审美情趣。语言不仅是交流的工具,而且是传递美、表达美的媒介。语感教学强调对语言的深入体会,使学生感受到语言的美,培养其审美情趣和鉴赏能力。

(4) 促进文化传承。语言是文化的重要载体,语感教学不仅教授语言知识,还通过语言教学传递民族文化,学生可以在学习语言的同时,理解和继承中华民族的优秀传统文化。

(5) 形成语言习惯。语感教学倡导在真实的语言环境中学习,通过大量的语言输入和输出活动,学生可自然而然地形成语言习惯,从而达到熟练掌握和运用语言的目的。

(6) 发展思维能力。语感教学鼓励学生在语言学习的过程中积极思考,通过语言分析、综合、判断等认知活动,发展学生的逻辑思维能力和创新思维能力。

综上所述,语感教学的意义不仅在于提高学生的语言能力,更在于通过语言教学促进学生综合素质的提升,为其终身学习和全面发展打下坚实的基础。

三、语感教学的原则

语感教学原则是指在语言教学中,注重培养学生的语言感知能力和语言运用能力,使学生能够熟练、自然地运用目标语言进行沟通。以下是语感教学的六个基本原则。

(一) 真实性原则

语感教学的真实性原则是指在语言教学中,教师应选择真实、贴近生活的语言材料和场景,使学生在学习过程中能够感受到目标语言的地道性和实用性,感受到目标语言的真实魅力。真实性原则具体体现在以下五个方面。

1. 教材选择

选用真实、地道的语言教材，确保学生接触到原汁原味的目标语言。教材内容应贴近生活、符合实际需求，让学生在学习过程中觉得语言是实用的、有价值的。

2. 创设真实语境

教师应在课堂上创设接近实际生活的语言情境，使学生在角色扮演、情景对话等活动中感受到目标语言的运用。这样的语境有助于培养学生对语言的真实感，提高其语言应用能力。

3. 注重语言实际运用

教学过程中，教师应关注学生的语言实际运用能力，引导其用所学语言进行沟通。教师可以设计一些实际交际场景，如面试、购物等，使学生在模拟情境中锻炼语言交际能力。例如，教师可以挑选一些时事话题，让学生在学习过程中关注社会、了解世界。这样既能激发学生的学习兴趣，又能帮助他们将所学语言知识应用于实际生活中。

4. 课堂活动多样化

组织多样化的课堂活动，如小组讨论、辩论赛、演讲等，让学生在不同的语境中运用所学语言。这样既能锻炼学生的语言能力，又能培养其跨文化交际意识。教师应鼓励学生在生活中尝试使用所学语言，将课堂所学应用到实际生活中。此外，教师还可以提供一些实用的学习资源，如网站、电影、书籍等，帮助学生拓展语言学习渠道。

5. 反馈与评价

教师要对学生的语言实际运用情况进行及时、客观的反馈与评价，引导学生纠正错误，提高语言质量。评价方式可以包括口头表达、书面作业、课堂表现等。

遵循真实性原则的语感教学能够使学生在学习过程中更好地感知目标语言，提高其语言应用能力和跨文化交际能力。同时，真实性原则也有助于激发学生的学习兴趣，提高学习效果。

（二）互动性原则

语感教学的互动性原则是指在语言教学中，教师要充分发挥学生的主体作用，注重促进学生之间的互动与合作，使学生在积极参与的课堂氛围中提高语言运用能力。互动性原则具体体现在以下五个方面。

1. 师生互动

教师应营造一个轻松、愉快、和谐的课堂氛围，让学生在无拘无束的环境中敢于开口说英语，积极参与课堂活动。尤其要与学生建立良好的互动关系，尊重学生的主体地位，鼓励学生提问、发表观点，并及时给予反馈与指导。同时，教师要促进学生之间的互动与合作，如开展小组讨论、角色扮演、辩论赛等活动，使学生在相互交流中提高语言应用能力。教师还可以设计一些角色互换的活动，使学生在实际操作中感受到语言的运用，提高其语言交际能力。

2. 口语练习

教师要安排足够量的口语练习时间，让学生在课堂上进行实际对话。可以采用一对一、小组等形式，使学生在互动中提高口语表达能力。

3. 注重学生个体差异

教师要关注学生的个体差异，因材施教，设计不同层次的互动活动，使每个学生都能在课堂上得到锻炼。

4. 多元化评价

教师要采用多元化的评价方式，如课堂观察、学生互评、教师评价等，以全面了解学生的语言互动能力，并给予有针对性的指导。

5. 鼓励创新与合作

教师要鼓励学生在课堂上勇于创新、发表独特见解，并鼓励他们与同伴合作，共同完成学习任务。

遵循互动性原则的语感教学有助于激发学生的学习兴趣和积极性，培养其语言交际能力和合作精神。同时，互动性原则也有助于教师及时了解学生的学习状况，调整教学策略，提高教学质量。

（三）个性化原则

个性化原则是指在语感教学中，教师要关注每个学生的个体差异，充分调动学生的主动性和积极性，因材施教，促进每个学生在其原有水平的基础上获得最佳的发展。语感是属于个体的，因此具有明显的个体差异，它以个体以往的生活与语言的经验为基础。心理学家巴甫洛夫曾指出，语言作为对人的一种特别高级的刺激物，可以唤醒、集中起主体以前全部的生活经验。不同的主体有不同的语感，同一主体在不同的发展阶段也有语感差别。这种千差万别是言语主体独特因素的反映，也是语感培养不可能有一刀切的标准和整齐划一的模式的原因，当然，这还是语感不能模仿与移植的根本缘由。该原则基于这样一个认识：每个学生都有自己的特点、兴趣和需求，其语言学习能力和发展水平各不相同。因此，在教学过程中，教师需要关注每个学生的个体差异，充分调动其主动性和积极性，以便更好地促进其语言学习。

在具体的语感教学中，个性化原则体现在以下四个方面。

1. 教学目标的个性化

根据学生的兴趣、特点和需求，设定适合的教学目标，使每个学生都能在教学过程中得到有效的锻炼。

2. 教学内容的个性化

根据学生的实际情况，调整教学内容，使教学内容更贴近学生的需求，从而激发学生的学习兴趣和积极性。

3. 教学方法的个性化

针对不同的学生，采用不同的教学方法，使其在适合自己的教学方法中取得更好的学习效果。

4. 学习评价的个性化

在评价学生语言学习的效果时，应充分考虑学生的个体差异，关注他们在原有水平基础上的进步和提高。

在教学实践中，个性化原则有助于学生找到适合自己的学习内容和方法，更好地激发其学习兴趣、发挥其主观能动性、发展其个性和特长，更好地提高其语言感受力和表达能力。个性化原则要求教师关注学生的个体差异，根据不同学生的兴趣、需求和能力进行个性化教学。个性化原则是语感教学中非常重要的一环，教师需要关注每个学生的个体差异，充分调动其主动性和积极性，因材施教，让每个学生都能在语言学习中找到适合自己的方法，以促进每个学生获得最佳的发展。

（四）重复性原则

语感教学的重复性原则是指在教学过程中反复实践和训练，使学生对语言的形式、意义和运用有更深刻的理解和感知。这种教学原则基于这样一个认识：语言学习需要时间和持续的练习，尤其是对于语感的培养，更是一个长期和反复的过程。

在具体的语感教学中，重复性原则体现在以下四个方面。

1. 语言素材的重复

重复阅读和分析优秀的文学作品，使学生在不同的语境中感受语言的韵味和魅力。这种方法的目的是使学生对语言有更丰富和深入的体验。

2. 语言活动的重复

语言活动的重复包括朗读、写作、讨论等多种形式的语言实践活动，反复实践，使学生在活动中不断提高语言感受力和表达能力。

3. 教学方法的重复

教师在教学中采用有效的教学方法，如启发式教学、互动式教学等，并在不同的单元或课程中重复使用，以巩固学生的学习成果。

4. 评价与反馈的重复

对学生的语感学习进行定期的评价和反馈，帮助学生认识自己的进步和不足，为下一步的学习提供指导。

重复性原则在教学实践中具有重要意义，它有助于学生强化记忆，即通过重复学习，学生可以更好地记忆语言知识，形成长期记忆；有助于学生提高技能,即重复的练习可以让学生熟练掌握语言技能,如听力、口语、阅读和写作等;有助于培养学生的审美能力,即反复阅读和分析优秀的文学作品,可以提高学生的审美能力,培养文学鉴赏力;有助于学生深化理解,即通过重复的学习和讨论,学生可以更深入地理解语言的文化内涵和语境意义。

总之,语言学习需要通过不断的重复练习来巩固和提高。教师应设计合理的练习任务,让学生在重复实践中掌握语言知识,形成语言技能。需要注意的是,重复并不是简单的机械操作,而是在教师的指导下,有目的、有层次、有变化地进行语言实践活动,使学生在每一次的重复练习中都能有新的收获和提高。

(五) 多样性原则

语感教学的多样性原则是指在教学过程中,教师应当采用多种不同的教学手段、方法和活动,以适应学生的个性化需求,提高教学的趣味性和实效性。

在具体的语感教学中,多样性原则体现在以下七个方面。

1. 教学手段的多样性

教师应根据教学目标和学生的兴趣,灵活运用各种教学手段,如讲解、示范、视听材料、网络资源、游戏、角色扮演等。多样化的教学手段可以激发学生的学习兴趣,增强其参与感和互动性。

2. 教学方法的多样性

语感教学应采用多种教学方法,如任务驱动法、情境教学法、合作学习法、探究学习法等。这些方法有助于培养学生的自主学习能力、合作精神和探究意识。

3. 教学内容的多样性

语感教学内容应丰富多样,涵盖不同体裁、风格和文化的语言材料,如诗歌、故事、戏剧、电影、新闻报道等。这样可以拓宽学生的语言视野,增强其文化意识。

4. 教学活动的多样性

教师应设计各种类型的教学活动，如朗读、背诵、模仿、改编、创作等，使学生在实践中感受语言的美感和规律。这些活动可以让学生在不同的语言环境中锻炼语感。

5. 教学资源的多样性

教师应充分利用校内外各种教学资源，如图书馆、网络、多媒体设备等，为学生提供丰富的学习材料和手段。

6. 教学策略的多样性

针对不同学生的学习特点和需求，教师应采用不同的教学策略，如个性化教学、差异化教学等，以实现因材施教。

7. 评价方式的多样性

语感教学的评价方式也应多样化，包括自评、互评、教师评价等多种形式。这样可以帮助学生了解自己的学习情况，激发他们的学习动力。

遵循多样性原则，语感教学可以变得更具吸引力和实效性，有助于培养学生的语言感知能力、审美情趣和创新思维，提高其对语言的运用水平。

（六）循序渐进原则

循序渐进原则是指在语感教学中，教师要按照学生语言学习的发展规律，由浅入深、由易到难、由具体到抽象地组织教学内容，引导学生逐步提高语言感受力和表达能力。这个原则基于这样一个认识：语言学习是一个由基础到高级、由简单到复杂的逐步积累过程。因此，在教学过程中，教师需要根据学生的实际情况，设计适合他们认知水平的教学内容和教学方法，使学生在学习过程中感到有序、系统和完整。

在具体的语感教学中，循序渐进原则体现在以下三个方面。

1. 教学内容的循序渐进

教学内容应从简单到复杂、由易到难，逐步引导学生深入学习。例如，可以从基本的词汇、语法开始，逐步发展到复杂的句式和篇章结构。

2. 教学方法的循序渐进

教学方法应从简单到复杂，使学生在不同的教学方法中逐步掌握语言学习的方法和技巧。

3. 学习评价的循序渐进

评价学生语言学习的效果，应从基础到高级，使学生在评价中逐步认识到自己的进步和不足。

在教学实践中，循序渐进原则有助于学生在逐步学习的过程中，感受到自己的进步，从而增强学习的信心；有助于学生在逐步学习的过程中，掌握语言学习的方法和技巧；有助于学生在逐步学习的过程中，深入理解语言的形式、意义和运用；有助于学生在逐步学习的过程中，提高语言感受力和表达能力。

总之，循序渐进原则需要教师根据学生的实际情况，设计适合学生的教学内容和教学方法，引导学生逐步提高语言感受力和表达能力。遵循语言学习的规律，由易到难，逐步提高。教师应合理安排教学内容，确保学生能够在适当的时间内掌握所需的语言知识。

第三节 语感教学中培养英语自主学习能力的策略

一、语感教学与英语自主学习能力培养的关系

语感教学是一种注重培养学生的语言感知能力和情感态度的教学方法，而自主学习能力则是指学生独立思考、自我调节的学习能力。

首先，语感教学可以帮助学生提高语言感知能力。语感教学可以培养学生对语言的敏感性，提高其语言表达能力与理解能力。这为学生自主学习奠定了坚实的基础，使他们在学习过程中能够更好地理解和运用语言。

其次，语感教学可以培养学生的情感态度。语感教学可以培养学生对语言的热爱和兴趣，提高其学习的积极性和主动性。这有助于学生形成自主学习的习惯，激发其主动探索与学习语言的动力。

然而，语感教学并非只单纯地注重学生的语言感知和情感态度，它还与学生的自主学习能力培养密切相关。语感教学可以激发学生的兴趣和好奇心，培养学生的思维能力和创新精神，进而提高学生的自主学习能力。

一方面，语感教学可以激发学生的兴趣与好奇心。语感教学可以使学生感受到语言的魅力及多样性，从而激发其对语言的兴趣与好奇心。兴趣和好奇心是自主学习的动力，可以使学生在学习过程中保持积极的态度和培养主动思考的能力。

另一方面，语感教学可以培养学生的思维能力与创新精神。语感教学可以培养学生对语言的敏锐观察及深入思考的能力，从而提高其思维能力与创新精神。思维能力与创新精神是自主学习的重要条件，可以使学生在学习过程中独立思考、发现问题并解决问题。

语感教学与自主学习能力培养之间存在着密切的关系。语感教学可以提高学生的语言感知能力，培养其情感态度、激发其学习兴趣和好奇心，还可以培养学生的思维能力和创新精神。这些因素共同促使学生形成自主学习的能力和态度，从而提高其学习效果和学习成绩。因此，在教学中，教师应注重语感教学的实施，多种途径培养学生的自主学习能力，使其在学习中更加主动和有效。

二、语感教学中影响自主学习能力培养的因素

（一）语言环境的局限

语言环境是指人们在说话时所处的环境，以及说话人所处的状态，是语言学习过程中学习者所处的语言学习环境。[1] 语言环境提供了学习者接触到的语言材料，这些材料的质量和数量直接影响学习者的语言习得。丰

---

[1] 赵婷婷：《英语语言环境接触对初中生英语学习兴趣的影响研究》，云南大学硕士学位论文，2017年，第2-3页。

富的语言输入可以帮助学习者更好地理解和吸收新的语言知识。语言环境提供了实际使用语言的机会,这有助于学习者将所学的理论知识应用到实际中去,通过实践来提高语言运用能力。语言环境中的交流互动能够帮助学习者理解和掌握语言的社交功能,学习者在实际对话中可以学习到语言的运用策略和交际技巧。语言环境不仅仅是语言的学习,还是文化的学习。通过语言环境,学习者可以更好地理解目标语言的文化背景,增强语言学习的文化认同感。语言环境中的同伴支持和教师指导可以帮助学习者管理和降低学习过程中的焦虑感,从而更加自信、放松地进行学习。良好的语言环境能够激发学习者的内在动机,促进其自主学习,提高学习效率。

语感教学需要一个丰富的语言环境,以便学生能够通过大量的听、说、读、写实践来提高语言感知和表达能力。然而,在实际教学中,由于语言环境的限制,学生往往缺乏足够的语言输入和实践机会,这使得其在自主学习过程中难以提高语感,从而缺乏自主学习的成就感。

(二)学生基础能力的差异

学生的语言基础能力对自主学习有很大的影响。对于语言基础较弱的学生来说,他们在自主学习过程中可能会遇到更多的困难,如发音、语法、词汇等方面的挑战。这使得他们在学习过程中容易丧失信心,影响自主学习的积极性。例如,在词汇积累方面,有些学生词汇量较大,对词义、词性、用法等方面有较为深入的了解,而有些学生则对这些基本知识掌握不足。在语法理解方面,语感强的学生能够很好地理解句子结构和语法规则,而语感弱的学生则在理解复杂句子和语法方面存在困难。在语言表达方面,有些学生能够用准确、流畅的语言表达自己的观点,而有些学生则在表达方面存在一定的困难,如用词不当、语病百出等。在语感培养方面,有些学生通过对文学作品、电影、音乐等方面的接触,形成了较好的语感,而有些学生则在这方面相对欠缺。此外,语感能力还与文化背景有很大的关系。有些学生对我国的文化传统、习俗等有深入了解,能在语言表达中灵活运用,而有些学生则在这方面相对不足。

(三)直觉思维的影响

直觉是指,"不经过复杂智力操作的逻辑过程而直接迅速地认知事物的思维活动。它同一般思维活动的区别,是直接观察而不是间接认识,可经由某种捷径而不遵循惯常的逻辑法则快速地进行"①。直觉思维是理性的隐性存在与逻辑的潜藏暗伏,是在意识边缘活动的持续性,是变异的表现形态。② 直觉思维是构成语感的核心因素。语感本身突出表现着直觉思维的非逻辑性、敏捷性、直接性和整体性的特点。语感是一种理性的直觉。语感的直接领悟、瞬间感应、迅速触发的特点,展现了直觉思维在语感中的核心作用,具体表现在以下五个方面。

1. 促进快速反应和理解

直觉思维使学生在面对新的语言材料时能够迅速做出反应,不需进行过多的分析就能理解语言的意义和内涵。这种能力对于提高阅读理解速度和效率至关重要。

2. 增强语言感知能力

直觉思维有助于学生增强对语言的音、形、意等方面的敏感度,使其能够更好地感知语言的美妙和细微差别,从而提高对语言的感知能力和鉴赏力。

3. 培养创新思维

直觉思维往往与创新和创造性思维联系在一起。在语言教学中,这种思维方式能够鼓励学生跳出传统框架,尝试新的表达方式和思维角度,从而培养其独特的语言风格和创造力。

4. 改善语言表达

直觉思维帮助学生在表达时更加自然和流畅,能够更准确地捕捉到语言的节奏和韵律,使表达更加生动和有力。

5. 引导学生深度学习

直觉思维鼓励学生深入探索语言的深层含义,引导学生进行深度学

---

① 朱智贤:《心理学大辞典》,北京师范大学出版社1989年版,第952页。
② 熊成钢:《中学语文教育应训练直觉思维以培养语感》,载《天津师范大学学报(社会科学版)》1997年第4期,第61-66页。

习,从而更好地理解语言的复杂性和多样性。

(四) 教学资源的不足

教学资源是教学过程的有效组成部分,是教师在教学过程中选择的各种材料,包括学习内容和学习资料,以及人、媒体、策略、方法和环境条件等要素。所有能够改善和促进学与教的人、媒体、策略、方法,以及环境等都可称为教学资源。① 教学资源的不足会对教师的教育质量和学生的学习效果产生多方面的影响:教学资源的不足可能使得教师无法提供丰富多样的教学材料和案例,从而限制知识的深度和广度,影响学生的知识结构和认知发展;缺乏足够的教学资源可能使教师难以采用更为先进和多样化的教学方法,如项目式学习、合作学习等,从而影响教学的吸引力和实效性;教学资源的不足往往会导致某些地区、学校或学生的教育质量低于其他地区或群体,加剧教育不平等现象;教学资源的不足还会影响到教育技术的应用,如多媒体教学、在线学习平台等,从而影响教学效果的提升;缺乏足够的教学资源不利于培养学生的创新思维和解决问题的能力,这些能力对于学生的长远发展至关重要。

此外,在一些学校,还存在缺乏专业的语感教学材料这一问题。教师在教授语言时往往依赖于传统的教材,而这些教材却无法满足学生提高语感的需求。缺乏有针对性的教学材料会使得教师在教学中难以有效地培养学生的语感能力。在一些地区,尤其是农村地区,专业的语言教师数量不足使得语感教学无法得到充分开展。同时,部分教师自身语感能力有限,难以指导学生提高语感。部分学校教学设施和环境较差,无法为学生提供良好的语言学习氛围。例如,语音实验室、多媒体教室等设施的缺乏,使得学生很难在实际操作中提高语感。此外,教师的教学方法单一,传统的教学方法往往注重知识的传授,而忽视了学生的实际操作和实践。这种单一的教学方法难以激发学生的学习兴趣,也影响了学生语感能力的提高。以上教学资源的不足均会影响学生自主学习的能力培养。学生缺乏有效的学习资源和指导,难以在自主学习过程中取得良好的效果。

---

① 周照鹏:《合理选择教学资源有效提升教学效果》,载《中国教育学刊》2017年第A1期,第170-171页。

（五）教学评价体系的制约

教学评价是评价主体依据相应的评价标准，对教学状态、过程和结果做出客观、科学、公平、公正的价值判断。教学评价的核心价值是教育价值，宗旨是"为了教育""围绕教育"，具体表现为两个方面：一是教学评价的指导性价值，二是教学评价的学习性价值。[①] 语感教学评价是对学生在语言学习过程中所表现出的语感能力进行评估和判断的一种方法，它旨在通过评价学生的语言感知、理解、表达和运用等方面的能力，来促进学生的语言素养发展和教学改进。例如，评估学生对语言符号的敏感度，包括对词语、句子和语篇的感知和理解；考查学生对语言信息的解读和推理能力，包括对语境、语义和语用含义的理解；评估学生在口头和书面表达中的准确性和流畅性，以及运用语言表达思想和情感的能力；考查学生在实际交流中的应用语言的能力，包括语言的选择、语法的准确性和语言的得体性；评估学生在语言学习和使用中的创造性思维和语言创新能力。

语感教学评价应注重过程性、动态性和发展性，以促进学生的全面语言发展。然而，现有的教育评价体系更加注重学生的语言考试成绩，而非过程性的自主学习能力培养。这可能会使得教师在教学过程中过分关注学生的考试成绩，而忽视了自主学习能力的培养。

（六）家庭和社会因素的影响

家庭和社会因素对语感教学的影响是多方面的，包括父母的文化素养、家庭氛围、教育方式和社会语言环境、教育资源分配，以及对语言能力的重视程度等。家庭是孩子成长的第一环境，家庭因素对孩子的语感教学有着重要的影响。首先，父母的文化素养和语言表达能力直接影响孩子的语言学习。通常而言，父母的文化素养越高，对孩子的语言教育越重视，孩子的语感发展就越好。其次，家庭氛围也是影响孩子语感教学的重要因素。和谐的家庭氛围有利于孩子的语言表达和交流，而不和谐的家庭氛围则可能导致孩子的语言发育迟缓。此外，家庭的教育方式和父母的教育观念也会对孩子的语感教学产生影响。

---

① 刘卓：《建立健全新发展阶段高校教学评价体系》，载《中国高等教育》2022年第8期，第54-55页。

社会环境对学生的语感教学也有着重要的影响。首先,社会语言环境对学生的语言学习有着直接的影响。良好的社会语言环境有利于学生的语言表达和理解,而不良的社会语言环境则会导致学生的语言能力受限。其次,社会教育资源的分配也会影响学生的语感教学。优质的教育资源有利于学生的语言学习,而教育资源不足则可能导致学生的语言能力发展受阻。此外,社会对语言能力的重视程度也会影响家庭和学校对语感教学的投入和关注。

要改善语感教学,需要家庭和社会共同努力,为孩子创造良好的语言学习环境;需要提高父母的教育素养,加大教育资源的投入,并重视孩子语言能力的发展。家庭和社会环境也会对学生的自主学习能力产生影响。在一些家庭和社会环境中,存在对语言学习不重视、对学生的学习支持不足等问题,从而影响学生在自主学习过程中的积极性和效果。

三、语感教学中培养英语自主学习能力的具体策略

(一)创设语言环境,激发学习兴趣

语言环境对英语学习的重要性不容忽视,它对学生的语言习得有着深远的影响。要提高英语学习的效果,学生应尽量置身于一个自然的语言环境中,通过与母语为英语的人交流、观看英语影视作品、阅读英语书籍和文章、使用英语学习软件等方式来提高自己的英语水平。同时,参加语言角、英语学习小组、英语培训班等活动,也能够帮助学生在语言环境中更好地学习和实践。

学习兴趣是学生在学习过程中表现出来的积极主动的认识倾向和精神状态。如果学生对某一个学科产生了浓厚的学习兴趣,就会主动地、持续不断地对该学科进行学习研究,从而获得良好的学习效果。所以学习兴趣对学生学习有明显的促进作用,是学生主动学习的重要原因。而学生在不断的学习过程中又不断提升原有的兴趣程度,所以学习兴趣从某种意义上

来说也是学习产生的结果。① 在语感教学中，教师有必要通过设计生动、有趣的英语教学活动，营造轻松愉快的学习氛围，激发学生对英语的兴趣和好奇心，促使他们主动参与学习活动。在教学材料的选择上，多选择适合学生年龄和兴趣的语感材料，如富有韵律和节奏感的歌曲、故事等。例如，教师可以挑选一首优美的英文歌曲 Yesterday（by The Beatles），然后让学生回家听这首歌，并尝试模仿歌手的语音语调。在第二天的课堂上，教师可以邀请学生分享他们的模仿成果，并给予反馈和建议。教师可以利用多媒体资源，如英文电影、电视剧、播客等，提供真实的语言环境。教师可以挑选一部英文电影，如 Inception，让学生在课后观看这部电影，并尝试模仿电影中的对话。课堂上，教师可以组织一个角色扮演活动，让学生分饰电影中的角色，进行对话练习，让学生沉浸在真实的语境中。大量真实的语言输入和输出，可使学生在不知不觉中感受语言规律，培养语感，提高语言运用能力，从而激发其学习兴趣，培养自主学习的能力。

（二）以学生为中心，开展个性化教学

个性化教学是一种以学生为中心的教学模式，其核心理念是尊重学生的个性差异，根据每个学生的兴趣、特长、需求和学习能力，为其量身定制教学内容和方案，从而促进每个学生的全面发展和潜能发挥。个性化教学，就是要充分考虑学生的个体差异和个性特征，促进学生个性化地建构知识、发展能力和锻造品格，帮助其最终获得自我实现。个性化教学应以学生个体差异为基础，以学生不同的需要为导向，提出有差异化的目标，采用不同的教学方法和手段，帮助学生达到设定的目标。个性化教学本质上是为学生提供适合其自身特点的教学，最大限度实现其个性化发展。②

要在语感教学中培养学生的自主学习能力，教师应不断学习和更新教学方法，必须尊重学生的个体差异，关注每个学生的学习需求，制订符合学生实际的教学计划，有针对性地开展个性化教学，以更好地满足学生的个性化需求。

---

① 赵婷婷：《英语语言环境接触对初中生英语学习兴趣的影响研究》，云南大学硕士学位论文，2017 年，第 4 页。
② 王守仁：《当代中国语境下个性化英语教学的理念与实践》，载《外语与外语教学》2015 年第 4 期，第 1-4 页。

首先，评估学生的个体差异。在教学开始时，通过诊断性评估了解每个学生的语感水平、学习风格和兴趣点。这有助于教师为学生量身定制教学内容和方案。其次，设定个性化目标。根据学生的评估结果，为每个学生设定具体、可衡量的学习目标，确保教学内容与学生的需求相匹配。再次，利用学习资源，设计多样化的教学活动。充分利用教科书、在线课程等学习资源，为学生提供更多元化的学习材料，提供丰富多样的教学活动，如阅读、写作、角色扮演、辩论等，以适应不同学生的学习偏好。同时，教师还可以通过小组讨论、同伴互助等形式，创设互动式学习环境，鼓励学生用自己的方式表达想法，如创作诗歌、故事、戏剧等，以增强他们的语感，让学生在互动中提高语感。此外，教师还有必要组织学生进行小组合作学习，让他们在讨论和互动中共同解决问题，提高团队协作能力，并为学生提供定期的反馈，帮助他们了解自己的进步和需要改进的地方，鼓励学生定期对自己的学习进行自我评价，引导他们学会总结经验教训，提高自主学习能力，并根据反馈及时调整教学。

（三）注重经验积累，培养直觉思维

语感不但能够成为自觉的经验，而且理性分析对语感的形成必不可少。从语感的形成机制中可以证明这一点。由此，我们认为语感既是一种自发的经验，又是一种自觉的经验，语感不但可以自发地形成，而且是可以培养的。只不过自发形成的语感带有一定的盲目性，其形成过程耗时较长，而自觉形成的语感，充分体现了现代教育的高效率，而这也正是我们研究语感、力求提高语言教学效率、培养学生语言素质的目的之所在。

直觉思维是相对于逻辑思维而言的，它不需概念、判断、推理等逻辑形式，不需要对外界事物进行分析，也不需要经验的积累，而是凭借主体的神秘的自觉、灵感、体验、感悟，在瞬间直接把握事物的本质。它是一种创造性的思维，能有效地突破认识的程式化，为思维的发挥提供灵活的想象空间，其思维过程没有中间推理阶段，不进行逻辑论证就直接得出结论，具有直接性、自发性、非逻辑性等特点。[1] 培养学生的直觉思维能力是提高学生语感的重要环节。直觉思维能力是指学生在接触和理解语言

---

[1] 彭华：《中国传统思维的三个特征：整体思维、辩证思维、直觉思维》，载《社会科学研究》2017年第3期，第126–133页。

时，能够迅速而准确地捕捉到语言的深层意义，以及对语言形式、语言意义进行再加工再创造的心理行为能力。直觉思维能力可以通过以下五种教学策略来培养。

1. 大量阅读和诵读

引导学生阅读经典文学作品和优秀文章，并反复诵读，使学生在语言的直觉感知中体会语言的节奏、韵律和情感。在阅读过程中，鼓励学生对语言文字进行感悟，培养其对语言的敏感度。

2. 感悟与体验

提供丰富的学习体验，如情景模拟、角色扮演等，使学生在实际的语言运用中感悟语言。这有助于学生在实际语境中形成直觉反应。语感的敏锐，不能单从语言文字上揣摩，还要把生活经验联系到语言上去。"生活体验是语感所由生成的最基本最重要的不可或缺的基础。一定的言语总在一定的生活场景中出现，它们共同积淀在言语主体的内心，被固有的心理结构组织在一起，于是形成了语感。"[①]

3. 课堂讨论与交流

通过课堂讨论与交流，鼓励学生表达自己的观点，引导学生倾听他人意见，学会在交流中感知语言的微妙变化，提高其对语言的直觉理解能力。

4. 创作与表达

将语言教学与学生的生活实际相结合，使学生在语言学习的同时，联系自己的生活体验，进行文学创作与表达，如写日记、作文等，从而增强语言学习的现实意义和直觉性。因为创作与表达是将内在感受外在化的过程，有利于培养学生对语言的敏锐感知力和直觉创造力。

5. 人文素养教育

人文素养是个体在文化、道德、情感、心理、性格和思维等方面所具

[①] 王尚文：《语感论》，上海教育出版社2000年版，第194页。

有的品质和修养,它体现了一个人对人类文明的认知、理解和参与程度。人文素养对于个体的全面发展至关重要。提高一个人的人文素养水平,不仅能提高其文化修养和道德水平,还能增强其社会适应能力,促进社会的和谐发展。在教育过程中,应当注重人文素养的培育,通过传授人文知识、开展实践活动、提供审美体验等方式,引导学生树立正确的世界观、人生观和价值观。教师在教学过程中应发挥示范作用,通过语言教学,培养学生的人文素养,使其在感知语言的同时,能够理解和欣赏语言背后的人文精神和文化内涵。

总之,直觉思维的培养是一个长期而复杂的过程,需要教师在教学的每一个环节都细心引导、创造条件,使学生在语言学习中有更多的直觉体验和感悟,从而提高其语感、思维能力,以及自主学习能力。

(四) 拓展学习资源,丰富学习阅历

学习资源是指在教学系统和学习系统所创建的学习环境中,学习者在学习过程中可以利用的一切显现的或潜隐的条件,也指可用于学习的一切资源,包括信息、人员、资料、设备和技术等。一般分为两类:专门设计的学习资源,如教科书、语言实验室等;非专门设计的学习资源或可利用的学习资源,如戏剧、博物馆等。根据表现形态的不同,学习资源又可分为硬件资源和软件资源两类。学习资源对于学习者的知识获取、能力培养、教育公平、教学效果提升等方面具有重要意义。因此,我们应当重视学习资源的开发、整合与利用,以促进教育质量和学习者的发展。

在语感教学中,拓展学习资源和培养自主学习能力是相辅相成的。一方面,教师可充分利用多媒体资源,如电影、电视剧、音乐、播客等来提高学生的语感能力和自主学习能力;可以挑选一些经典的影视作品,让学生分析其中的语言运用和情感表达;可以指导学生使用专门的在线语言学习平台,如 Rosetta Stone, Duolingo 等,进行语言练习和测试;可以引导学生加入语言学习论坛或社交媒体群组,如 Reddit 的语言学习板块,与其他学习者交流心得和技巧;鼓励学生自主选择阅读材料,可以是小说、报纸、杂志等,并进行分析和讨论;鼓励学生创作短文、故事或进行角色扮演,通过实际创作和表演来提高语感。如果条件允许,教师可以引导学生参与语言学或语感研究的学术项目,以获取更深入的理解。此外,学生还可以利用网络资源,如访问学术期刊、论文库和专业网站等,获取最新的研究成果。教师可以介绍一些在线英语学习资源，如英语学习网站、英语学习 App 等，教授学生如何进行语音、词汇、语法、听力、口语等的学习，丰富学生的阅历，并鼓励他们在课外进行自主学习，形成适合自己的学习方法。

（五）开展多元评价，全面评估学生能力

多元评价是指多种评价学生的方法，包括形成性评价和终结性评价。多元评价将评价和教学实践相结合，旨在帮助学生更好地学习，强调学生对学习内容的独特理解和自我思考，鼓励学生在学习过程中挖掘有价值、有意义且适合自己的学习经验，使学生获得自我满足感和自信心。[①] 多元评价具有评价主体多元化、评价内容多元化、评价形式多元化与评价标准多元化的特点。语感教学的多元评价是指在教学过程中，采用多种评价方式和方法来评估学生的语感能力和语言素养。这种评价方式注重学生的全面发展，不仅包括知识和技能的掌握，还包括情感、态度和价值观的培养。常见的评价方式包括以下七种：一是课堂表现评价，观察学生在课堂上的参与程度、表达能力、合作精神等，给予及时的反馈和鼓励；二是作品评价，对学生的小说、散文、诗歌等文学作品进行评价，关注其在语言表达、构思创意、情感表达等方面的表现；三是口语交际评价，组织口语交际活动，评估学生的表达清晰度、逻辑性、沟通能力等；四是学习过程评价，关注学生在学习过程中的努力程度、进步空间、问题解决能力等；五是自我评价与同伴评价，鼓励学生进行自我反思，互相评价，提高自我认知和表达能力；六是家长与教师评价，家长和教师共同参与评价，从多角度了解学生的学习状况，给予综合性评价；七是成长记录袋评价，收集学生的作品、课堂表现、学习记录等，制作成长记录袋，全面反映学生的学习过程和成果。

在实施多元评价时，要注意以下几点：评价标准要科学、合理，确保评价的公平性和准确性；评价过程中要注重学生的个体差异，尊重学生的特点和兴趣；评价结果要用于指导教学，以促进学生和教师的共同发展；评价方式要灵活多样，可结合课堂、作业、作品等多种形式进行；鼓励学

---

① 刘佳：《多元评价在初中英语写作教学中的应用研究》，曲阜师范大学硕士学位论文，2022 年，第 5 页。

生参与评价，提高自我认知和自我提升的能力。除了考试成绩，还要关注学生在课堂上、作业完成、学习态度等方面的表现，全面评估学生的学习能力。

（六）家庭与社会形成合力，助推学生成长

在语感教学中，学生要树立远大理想，自我驱动，自觉地进行终身学习，培养自我反思的能力，学会在学习中不断调整和优化学习方法。除此之外，家长和社区也应参与学生的语感学习，如共同阅读、举行语言文化活动等。事实上，在语感教学中，倡导家庭与社会合力培养学生的自主学习能力，是中国教育发展中的重要方面。在社会主义核心价值观的引领下，家庭和社会共同参与，为学生创造良好的教育环境，培养他们的自主学习能力，是提高国家竞争力、实现社会主义现代化建设的重要基础。

在家庭教育方面，家长应当培养孩子的自我管理能力，鼓励孩子探索和实践，培养其解决问题的能力。家长要注重培养孩子的学习兴趣，引导孩子形成终身学习的观念。家长的身教重于言教，展现出自立、自强的精神风貌，为孩子树立榜样。

在学校教育方面，教师应创新教学方法，如探究式学习、合作学习，鼓励学生在课堂上主动思考、提问和讨论。教师还应设置个性化学习路径，根据学生的兴趣和特长，提供多样化的学习资源。学校应定期举行家长会、教师家访等活动，加强家校合作，形成教育合力。

在社会教育方面，相关部门应提供丰富的学习资源和平台，如图书馆、科技馆、在线教育资源等，供学生学习和探索。社会各界要营造尊重知识、尊重劳动、尊重人才的良好氛围，激发学生的学习动力。企业可以参与校企合作，提供实习机会，使学生在实践中学习和成长。国家应出台相关政策，鼓励家庭、学校、社会三位一体，共同参与学生自主学习能力培养，提供资金和政策支持，创建适合学生自主学习的环境和技术平台。

家庭、学校、社会各方的共同努力，可以有效地培养学生的自主学习能力，为学生的全面发展奠定坚实基础，为国家的长远发展培养出合格的建设者和可靠的接班人。

第二章 情商教学与英语自主学习能力培养

第一节 情商教学概述

《全日制义务教育英语课程标准（实验稿）》明确指出：英语课程改革的重点就是要改变过去英语课程过分重视语法及词汇知识讲解和传授的不良倾向，培养学生的综合语言运用能力，以使语言学习的过程成为学生形成积极的情感态度、提高跨文化意识，以及形成自主学习能力的过程。学生的综合语言运用能力具体涵盖语言知识、语言技能、情感态度、学习策略和文化意识五个方面，其中情感态度、学习策略和文化意识与学生的情商密切相关。

一、情商的概念

情商是情绪智力商数的简称，又叫情感智商（emotional intelligence quotient，EQ）或情绪智力，与智商（intelligence quotient，IQ）相对。情绪智力概念是美国耶鲁大学心理学家彼得·沙洛维（Peter Salovey）和新罕布什尔大学的约翰·梅耶（John D. Mayer）于1990年首次提出的。他们将情绪智力定义为个人监控自己及他人的情绪和情感，并识别和利用这些信号指导自己的思想和行为的能力。1995年美国哈佛大学教授丹尼尔·戈尔曼（Daniel Goleman）在其著作《情感智商》中，在继承了沙洛维与梅耶的观点的基础上，从全新的角度定义了情商，即情商是认识自己的情绪、管理自己的情绪、激励自我、认识他人的情绪、处理人际关系的能力。它是一个人感受、理解、调控、表达与评价心理情感的一种能力，主要包括五个方面的内容，即自我认知能力、自我调控能力、自我激励能力、移情能力，以及人际交往的能力。①

自我认知能力是指当个人的某种情绪刚一出现就能立即觉察，做到自我觉知。这是情商的基础、核心内容。有较高自我"感知力"的人能够意识到自己的情绪变化、做出精确的自我评估、对人生大事做出正确选择，成为人生的主宰。自我调控能力建立在自我认知能力的基础之上。自控能力高的人可以妥善地管理自己的情绪，塑造良好的个性心理品质，不让焦虑、抑郁、恐惧等消极情绪长时间左右自己。自我激励能力是指人能够在没有外部激励手段的影响下，对自身进行暗示与调节，达到自身激励的效果。在完成某一任务或目标的过程中，难免会出现各种困难与阻碍，或因过程较长难以坚持的状况，自我激励能力较强的人，会通过对自己的了解，采取适当的措施来促使自己保持较高的斗志、充足的信心与耐心，为实现目标、达成任务集中精力并不懈努力，帮助自己最终取得满意的结果。移情能力，也被称为共情能力或同理心（empathy），是指一个人能够理解并感受他人情绪和经历的能力。它涉及从他人的视角出发来思考问题，并对他人的情绪状态产生共鸣。人际交往能力是指个体在与他人互动过程中有效地沟通和维护关系的能力。良好的人际交往技巧对个人的职业发展、社交生活，以及心理健康都非常重要。

如果说智商主要反映人的认知、思维、语言、观察和计算等理性能力的话，那么，情商主要反映一个人感受、理解、运用、表达、控制和调节自己的情感关系以及处理自己与他人之间情感关系的能力，是属于非理性的。②

我国一些情商专家把动机、兴趣、意志等因素考虑进来，对情商理论进行了完善，认为情商是指人认知和调控自我及他人的情感，把握自己心理平衡，形成自我激励，动机与兴趣相结合的内在动力机制，形成坚强和受理性调节的意志，妥善处理人际关系等的心理素质和能力，即以下五种能力：自我意识、自我激励、情绪控制、人际沟通、挫折承受能力。情商内涵可以分为内在的和外在的两个方面。内在的情商是指有能力去了解自己的天赋、才能，可以明确地觉察自己的情绪，以及在面对挫折困扰时具

---

① ［美］丹尼尔·戈尔曼：《情感智商》，耿文秀、查波译，上海科学技术出版社1997年版，第5页。

② 蔡克勇：《21世纪中国教育向何处去》，吉林人民出版社1999年版，第187页。

有高度的容忍力等；外在的情商指有敏锐的观察力去判别他人的行事动机，解读他人的情绪反应，懂得如何与他人同心协力，共同合作，以达到团队的最终目标，能运用多种方法来圆满解决自我和人际间的困扰。[1]

综合国内外学者对情商内涵所做的研究，情商主要涉及内在和外在两个方面的因素。内在的因素包括对自我情绪、能力等方面的准确知觉，以及在面对困难与挫折时表现出来的态度、容忍力等。外在因素指的是具有一定的观察力和同理心，能够对他人的情绪有正确的认识并做出适当的反应，懂得与人合作，并且能够通过适当的方式解决困难，建立和谐的人际关系。

当代心理学家运用公式"100%的成功＝20%的智商＋80%的情商"来表达情商对于个人成功的重要作用，从这一公式中我们也可以看到，情商对"智商决定论"提出了挑战，肯定了情商对个体成长的不可忽视的影响。[2] 情商具有以下功能：第一，情商具有评价和表达功能。情商能及时识别自己的情绪并分析情绪产生的原因，通过言语和非言语手段将自己的情绪准确地表达出来。第二，情商具有调节功能。情商是在准确识别自我情绪的基础上通过认知和行为策略，妥善管理情绪，建立积极的情绪，使自己摆脱焦虑、烦躁、抑郁等不良情绪的困扰，此外，情商还能调节和改变他人的情绪反应。第三，情商具有解决问题的作用。情绪的变化性可以帮助人们突破思维定式，积极思考问题，发挥主观能动性，创造性地解决问题。第四，情商具有动力作用。它能够调动解决问题的动机、热情与信心，是实现目标的有效动力。[3]

二、情商的特点

情商是一个人识别、理解、管理和使用情感的能力。情商的特点通常包括以下四个方面。

---

[1] 潘春波：《大学生情商教育研究》，武汉工业学院硕士学位论文，2011年，第7页。
[2] 王丹：《思想政治教育对大学生情商培养研究》，东北师范大学硕士学位论文，2016年，第6页。
[3] 董雪：《当代大学生情商教育研究》，中国海洋大学硕士学位论文，2011年，第10页。

1. 自我意识

自我意识（self-awareness）是情商的核心要素之一，指的是个人对自己情绪和情感状态的认知。自我意识包括对自己的情感反应、动机和内在心理状态的了解。这种能力使个体能够识别自己的情绪反应，理解这些情绪的原因，并在此基础上做出适应性的行为。情绪识别是自我意识的基础，指的是个体能够准确识别自己当前的情绪状态，如快乐、悲伤、愤怒、焦虑等；还能够理解这些情绪背后的原因和触发点，包括内在的想法和外在的事件。同时，自我意识也包括个体如何表达和调节自己的情绪。情商高的个体通常具有较强的自我反思能力，能够从情绪经验中学习，并对自己的情绪反应和行为模式进行评估和调整。此外，自我意识还包括个体如何激励自己以实现个人目标和愿望，这涉及设定目标、自我奖励和维持动力。

2. 自我管理

自我管理（self-regulation）涉及个人如何控制或调整自己的情感和行为，以适应不同的情境和挑战。自我管理包括情绪调节、冲动控制和自我激励等能力。自我管理能力强的人能有效控制和调节自己的情绪。在遇到挑战或压力时，他们能够维持内心的平和，避免情绪失控所导致的不当行为，这有助于他们在复杂情况下保持清晰的判断力。自我管理不仅仅局限于个人内部，还涉及与他人的互动。情商高的人通常能够理解他人的情绪和需求，这种共情能力有助于建立和谐的人际关系，提升团队合作的效果。在处理人际关系时，情商的自我管理特点表现得尤为明显。高情商的人擅长沟通和解决冲突，能够适当地表达自己的情绪和需求，同时也能够理解和尊重他人。

总的来说，情商的自我管理特点体现了个人在情绪智力方面的成熟度，它不仅包括对个人情绪的深刻理解和控制，还涵盖了对他人情绪的认知，以及在社会交往中的适应和协调能力。这些特点对于个人适应社会和获得成功有着至关重要的作用。

3. 社交意识

社交意识（social awareness）是指个人对他人的情感和需求的理解。

这包括同理心（能够感知和理解他人的情绪）和组织意识（认识到自己在社会和群体中的角色和影响）。社交意识特点是指个体在与他人互动时所表现出的情绪智力能力，能够理解并感受到他人的情绪和观点。这种能力使得个体能够从他人的角度考虑问题，对他人表现出关心和理解，从而建立良好的人际关系；能够敏锐地捕捉到社交场合中的情绪和社交信号，如肢体语言、面部表情和语调。这种感知能力有助于个体更好地适应社交环境，做出合适的反应。在社交互动中，情商高的人能够调节自己的情绪，以适应不同的社交场合和人际互动。他们能够在紧张或冲突的情况下保持冷静，避免情绪失控。情商高的人往往能够在社交场合中产生积极的影响，他们通过正面的情绪和行为激励他人，提升团队士气和协作效率。

情商的社交意识特点对于建立和维护良好的人际关系、提升社交技能，以及增强个人的社会适应能力都是至关重要的。通过发展和提升这些特点，个体能够在社交场合中更加自信、有效地与他人互动。

4. 关系管理

关系管理（relationship management）包括沟通技巧、冲突解决和团队合作能力。情商高的人在沟通时能够清晰、恰当地表达自己的想法和感受，并且能够有效地倾听他人的观点，这有助于双方的理解和沟通；能够设身处地地理解他人的情绪和需求，这种能力有助于建立信任和亲密感，促进人际关系的和谐。在人际关系出现冲突时，情商高的人能够以建设性的方式解决问题，而不是逃避或对抗；能够灵活适应不同的人际关系和环境，快速调整自己的行为和策略以适应新的情况；了解并尊重个人和他人的界限，既能保护自己的隐私和独立性，也能尊重他人的空间和权利。

情商的关系管理特点对于个人的社会生活和职业发展都具有重要意义。通过提升这些特点，个体能够更好地处理复杂的人际关系，建立更加稳固和谐的社会网络。

三、情商的影响因素

影响情商的因素多种多样，可以从遗传、家庭环境、教育方式和个人经历等角度来考虑，以下是一些主要的影响因素。

（一）遗传因素

研究表明，情商具有一定的遗传基础，即某些情绪调节能力可能与遗传有关。父母的情绪管理和人际交往能力影响子女的情商发展，遗传因素主要表现在以下四个方面。

1. 情绪表达基因

研究发现，人类的基本表情具有跨文化的一致性，这表明情绪表达的方式受到遗传因素的影响。例如，某些基因可能导致个体在面临压力时更容易表现出焦虑或愤怒等情绪。

2. 同理心基因

同理心是情商的一个重要组成部分。研究发现，同理心能力受到遗传因素的影响。研究人员发现了一种与同理心能力相关的基因变异，这种变异可能导致个体在同理心方面存在差异。

3. 自我控制基因

自我控制是情商的核心要素之一。研究表明，自我控制能力受到遗传因素的影响。还有研究发现，一种与自我控制能力相关的基因变异可能会影响个体的情绪调节能力和冲动控制能力。

4. 社交行为基因

社交行为是情商的重要组成部分。研究发现，社交行为受到遗传因素的影响。一种与社交行为相关的基因变异可能导致个体在社交场合中的表现有所不同。

需要注意的是，虽然遗传因素对情商具有一定的影响，但情商的发展还受到环境因素、教育方式和个人经历等多种因素的影响。遗传因素和环境因素相互作用，共同影响个体的情商发展。因此，在培养情商时，应综合考虑遗传和环境等多方面因素，有针对性地进行教育和训练。

（二）家庭环境

家庭氛围、父母的教育方式、亲子关系等都会对孩子的情商产生重要影响。充满温馨、支持和爱的家庭环境更有助于孩子情绪调节能力和社交技能的良好发展。家庭环境如何影响孩子的情商发展主要表现在如下五个方面。

1. 情感表达和沟通

家庭是孩子最初学习情感表达和沟通技巧的地方。父母如何表达和管理自己的情绪，以及他们如何鼓励孩子表达和管理自己的情绪，都会对孩子情商的发展产生直接影响。

2. 情绪调节

孩子从父母那里学习如何调节情绪。如果父母能够有效地帮助孩子理解和管理他们的情绪，如通过设定界限、提供安慰，鼓励或解决问题的方法，孩子则更可能发展出良好的情绪调节能力。

3. 家庭氛围

家庭氛围，包括家庭成员之间的相互关系、解决冲突的方式、是否鼓励开放和诚实的交流等，都会对孩子的情商产生影响。良好的家庭氛围是孩子健康成长的基础，同时对学校教育具有一定的补充和调节作用。在一个支持有力的和积极的家庭环境中，孩子更容易发展出健康的社交技能和较强的人际关系管理能力。

4. 父母的期望和指导

父母的为人处世方式、道德观念、行为习惯等也在潜移默化中对孩子的心理健康、个性品质、情商等方面产生引导作用。父母对孩子的期望以及他们提供的指导也对孩子情商的发展起到关键作用。父母通过设定明确的规则和期望，帮助孩子理解社会规范和期望，从而促进孩子社会意识的发展。

5. 家庭逆境

家庭逆境，如家庭冲突、父母离婚、亲人去世等，都可能对孩子的情商产生负面影响。这些逆境会干扰孩子的情绪调节能力，并可能导致他们在情感和社交技能方面遇到困难。

总之，家庭环境对孩子的情商发展起着至关重要的作用。通过提供一个支持性的家庭环境，父母可以帮助孩子发展出重要的社交和情感能力，使他们更容易在个人和职业生活中取得成功。

（三）教育方式

教育者对情绪智力教育的重视程度和实施方式直接影响个体情商的发展。学校和社会教育应该注重培养学生的情绪自我意识、自我管理能力和人际交往能力。教育方式如何影响个体的情商发展主要表现在如下六个方面。

1. 情感教育

情感教育作为一种教育方式，旨在帮助个体认识、理解和管理自己的情感以及他人的情感。通过情感教育，个体可以学会更好地理解和表达自己的情感，更有效地与他人建立关系。

2. 社交技能培训

社交技能培训可以帮助个体学习如何与他人建立和维持关系、如何解决冲突，以及如何适应社会环境。这些技能对于个体的社交和情感发展至关重要。

3. 正面教育

正面教育是一种以积极心理学为基础的教育方式，强调培养个体的优势和潜能，而不是只关注他们的缺点和问题。通过正面教育，个体可以发展出更强的自信心和自我效能感，这对于情商的发展非常重要。

4. 自我调节能力培养

自我调节能力是情商的一个重要组成部分，包括自我控制、自我激励和自我反思等。在教育方式上，可以通过提供适当的挑战和期望，帮助个体发展这些能力。

5. 情绪智力教育

情绪智力教育是一种旨在帮助个体理解和管理自己的情感，以及理解和关心他人情感的教育方式。这种教育方式可以帮助个体发展出更高的情绪智力,从而更好地应对生活中的挑战。

6. 角色模型和示范

教师和家长是个体的重要角色模型,他们的行为和态度对个体的情商发展有着深远的影响。通过身体力行,教师和家长可以教会个体如何理解和表达情感、如何与他人建立关系,以及如何应对挫折和困难。

总之,教育方式对个体的情商发展起着至关重要的作用。通过采用适当的教育方式,教师和家长可以帮助个体发展出重要的社交和情感能力,使他们更容易在个人生活和职业生涯中取得成功。

(四)个人经历

个人的生活经历,包括成功和失败的经历,都会对情商产生影响。这些经历可以帮助个人更好地认识自己的情绪反应和应对策略。尤其是童年时期的社交经验,对情商的发展至关重要。通过与不同背景的人互动,个人可以学习如何理解他人情绪并有效地沟通。个人经历如何影响个人的情商发展主要表现在如下六个方面。

1. 情感经历

个人在不同情境中的情感体验会对其情商产生影响。例如,在和谐、亲密的环境中成长的人可能更擅长理解和处理情感,而遭受过创伤或压力事件的人可能需要更多的时间和他人的帮助来发展其情商。

2. 社交经历

个人在不同社交环境中的经历会影响其社交技能和关系管理能力。例如,经常参与团队活动或社区服务的人可能更擅长与他人合作和建立关系。

3. 挑战和逆境

面对挑战和逆境时,个人的经历会影响其情商。应对困难时,个人可能会学会如何调整情绪、解决问题和寻求支持,这些经历有助于提高其情商。

4. 教育和培训

个人在不同教育和培训环境中的经历会影响其情商。例如，参与过情感教育或社交技能培训的人可能更擅长理解和处理情感，以及懂得如何与他人建立关系。

5. 文化背景

个人的文化背景也会对其情商产生影响。不同文化对情感表达、社交规范和关系管理有不同的期望和价值观，这些文化差异会影响个人的情商发展。

6. 自我反思和成长

个人通过自我反思，可以不断提高自己的情商。通过反思自己的行为、情感和处理人际关系的方式，个人可以更好地理解自己的情商，并寻求改进和成长的机会。

总之，个人经历对情商的发展起着重要作用。通过在不同情境中积累经验，个人可以不断提高其社交和情感能力，从而在个人生活和职业生涯中取得成功。

（五）文化因素

文化差异是指不同文化背景下的人们在价值观、信仰、行为习惯、语言、交流方式等方面存在的差异。文化差异可以体现在各个层面，从日常生活到商业交往，从社会规范到价值观念，无处不在。文化差异可能会影响个体的情商表现和人际交往方式。不同的文化背景对个体情绪的表达和理解有着重要的影响。文化背景如何影响个体的情商发展主要表现在如下六个方面。

1. 情感表达

不同文化对情感表达有不同的看法和接受度。例如，有些文化鼓励公开表达情感，而有些文化则更倾向于内敛和控制情感表达。这些都会影响个体如何识别和理解自己和他人的情感。

2. 社交规范

不同文化有不同的社交规范和期望，这会影响个体的社交技能和关系管理能力。例如，有些文化重视个人主义和独立性，而有些文化则更重视集体主义和归属感。

3. 冲突解决

不同文化有不同的冲突解决方式。例如，有些文化倾向于直接和坦率地处理冲突，而有些文化则更倾向于避免冲突或以更间接的方式处理冲突。这会影响到个体如何识别和解决冲突。

4. 自我意识

不同文化对自我意识和自我认知有不同的看法。例如，有些文化鼓励自我反思和自我提升，而有些文化则更注重社会和谐和集体利益。

5. 情绪调节

不同文化对情绪调节有不同的方法和策略。例如，有些文化鼓励通过冥想、瑜伽或其他方式来调节情绪，而有些文化则更倾向于通过社交活动或娱乐来调节情绪。

6. 家庭价值观

文化背景也会影响家庭价值观，从而影响个体的情商发展。例如，有些文化重视家庭和谐和尊重长辈，而有些文化则更重视个人自由和独立。

总之，文化背景对情商的发展起着重要作用。通过理解和尊重不同的文化背景，个体可以更好地理解自己和他人的情感，发展出适应不同文化的情商能力。

（六）生理因素

身体素质、睡眠质量、营养状况等生理因素也会对个体情绪状态和情商产生影响。生理因素如何影响个体的情商发展主要表现在如下五个方面。

1. 大脑结构

大脑是人类情感和社交行为的主要控制中心。大脑中某些区域的结构和功能，如前额叶皮层、杏仁核和海马体等，与情商密切相关。这些区域的结构和功能因个体差异而有所不同，从而影响情商。

2. 神经递质

神经递质是大脑中用于传递信号的化学物质，如多巴胺、血清素和去甲肾上腺素等。这些神经递质的水平可能会影响个体的情绪状态、社交行为和情绪调节能力，进而影响情商。

3. 荷尔蒙

荷尔蒙是体内调节生理过程的化学物质。荷尔蒙的水平和平衡与否可能会影响个体的情绪状态、情绪调节和社交行为，从而影响情商。例如，睾酮、雌激素和皮质醇等荷尔蒙对情绪和社交行为有一定的影响。

4. 生理周期

生理周期，如月经周期、孕期和更年期等，可能会影响个体的情绪状态和社交行为。因此，生理周期可能会在一定程度上影响情商。

5. 健康状况

健康状况可能会影响个体的大脑功能、神经递质和荷尔蒙水平，从而影响情商。例如，患有抑郁症、焦虑症或其他心理问题的人可能会在情商方面遇到困难。

总之，生理因素对情商的发展有一定的影响。了解这些生理因素，并采取适当的方法来调整和改善生理状况，有助于提高个体的情商。然而，情商的发展也受到教育、环境和个人经历等多种因素的影响，因此提高情商需要综合考虑多种因素。

情商的发展是一个复杂的过程，受到多种因素的相互作用。因此，提高情商需要从多个角度出发，综合考虑个体的生理、心理、社会和文化环境。

四、情商与智商

情商和智商是两种不同类型的智力。智商通常被用来衡量一个人的认知能力,包括逻辑推理、数学技能、语言理解和记忆等。霍华德·加德纳(Howard Gardner)提出了多元智能理论,对智商的理解做出了贡献。而情商则关注一个人的情感能力和社交技能,包括自我意识、自我管理、社交意识和关系管理等。丹尼尔·戈尔曼是情商概念的普及者。情商与智商之间关系复杂,它们在某些方面是独立的,但在某些方面又是相互作用的。以下是一些关于情商和智商关系的关键点。

1. 独立性

情商和智商在概念和功能上是有区别的。智商更多地与认知能力和学术成就相关,而情商则与情感处理和人际交往相关。

2. 相关性

尽管情商和智商是不同的,但它们之间存在一定的相关性。研究表明,情商与学术成就、人际关系和工作表现有关,而高情商的人往往能够在社交和职业环境中更好地适应并获得成功。

3. 互补性

在某些情况下,情商和智商可以互补。例如,若一个人智商很高但情商较低,这可能导致其在解决情感问题和处理人际关系方面遇到困难。相反,一个人如果情商很高但智商一般,其可能在人际交往和社交技能上表现出色,但可能会在需要复杂认知能力的任务上面临挑战。

4. 相互作用

情商和智商可以在某些任务和情境中相互作用。例如,情商可以帮助个人更好地理解他人的情绪和意图,这可以影响他们的决策和问题解决能力,而这些能力也与智商有关。

5. 发展性

情商和智商都可以通过学习和实践得到提高。通过培养情商技能，个人可以改善自我意识和提高情感调节能力，这有助于个人在认知任务中表现得更好。

总的来说，情商和智商是两个不同的维度，它们在个体的发展和成功中都起着重要作用。高智商并不代表成功，只有在重视学生智商发展的同时，培养学生健全的人格，即具备高水平的情商，才是他们学习创新并走向成功的必要条件。[①] 一方面，智商是情商的基础。现实社会中并不存在智商为零情商却很高的人，即情商的建构要在一定智商的基础上，情商的培养需要有智商作为铺垫。另一方面，情商是智商的必要条件。没有情商的智商是苍白的，因为情商具有启动、维护、调节、定向的系统功能，可以促进和提高智商的效能。良好的情商可以为个人发挥其智力因素的最大效能提供支持。如果一个人情商水平较低，智力因素的充分发挥就会更加困难，即使在早期阶段表现出高智商的优势，但在成长过程中如果忽视了对于情商的培养，那么低情商将成为一个阻碍智商发展的因素，使高智商不能够在人们的社会生活中发挥出其应有的高效能。情商虽然不能取代智商在知识学习中的重要地位，但二者之间是相互联系、相互促进的关系。事实上，智商与情商是辩证统一的关系，两者相互补充、相互完善。一个人可以同时具备高情商和高智商，这两种能力在不同领域和情境中都非常重要。智商为人的发展提供了基础和条件，情商为人的发展提供了动力和保障。两者都是实现个人的自由、全面发展不可缺少的重要因素，共同决定了一个人一生的成就。因此，两者都应该得到重视，并通过不同的教育和培训方法来发展。

五、情商与自主学习

情商是个人识别、理解、管理自己情绪和他人情绪的能力。它包括自

[①] 张静：《智商与情商哪个对学习更重要？》，载《华东师范大学学报（教育科学版）》2022年第11期，第69-79页。

我意识、自我管理、社会意识、关系管理等多个方面。情商教育强调对人的一种主动性能力的培养,强调人们以自身所积累的认识经验为基础,通过对外界客观事物的积极探索获得信息和经验,从而达到不断完善自身经验体系的目的。[①] 自主学习则是指个体在学习过程中能够自我驱动、自我规划、自我评估,不需要过多的外部压力即可维持学习活动的能力。情商与自主学习之间存在着密切的关系。

1. 自我意识与自我驱动

高情商的人通常有较强的自我意识,能够清晰地认识到自己的情绪和需求,这有助于其在学习中设定符合自己兴趣和需求的目标,从而更加自主地学习。

2. 情绪管理

情商的一项重要能力是情绪管理,即个体能够合理控制和调节自己的情绪。在自主学习过程中,遇到困难和挫折是在所难免的,高情商的人能够更好地管理自己的情绪,保持积极的心态,从而坚持下去。

3. 自律

自律是自主学习的核心要素之一。情商高的人往往具备较强的自律能力,能够自觉遵守学习计划,不受外界干扰,这直接提升了自主学习的效果。

4. 社会意识与人际交往

高情商者在社会交往中更能洞察他人的情绪和需求,这有助于其在团队学习环境中更好地与他人协作,从而提高学习的效率和质量。

5. 关系管理

在自主学习中,处理好与教师、同学以及家人等的关系,能够获得更多的支持和帮助。情商高的人擅长管理关系,更容易构建良好的学习

[①] 韩静:《论中学思想政治课教学中的情商教育》,重庆师范大学硕士学位论文,2012年,第9页。

环境。

6. 同理心

同理心是情商的重要组成部分,能帮助个体理解他人的感受和需求。在自主学习中,同理心有助于个体理解教师的教学方法和意图,更好地吸收知识。

综上所述,高情商的基础是个体对自我的优缺点、潜能等具有清晰的认识,也就是说,具有较高情商水平的学生,能够正确认识自我,发现自己的不足,并在学习与反思中提升自己,使自己的状态向着积极健康的方向发展。而情商较低的学生,一旦离开学校,没有外部压力的推动,很容易形成安于现状或不思进取的心态,对自己没有明确的认识,缺乏继续学习、不断进步的意识,也不具备持续学习的能力。当今社会发展速度快,知识更新更是日新月异,只有持续学习,不断地提升自己,才有可能不被社会淘汰。

总之,情商中的各个组成部分都能在不同程度上对自主学习产生影响。高情商的人更可能成为自主学习的强者,他们能够更好地管理自己的情绪和人际关系,更有自律能力和动力去实现自己的学习目标。因此,提升情商对于增强自主学习能力有着积极的作用,有助于推动学生树立终身学习的理念。教育的宗旨和目标应该是促进人的变化和成长,培养能够适应变化和成长的人,即培养学会学习的人。从这一教育目标出发,学校教育应该树立以人为本、以学生为本的理念,学校为学生而设,教师为学生而教,"育人"比"教书"更重要。教育就是要培养学生健康、健全的人格和心灵。通过学校教育环境的不断改善,调动学生学习的积极性,发展学生的潜能,提高他们自主学习的能力。罗杰斯认为,在促进学生学习的过程中,最关键的是培养学生良好的态度、品质及人格。[①]

---

① 化得福:《论罗杰斯的人本主义教育思想》,载《兰州大学学报(社会科学版)》2014年第4期,第152-155页。

六、情商教育的必要性

长期以来，受我国应试教育的影响，情商教育长期被社会、学校和家长忽视。他们更重视对学生智商的培养，而往往忽视了学生心理与情感需求，忽视了对学生人际交往能力、抗挫折能力、健全人格等情商因素的培养。随着我国素质教育的逐步推行，情商教育正在慢慢被我国社会、学校、家长接受。

情商教育是完整教育过程的一个重要组成部分，它是指在教育过程中尊重和培养学生的社会性情感品质，发展其自我情感调控能力，促使其对学习、生活和周围的一切产生积极的情感体验，形成独立健全的个性与人格特征，以促进学生个体全面发展和整个社会全面进步的教育。情商教育的总体目标包含了三个方面的内容：一是培养学生高尚的社会性情感；二是提高学生对情绪情感的自我调控能力；三是帮助学生对自我、外部环境以及两者之间的关系产生积极的情感体验。这三个方面可以说集中指向了整个教育目标的完成和健全人格的培养，而这也是情商教育的终极目标。[①] 情商教育以教师和学生的情感为纽带，通过一定的教育实践活动，去激发学生的兴趣、动机、情感、意志等，使之成为学生主动学习、追求自我发展的内在动力，培养学生自信乐观的人生态度、积极进取的创新精神、高尚健全的人格，促使学生自由、和谐、全面发展。[②]

情商教育在个人成长和社会发展中具有重要作用。美国社会心理学家费斯汀格有一个很出名的判断，被人们称为"费斯汀格法则"：生活中的10%是由发生在你身上的事情组成，而另外的90%则是由你对所发生的事情如何反应所决定的。换言之，生活中有10%的事情是我们无法掌控的，而另外的90%却是我们能掌控的。这些能掌控的部分，事关一个人的情商。事实上，能帮助自己的不是他人，而是自己。因此，情商教育的

---

① 戴雅玲：《我国情商教育方法之探》，载《教育理论与实践》2007年第10期，第39-40页。

② 赵小利：《高中思想政治课教学中渗透情商教育的研究》，河南大学硕士学位论文，2012年，第8页。

必要性不言而喻。

首先，情商教育有助于个人更好地认识和理解自己的情绪。通过情商教育，人们可以学会如何正确地识别、表达和调节自己的情绪，从而在遇到挫折和困难时保持积极的心态，更好地应对各种挑战。

其次，情商教育有助于提高人际交往能力。情商教育是一种以知情协调活动为主线、以情感作为教学活动基本动力的教学模式。它以学生的"自我"完善为核心，强调人际关系在教学过程中的重要性。[①] 在人际交往中，情商高的人更容易与他人建立良好的关系，他们更懂得如何倾听他人、理解他人，并表现出同情心和关爱。这有助于提高个人的社交地位，增强团队协作能力。

再次，情商教育是构建学生健康心理的关键。受到生活环境变化等因素的影响，学生在学习和生活中难免会遇到各种问题。情商较高的学生一般可以明确地觉察自己的情绪，在面对困难时具有积极的心态，能够通过自我调节、外部支持等方式解决问题。相反，情商较低的学生对自我情绪的状态及其产生的原因并不能及时地形成正确认知，也不能采取适当的方式对消极情绪加以调节，进而影响到自我的学习、工作效率，甚至会对和谐的人际关系产生消极影响。具备良好的心理状态，有助于学生的健康成长和成才、成功，通过培养学生情商，可以帮助学生构建良好的心理状态。

最后，情商教育对于家庭、学校和社会的和谐发展具有重要意义。情商高的家庭成员更能彼此理解和支持，从而建立更加和谐的家庭关系。情商高的学生更容易与老师和同学相处，有助于营造良好的学习氛围。情商高的人更能理解和尊重他人，有助于建立和谐的社会环境。

在我国，随着教育观念的转变和心理学研究的发展，情商教育逐渐受到重视。越来越多的家长和学校开始关注孩子的情商培养，以期帮助孩子建立健全的人格，提高他们的综合素质。然而，仍有部分家长和教师对情商教育的重要性认识不足。对此，我们需要加强宣传和推广，使更多的人认识到情商教育的重要性，为培养具有高情商的个体共同努力。

丹尼尔·戈尔曼在《情感智商》（中译本）"致简体中文版读者"的

[①] 韩静：《论中学思想政治课教学中的情商教育》，重庆师范大学硕士学位论文，2012 年，第 9 页。

序言中写道：我们必须尽快教给下一代基本的情感与社会能力。美国的学校已开始了情感教育课程，也就是在向儿童进行有关数学与语言的传统教育的同时，教给他们最基本也是最必要的情感技巧。如果中国的学校也能将情感教育整合于常规教育之中，那么中国儿童也必能从中获益。在当今时代，EQ 的重要性绝不逊于 IQ，它是理性与感性的平衡器。[①] 心理学家通过大量的研究证明，一个人在学业和事业上的成功，其 IQ 因素通常占 20%，而 EQ 因素却占了 80%。中小学是奠定情感根基的关键时期，因此，培养 EQ 不仅是教书育人的核心内容之一，而且是真真切切地为广大学生的终身幸福奠定基础的一种良好的教育行为。

七、情商教育的内容

在信息爆炸、竞争激烈的 21 世纪，仅仅拥有智商已经无法满足个人和社会的需求。情商教育作为一种新兴的教育模式，正逐渐受到广大家长和教育者的关注。那么，情商教育具体包含哪些内容呢？

（一）认识自身情绪

情商教育的第一步是帮助个体了解和识别自己的情绪反应。这不仅包括基本的喜怒哀乐，还包括焦虑、愤怒、沮丧等复杂情绪。通过认识自身情绪，个体可以更好地了解自己的需求和期望，从而在面对困难和挑战时保持积极向上的心态。情商教育就是要培养学生自我意识、自我认知的能力，使其明确自身的情商现状，了解自身的特点，认识到自身的优点和缺点，这有利于增强学生提高自身情商的积极性和主动性，帮助学生不断地发展自己、完善自己。

（二）妥善管理情绪

在现代社会，压力和挫折无处不在。情商教育旨在帮助个体学会妥善管理情绪，避免情绪的极端化和长时间的僵化。例如，当个体遇到挫折

[①] ［美］丹尼尔·戈尔曼：《情感智商》，耿文秀、查波译，上海科学技术出版社 1997 年版，第 2 页。

时，可以尝试用积极的方式看待问题，寻找合适的解决方案，而不是陷入消极情绪无法自拔。情商教育就是要教育学生在面对困难和挫折时始终保持冷静，学会自我安慰，摆脱焦虑情绪，控制冲动和愤怒情绪，身处困境而临危不惧、处变不惊，在自我认知的基础上对自身的情绪和行为进行有效的管理。

（三）自我激励

自我激励是情商教育的关键环节。在面对困难和挑战时，个体需要具备自我激励的能力，以保持高度的热情和动力。教育者可以通过设置合理的目标、培养乐观的心态、传授应对压力的方法等方式，帮助个体建立自我激励机制。例如，帮助学生树立正确、高尚的人生观、价值观，确立健康自信的生活态度，始终保持乐观自信，并能根据主客观实际不断调整目标，并在目标的指引下自我激励，从而使自己始终充满激情和动力。

（四）认识他人情绪

情商教育就是教育学生要善于通过一些信息去了解、分析、体察别人感受、情绪，学会与他人沟通交流，这有利于个人快速融入社会。在人际交往中，能够准确地识别他人情绪至关重要。情商教育鼓励个体培养同理心，学会从他人的角度看待问题。这有助于建立良好的人际关系，提高团队协作效率，减少不必要的误会和冲突。

（五）人际关系管理

人际关系管理是情商教育的核心内容之一。个体需要学会如何建立和维护良好的人际关系，包括沟通技巧、冲突解决能力、团队合作精神等。在这方面，教育者可以传授一些实用的技巧，如倾听、表达、说服、协商等，帮助个体在人际交往中更加游刃有余。

（六）培养创新能力

培养创新能力是实现高质量发展的关键，是建设现代化教育体系的基础。各个国家和地区都高度重视创新能力的培养，通过教育改革、科技创新、政策激励等手段，不断激发社会各界的创新潜能，推动社会向前发展。培养创新能力对于个人、企业、社会和国家都具有重要的意义。创新能力是个人综合素质的重要组成部分，能够帮助个人在职业生涯中不断适应新情况、解决新问题，提高个人的竞争力和市场的适应性。创新能力是企业持续发展和保持竞争力的关键。通过创新，企业可以开发新产品、提供新服务、优化生产流程、拓展新市场，从而实现增长和盈利。创新能力推动科技进步和社会管理创新，能够提高社会生产效率，改善人民生活水平，促进社会公平正义，增强社会活力和凝聚力。创新能力是国家综合实力的重要体现。对于一个国家来说，创新能力的高低直接关系到国家的科技发展水平、经济竞争力以及在国际社会中的地位。在新时代，情商教育应注重培养个体的创新能力，鼓励个体敢于尝试、勇于突破。教育者可以通过设置富有挑战性的任务、开展创新性实验等方式，激发个体的创新潜能。

总之，情商教育是一种全面培养个体情感、认知、行为能力的教育模式。通过以上六个方面的内容，我们可以看到情商教育在培养新时代全能人才方面的重要作用。为了更好地推进情商教育，教育者需要不断创新，探索更多有效的教学方法，为我国培养出更多具备高情商的杰出人才。

八、情商教育的方式

情商教育是帮助孩子理解和控制自己的情绪，以及识别和影响他人情绪的过程。有效的情商教育方式主要包括以下四个方面。

（一）转变教育理念和评价方式

教师要转变教学观念，充分理解马克思主义关于人的全面发展观，树立智商与情商协调发展意识，正确认识情商教育的意义、重要性及目的，避免进入教育的误区。[①] 马克思关于人的全面发展观是一个深刻且具有远见的思想体系，其核心在于反对人的片面发展和异化，提倡每个人在智力和体力等多方面得到充分的、自由的发展，并在社会关系中实现自我价值的和谐统一。马克思关于人的全面发展观是对人的价值和尊严的深刻体

---

① 韩静：《论中学思想政治课教学中的情商教育》，重庆师范大学硕士学位论文，2012年，第15页。

现,为我们认识和推动人的全面发展提供了重要的理论指导。正如《国家中长期教育改革和发展规划纲要》指出的那样,要全面提高学生综合素质,其实就是要改变教育中唯分数论的教育理念。长期以来,受高考指挥棒、一考定终身、唯分数论的教育思路的影响,社会、学校和家长对于学生的培养仅仅集中在记忆力、思维能力、推理能力等方面,而忽视了对其自我调解能力、抗挫折能力、人际交往能力、适应能力等非智力因素的培养。改变这一教育思路,其实就是强调智力因素和非智力因素协调发展,全面提高学生的综合素质。

要想转变教育理念,就必然要改变对教师和学生的评价体系,注意评价方法的灵活性与多样性,注意体现和突出学生在评价中的主体地位,重视评价结果对情商教育的反馈作用,注重形成性评价对学生情商发展的重要作用,终结性评价应注重考查学生的综合素质与能力。如果一边以分数作为唯一的评价标准,一边要求全面提高学生的综合素质,则后者无疑会沦为空谈。以往在学生中流传着一句戏谑语——"分分分,学生的命根"。这句话生动地反映出了唯分数的评价体系,这样做自然使教育界忽略了对学生综合素质的培养,部分学生已经出现个性孤僻、冷漠、过分自我、不懂感恩、无法适应环境、偏激等恶果,再不加以矫正,则会使教育偏离轨道,使教师、家长和学生在分数的压力下苦不堪言,使学生未来的人生发展布满隐患。

(二) 重视家庭的启蒙开发和学校的教育开发

家庭是情商教育的起点,是孩子接受价值观和道德观教育的第一环境。家长的行为和家庭的教育氛围会对孩子的成长产生深刻影响,这关系到孩子将来如何正确地处理人际关系和面对社会挑战。家长可以通过日常的互动,如共读、游戏和家务活动,培养孩子的自我意识、情绪管理和人际交往能力;通过积极的反馈和适时的引导,帮助孩子建立自信和自尊。家长与孩子的互动,以及家庭成员之间的互动,都是孩子观察和模仿社交行为的范本。通过家庭成员间的互动,孩子可以学习到如何与人沟通、如何解决冲突,以及如何建立和维护人际关系。家庭情商教育是使孩子全面发展的基石。家长和家庭成员需要认识到自己在孩子情商教育中的责任和作用,通过提供一个充满爱、理解和支持的家庭环境,以及通过积极、正面的交流和互动,促进孩子情商的健康发展。这不仅对孩子的个人成长至关重要，而且是社会和谐与进步的基础。

情商教育是全面素质教育的重要组成部分，它与智力教育、体育教育、美术教育、劳动教育等共同构成了培养全面发展的人才的体系。学校是孩子们学习和社交的主要场所，学校教育应该包含情商教育的内容。在学校教育体系中，情商教育的实施有助于学生形成健全的人格，提升其社会适应能力，为他们的未来生活打下坚实的基础。教师可以通过课程设计、班级管理和同伴支持，来提升学生的情绪识别、自我激励和冲突解决能力。尤其是通过组织各种校园集体活动、志愿者活动、社会实践活动、心理健康活动等，发挥集体作用，在活动中培养学生的集体意识、合作交往能力和乐观开朗的性格品质，以及学生的社会适应能力、心理承受能力和抗挫折能力，提高学生的自我激励能力和自我控制能力。

（三）加强情绪管理技巧的指导

情商教育是教育者有目的地引导和帮助个体能动地掌握及运用情商技能，并在实践过程中逐渐转变为自身内化的控制情绪及管理情感能力的活动，是情商教育与实践相统一的过程。随着实践的发展，人们把"情商教育"又称为"社交与情绪学习"（social and emotional learning）。由此可以看出，情商教育与培养人对情绪的控制有着紧密的联系。[①] 情绪管理是个体识别、理解、接受和调控自己情绪的过程。有效地管理情绪有助于维护个人的心理健康。通过识别和接受自己的情绪，个体可以避免因情绪失控而产生的消极后果，如焦虑、抑郁等心理问题。良好的情绪管理能力有助于在人际交往中保持和谐。情绪管理能力强的个体更能够适应社会的变化和挑战。在孩子成长的不同阶段，家长和教师要有意识地对孩子进行情绪的锻炼，教育孩子如何管理自己的情绪、压力和行为，如何处理失望和挫折以及如何建立健康的生活习惯。比如，在孩子出现不当行为时，要教会他们适当的表达方式，以及如何在冲动时保持克制。家长和教师要加强自我激励的培养，教育孩子如何在面对挑战和失败时保持积极向上的态度，通过自我激励来克服困难。此外，家长和教师还可以通过故事、角色扮演等方式，引导孩子学会自我鼓励和积极思考；要努力建立情感词典，

---

① 韩静：《论中学思想政治课教学中的情商教育》，重庆师范大学硕士学位论文，2012年，第7页。

教会孩子使用准确的语言来描述情绪,理解情绪的微妙之处;通过阅读、讨论和写作等活动,帮助孩子建立丰富的情感词汇。

(四) 提高教师队伍整体素质

教师素质是教师在职业生涯中应具备的基本品质和职业能力,是教师职业生涯的基础条件和基本规范。教师素质包括思想道德素质、业务素质、心理素质、身体素质等。教师素质的提升是教师个人职业发展的需要,也是教育质量和教育现代化的要求,更是国家和民族未来发展的基础。因此,不断提高教师素质,建设高素质的教师队伍,是教育工作的重中之重。

进行情商教育的关键在于教师,在未成年人的成长过程中,教师起着潜移默化、言传身教、为人师范的作用,一位品德高尚、情商优良、懂得关心爱护学生的教师无疑能够更好地对学生的情商培养起引领和示范作用。心理学家罗杰斯认为,一个理想的教师应该具备四种特质:一是充分信任学生能够发展自己的潜能;二是要以真诚的态度对待学生,做到表里如一;三是尊重学生的个人经验,重视他们的感情和意见;四是善于洞察学生的内心世界,给学生以无条件的积极关注。[①] 因此,首先,教师应该进行系统的情商知识理论的学习,加深自己对情商的认识,提升自己的情商意识;其次,教师应该注重对情商培养的方式方法的学习,通过自身的真实体验来检验提高情商能力的学习方法,并不断地总结和完善自己,提高自己的情商水平;最后,教师要有意识地、有针对性地将情商教育融入对学生的课堂教学之中,通过课堂知识的讲授、自身的人格魅力潜移默化地影响和教育学生,以高情商来引导和影响学生的发展,帮助学生理智地看待自己,看待社会和人生。具体来说,教师要努力为学生提供实践机会,使学生参与不同活动,让他们在实践中学习和应用情商。比如,通过社区服务、团队运动和艺术创作等活动,学生可以学会合作、分享和尊重他人。要努力培养学生积极的心态,鼓励学生以乐观的态度面对生活中的挑战,教育他们如何处理失败和挫折。通过正面的榜样和积极的环境,帮助学生建立积极的人生观。

---

① 化得福:《论罗杰斯的人本主义教育思想》,载《兰州大学学报(社会科学版)》2014年第4期,第152-155页。

此外，加强校园文化建设也是情商教育的重要举措。学生所处的校园环境对他们的身心起着潜移默化的作用，因此，校园文化传递出什么样的教育信号对学生来说是非常重要的。如果一所学校仅仅把高分学生名单、照片贴在校园里，则无疑是在通过这一方式告知学生分数才是学校最看重的，而如果一所学校将学生的综合素质看得更加重要，则其校园文化一定表现得更为宽容、多元而丰富。

总之，情商教育是一个长期的过程，需要家长、教师和社会的共同努力和耐心支持。通过这些方式，我们可以帮助孩子成为具有情感智慧的人，更好地应对生活中的挑战和困难。

九、情商教学

情商教学（emotional intelligence-based teaching）是一种教育方法，它强调在教学过程中培养学生的情感智能。情感智能是一个人识别、理解、管理和使用情感的能力，它包括几个关键领域，如自我意识、自我管理、社交意识和关系管理。情商教学的目标旨在帮助学生发展这些技能，以便他们在学习、工作和生活中更加成功。以下是情商教学的五个关键要素。

1. 建立情感安全的环境

教师应该创造一个支持性和包容性的学习环境，让学生感到被尊重和被理解。这有助于学生自由地表达自己的情感，并发展他们的情感智能。

2. 培养自我意识

教师可以通过反思教育和自我评估活动帮助学生了解自己的情绪状态和情感需求。这有助于学生更好地理解自己的动机和情绪反应，从而提高自我意识。

3. 教授情感调节技巧

教师可以教授学生使用情感语言来表达自己的情感。这有助于学生更好地理解和表达情感，并提高他们的情感交流能力。教师还可以教授学生如何管理和调节自己的情绪，这包括情绪调节策略，如深呼吸、正念冥想和积极思考等,以帮助学生更好地应对压力和挑战。

4. 培养同理心

教师可以通过讨论和角色扮演等活动帮助学生理解他人的情绪和观点。这有助于学生培养同理心,更好地与他人建立联系和沟通。

5. 发展社交技能

教师可以通过小组讨论、团队合作和冲突解决等活动帮助学生发展社交技能。这有助于学生更好地与他人合作,建立积极的人际关系。

情商教学需要教师具备一定的情感智能和教学技巧。教师应通过不断的学习和实践来提高自己的情感智能,定期评估学生的情感智能发展状况,并提供积极的反馈和指导。这有助于学生了解自己的进步,并知道如何进一步发展自己的情感智能,以便更有效地培养学生的情感智能。通过情商教学,学生可以更好地适应学习环境,提高学习成绩和社交能力,从而为未来的成功打下基础。心理学家罗杰斯认为,教育的目的是促进学生的全面发展,不能只包括认知学习,还应包括情感学习。他根据自己的教学和心理治疗的经验提出了以学生为中心的教学模式。这种模式的特点在于,教育者和学生共同对学习过程承担责任,教育者提供学习的资料,可以是其个人的感受和经验,也可以是书刊文献或团体经验,其同时也鼓励学习者增添学习资料;学习者独自或在他人帮助下制订学习计划,并根据自身的学习兴趣决定自己的学习方向。对于教育者来说,重要的是创造一种对学习有促进作用的氛围,这种氛围包括真诚、关心、理解、倾听。罗杰斯认为,以学生为中心的教学模式可使学习更加深入,使学生进步更快,更有利于学生成长。其原因就在于学习方向是自我选择的,学习是自发的,整个人都投入这一过程中。[①]

---

① 化得福:《论罗杰斯的人本主义教育思想》,载《兰州大学学报(社会科学版)》2014年第4期,第152–155页。

第二节 情商教学的意义与原则

随着信息技术的不断发展,计算机辅助语言学习(computer assisted language learning,CALL)因有助于学生从学习依赖型转变为学习自主型而广受青睐。因此,CALL 环境下的情商教育无疑为促进学生的英语自主学习提供了重要的平台。

一、情商教学对促进学生英语自主学习的意义

有学者指出,CALL 具有五大优势,即丰富的表现能力、强大的交互特性、非线性的网状结构、开放式的学习环境和良好的启发性作用。[①] 在信息技术支撑下的 CALL 环境中,情商教学对于促进学生的英语自主学习具有重要意义。

首先,情商教学有利于激发学生自主学习英语的动机。动机是一种认知与情感的唤醒状态,一般指发动、指引与维持躯体和心理活动的一个内部过程,也是决定行为的一种内在力量。它使人对学习活动具有明确的目的性,并为达到学习目的而做出必需的努力。研究表明,学习动机与学习成绩成正相关,即动机越强烈,学习积极性就越高,学习过程也就越轻松,知识内化程度就越好。心理学家认为,兴趣是一种特殊的认识倾向,人们对感兴趣的事物常常感知敏锐,想象丰富,记忆牢固,并总是伴随着积极的情感体验。CALL 环境下通过日常的情商教学能培养学生的学习兴趣,使他们对学习英语产生积极的情感体验,对英语语言和文化产生强烈的情感效应,从而激发学生的英语学习动机。

其次,情商教学有利于增强学生自主学习英语的自信心。自信心就是相信自己的能力能够达到某个既定的目标。人有了自信心,就可以不断地

---

① 何高大:《基于技术理性的审视——对 CALL 的再思考》,载《外语电化教学》2007 年第 6 期,第 47-51 页。

激发自己的潜能,使自己的语言和思维均处于一种最亢奋的状态,进而产生灵感和智慧,并最终克服困难,获得成功。心理学家马丁·沙里曼的"乐观成功理论"认为:一个自信与乐观的人常常比一个缺乏自信或悲观的人更容易获得成功,尽管这两者在智力上旗鼓相当。自信心不是天生的,它需要后天的精心培养。CALL 环境下通过情商教育不仅能使学生的人格得到健全发展,促使学生逐步形成良好的自我意识,帮助学生在一种积极、稳定的情绪状态下正确地认识自我发展中的各种变化和挑战,还能培养乐观向上、百折不挠等良好品行,从而提高学生对各种挫折的抵抗力,增强其英语学习自信心。

最后,情商教学有利于培养学生自主学习英语的创造力。研究表明,创造力需要较高的智力,但是,高智商者并不一定具有创造力,具有创造力的人也不一定就是高智商者。也就是说,智力只是创造力的一个条件,但它不是唯一和主要的条件。不仅如此,创造力还需要创造型品格,也就是那种不畏困难、锲而不舍的精神。一个人的创造性思维往往是在他情感状态较好的时候出现的。创造力需要想象、直觉和顿悟,而直觉与顿悟一般只有在频繁的实践中才有可能获得。信息时代,知识更新速度越来越快,这就要求学生不仅要有获得、储备新知识的能力,更重要的是要有可贵的开拓精神和创新思维。创新思维的表现形式是思维主体与客体两者相结合后产生的灵感思维,它与思维主体的情商密切相关。CALL 环境下情商教学对学生在英语学习中的思维活动不仅具有选择与引导功能,还具有促进与支持功能,它能使学生的大脑一直处于最佳的活动状态,并打破思维定式,有效地进行思维发散,从而形成创造力。

二、情商教学的原则

(一)实践性原则

情商教学的实践性原则强调的是将情感知识和技能应用于实际生活中,通过实践活动来提高学生的情感智力。情商教学实践性原则的具体内容如下。

1. 情景模拟

通过模拟真实的生活情境,学生在安全的环境中练习和体验情感智力相关的技能,如解决冲突、同理心、自我调节等。

2. 角色扮演

通过角色扮演活动,学生学会在不同的社交环境中如何表达和管理自己的情感,以及如何理解和回应他人的情感。

3. 小组讨论

在小组讨论中,学生可以分享自己的情感经历,学习如何有效地与他人沟通,并从同伴那里获得反馈和启发。

4. 案例分析

通过分析具体的情感智力案例,学生可以学习如何识别和理解情感问题,并探讨解决方案。

5. 反思与自我评估

鼓励学生反思自己在情感智力方面的强项和弱点,并进行自我评估,促进个人成长。

6. 持续性学习

情商教学是一个持续的过程,学生应该将所学的情感智力知识和技能应用到实际生活中,如在学校、家庭和社会的互动中实践同理心、情绪调节等,在不断的实践和持续性的学习中提高自己的情感调节能力和人际交往能力。

(二)个性化原则

情商教学的个性化原则强调的是在教学过程中考虑到每个学生的独特性,包括其背景、经验、兴趣、能力和学习风格等。情商教学个性化原则的具体内容如下。

1. 学生差异的认识与尊重

教师需要认识到,每个学生都有其独特的情感需求和认知风格,并尊重这些差异。

2. 个性化的教学设计

教师应根据每个学生的特点和学习需求,设计个性化的教学活动和学习目标,以适应不同学生的学习风格。同时,教师与学生一起设定个性化的学习目标,确保这些目标既具有挑战性,又是学生在经过努力后能够实现的。

3. 自主学习

鼓励学生根据自己的兴趣和需求选择学习内容和活动,促进其自主学习。

4. 适应性教学

教师应灵活调整教学方法和策略,以适应不同学生的学习进度和理解能力。

5. 个性化反馈

为每个学生提供有针对性的反馈,帮助其认识到自己的优势和需要改进的地方。鼓励学生在教学过程中积极参与,其意见和反馈应被作为教学调整的重要依据,并通过持续的评估来了解学生的学习进展和情感发展,以便更好地依据反馈来调整教学策略。

通过这些个性化原则,情商教学能够更好地满足每个学生的需求,促进其情感智力发展。这种教学方法有助于学生建立自信,提高自我调节能力,并最终成为更有效的情感管理者。

(三)互动性原则

情商教学的互动性原则强调教学过程中教师与学生之间,以及学生与学生之间的互动和合作。情商教学互动性原则的具体内容如下。

1. 建立良好的师生关系

教师应与学生建立起信任、尊重和支持的师生关系,为互动学习打下良好的基础。

2. 创造互动氛围

教师应创造一个开放、安全和支持性的学习环境,使学生在课堂上可以自由地表达自己的想法和情感。

3. 双向沟通

教师应鼓励学生积极参与课堂讨论,进行双向沟通,以确保信息的有效传递和理解。

4. 合作学习

教师应鼓励学生进行小组合作学习,通过团队合作完成任务,培养其团队协作能力和社交技能。通过角色扮演和模拟活动,学生在实际的合作情境中体验和练习与情感智力相关的能力。

5. 反馈与对话

教师应提供及时的反馈,并与学生进行对话,帮助学生理解自己的情绪和他人的情绪。教师应提供情感上的支持,帮助学生认识和表达自己的情感,同时也尊重他人的情感。

通过这些互动性原则,情商教学能够促进学生之间的交流和合作。这种教学方法有助于学生更好地认识和表达自己的情感,培养其解决情感问题的能力。

(四) 反馈与评价原则

情商教学的反馈与评价原则关注的是如何在教学过程中有效地提供反馈和进行评价,以促进学生情商的发展。情商教学反馈与评价原则的具体内容如下。

1. 及时性

反馈应及时，以便学生能够及时了解自己的表现，并进行相应的调整。

2. 具体性

反馈应具体而明确，指出学生的优点和需要改进的地方，避免模糊和一般性的评价。

3. 建设性

反馈应具有建设性，提供有助于学生改进的建议和指导，而不仅仅是指出错误。即使指出不足时，也要保持积极正面的态度，鼓励学生看到自己的进步和潜力。

4. 个体化

反馈应根据每个学生的个性和需求进行调整，以满足其学习和发展需求。反馈是为了帮助每一个学生提高，而不是为了批评或指责。反馈应该是一种双向的对话，鼓励学生参与其中，表达自己的看法和感受。

5. 多元化

反馈和评价应采用多种方式，包括学生的自我评价、同伴评价、教师评价等。反馈和评价还应定期进行，以便学生能够持续地了解自己的进步和挑战。

通过这些反馈与评价原则，教师能够更好地支持学生在情商领域的学习，帮助其认识到自己的成长，并激励其继续努力。这种方法有助于学生在情感智力方面取得更好的成绩，并成为自信、有能力的情商个体。

（五）长期性与阶段性原则

情商教学的长期性与阶段性原则强调的是在教学过程中如何平衡长期目标和短期目标，以及如何合理地规划教学内容和进度。情商教学长期性与阶段性原则的具体内容如下。

1. 长期目标导向

教师应明确学生的情商发展长期目标,如培养学生的自我意识、自我管理能力、社交技能、同理心等,并将这些目标融入教学的各个方面。

2. 阶段性目标设置

在长期目标的指导下,教师应设定具体的阶段性目标,确保每个阶段的教学内容都能够为学生情商的发展做出贡献。

3. 逐步推进

教学应按照一定的顺序和步骤逐步推进,并使每个阶段的教学内容都为下一个阶段打下基础。

4. 循环重复

某些关键的情商教学内容和活动可以循环重复,以加深学生的理解和实践。

5. 灵活调整

教学计划应具有一定的灵活性,根据学生的实际情况和反馈进行适时调整。

6. 整合性

将情商教学与其他学科教学相结合,如社会学、心理学等,以实现教学资源的整合和优化。

通过这些长期性与阶段性原则,情商教学能够更加系统、有序地进行,有助于学生全面发展情商,成为具有高度情感素养的个体。同时,教师应关注学生的个体差异,为他们提供个性化的教学支持和指导。

第三节　情商教学中培养英语自主学习能力的策略

一、情商教学与英语自主学习能力培养

在教育领域，情商教学旨在培养学生识别和理解自己情绪的能力，以及应对压力、挫折和挑战的技巧。这与英语自主学习能力的培养有着直接的关联。

首先，情商教学有助于提高学生的自我认知。自我认知是一个人对自己的认识和理解，包括对自己的思想、情感、行为、能力、性格等方面的了解。自我认知是个人心理发展的重要组成部分，它影响个人的行为模式、人际关系、决策方式及情绪状态，包括自我意识、自我效能、自我调节、自我监控和自我评价。通过学习情商，学生能够更好地了解自己的情绪状态，从而在学习过程中对自己的情绪进行调节，有利于提高学习效果。这种自我认知能力对于学生的自主学习至关重要，因为它可以帮助学生建立目标、规划学习路径、监控学习进度，以及评估学习成果。

其次，情商教学有助于培养学生的社交技能。在英语自主学习过程中，学生也需要与他人进行交流、合作与互动。具备良好的社交技能可以帮助学生更好地与他人沟通，建立良好的人际关系，从而提高自主学习的效果。情商教学中的角色扮演、小组讨论等互动活动可以为学生提供锻炼社交技能的机会。

再次，情商教学有助于培养学生应对困难的策略。在英语学习过程中，学生可能会遇到各种困难和挑战，如语法错误、发音不标准等。情商教学可以帮助学生学会面对这些挑战时保持积极的心态，采取有效的应对策略，从而提升自主学习的效果和能力。

最后，情商教学有助于提高学生的动机水平。动机水平是个体在特定时间内推动自己进行某种活动的强度和方向，它涉及个体的内在动力，这种动力来源于个人的需求、欲望、兴趣、目标或者外部环境的影响。动机

水平的高低直接影响个体的行为表现和努力程度,理解和提高动机水平对于教育、工作和个人发展都至关重要。情商教学中的情感支持、鼓励和表扬都可以激发学生的内在动机,使其更加热爱自主学习。此外,情商教学还可以帮助学生树立正确的学习观念,认识到学习英语的重要性,从而增强其学习的自觉性和主动性。

总之,情商教学与英语自主学习能力培养之间存在密切的关系。通过情商教学,学生可以提高自我认知、社交技能、应对策略和动机水平,从而增强英语自主学习能力。因此,在英语教学中,教师应关注学生的情商发展,将情商教学与英语自主学习能力培养相结合,以提高学生的学习效果。

二、情商教学中培养学生自主学习能力的难点

在情商教学中,培养学生自主学习能力可能会遇到以下困难。

(一)传统教育观念的阻力

传统教育观念是一个国家或地区在长期的历史发展过程中形成的关于教育目的、教育内容、教育方法和教育管理等方面的共识和智慧。这些观念通常深深植根于该地区的文化传统和价值观念中,并对教育实践产生持久的影响。在一些教育环境中,教师可能仍然坚持传统的教学模式,即以教师为中心,学生被动地接受知识。这种模式并不利于学生自主学习能力的培养,因为它不鼓励学生主动探索和解决问题。

(二)学生自我意识不足

自我意识是自我认知的基础,指的是一个人对自己的存在和独立性的认识。一些学生可能缺乏自我认知,不理解自己的情绪状态,也不知道如何管理自己的情绪以促进学习。这可能导致他们在面对学习的挑战时感到无助和沮丧。

(三)缺乏有效的情感支持

情感支持是情商培养的基石,它帮助个体认识和理解自己的情绪,并

在人际关系中展现出同情心和共情能力。情商教学需要教师提供情感支持,帮助学生建立自信和应对压力的能力。如果教师无法提供这种支持,学生可能会感到孤独和不被理解,从而影响其学习动力。

(四)教师培训不足

教师培训能提升教师自身的情绪管理能力和人际交往技巧,从而更有效地指导学生学会管理情绪、建立良好的人际关系。情商教学要求教师具备特定的教学技能和情感智力。如果教师没有接受过相关培训,就可能难以有效地进行情商教学和培养学生的自主学习能力。

(五)评估和反馈的挑战

评价和反馈能帮助个体认识自己的情绪行为、理解他人情绪,从而在社交互动中更恰当地调控情绪和回应他人。情商教学和自主学习能力培养需要定期的评估和反馈,以确保学生能够理解自己的进步并在必要时调整学习策略。然而,这种评估具有挑战性,因为它需要教师具备精确的观察和评价能力,并能及时给予有效的反馈。

(六)课程设计和教学材料的限制

教学资源对情商培养的重要性体现在为教师和学生提供必要的工具和材料,以促进情感认知、情绪调节和社交技能的发展。情商教学需要有针对性的课程设计与教学材料,以便将情感智能的元素融入学习过程之中。如果学校无法提供相关的资源,教师便难以实施有效的教学策略。

在情商教学中,培养学生自主学习能力时遇到的困难和挑战,可能的原因有以下七个方面:一是学生缺乏自我认知。学生可能对自己的学习能力和学习需求缺乏清晰的认识,这使其在学习过程中难以自我指导和管理。二是学生缺乏学习动机。学生可能缺乏学习的情趣和动力,从而不愿意主动参与学习活动。三是教师的教学方式单一。在一些情况下,教师可能过于依赖传统的教学方法,如讲授式教学,而不是鼓励学生主动探索知识,尤其是缺乏对学生学习策略的指导,学生不知道如何高效地自主学习。四是课堂氛围不利于自主学习。如果课堂氛围不够开放或不鼓励创新,则学生可能会感到害怕犯错,不愿意尝试自主学习。五是家长和社会因素。家长对学生的学习过度干预,或者社会对学生的学习成果有过高的期望，都可能会给学生带来压力，影响其自主学习。六是教育资源不足。在一些学校，由于资源有限，无法提供足够的自主学习材料和工具，限制了学生自主学习的能力。七是评价体系不完善。如果评价体系仍然依赖于传统的考试和评分方式，而不是鼓励学生的发展性和过程性评价，那么学生可能就没有足够的动力去进行自主学习。

三、情商教学中培养英语自主学习能力的具体策略

（一）坚持生态外语教学观，营造有利于英语自主学习的情感氛围

生态教学观是教育学和生态学两个学科门类的交叉应用，旨在用生态学的视野、原则和方法来指导教学活动的各个环节。生态教学观强调的是一种动态的、开放的、共生的、整体的、可持续发展的教学生态环境的创设，在充分发挥教师、学生的主观能动性的基础上，提供符合学生发展规律的、自由开放的平台，创设和谐的师生、生生关系，实现各个生态主体之间的外部平衡，同时关注学生内部精神生态的平衡，以及在认识自我、尊重生命、唤醒灵魂的过程中完成精神上的丰富和发展，从而最大限度地实现学生个体的可持续发展。[①] 生态外语教学观是一种以学生为中心，关注整体、多样、互动、可持续及和谐的新的教学理念，它将生态学原理应用于外语教学领域，旨在建立一个和谐、平衡的外语教学环境，促进学生全面、可持续的发展。生态外语教学观强调以下五个方面。

1. 整体性

生态外语教学观认为，外语教学是一个复杂的系统，包括学生、教师、教材、教学方法、评价方式等多个方面。这些因素相互关联、相互影响，共同构成生态教学环境。因此，在教学过程中，教师需要关注整个生态系统的平衡与和谐，以实现教学目标。

---

① 蒋雪莹：《生态教学观下小学英语课堂师生言语互动的研究》，南京师范大学硕士学位论文，2020年，第26-27页。

2. 多样性

生态外语教学观强调教学内容的多样性。在外语教学中，教师应注重引入不同类型的语言材料，使学生接触丰富的语言现象，提高他们的语言运用能力。同时，教学方法也要多样化，以适应不同学生的学习需求。

3. 互动性

生态外语教学观认为，教学过程是教师与学生、学生与学生之间相互交流、互动的过程。教师应鼓励学生积极参与课堂活动，促进他们之间的合作与交流，以提高学生的外语交际能力。

4. 可持续发展

生态外语教学观强调教学的可持续发展。教师应关注学生的个性化需求，培养其自主学习能力，使其在学习过程中不断提高，从而实现长期的发展。

5. 和谐性

生态外语教学观强调教学环境的和谐性。教师应关注课堂氛围的营造，建立良好的师生关系，使学生在愉悦、和谐的氛围中学习外语。

Coaler 曾经说过：我们不能教给学生一门外语，而只能为他们创造一个适宜学习的语言环境。生态化的外语教学观强调英语课堂的能动性，认为整个课堂教学就是一个不断变化和发展的过程，而其生命力则来自课堂内多种因素之间的良好互动，以及由此产生的教与学的不断发展。生态化的外语教学观认为，外语课堂中存在多种因素，它们互相依存、相互制约，构成一个生态系统的整体。乔纳森从生态观出发对技术角色进行了再定位。他认为技术不仅是一种教学媒体，更是一种吸引与促进学生自主学习及追求真理的认知工具。

由于信息技术的介入，CALL 为英语教学的生态系统注入了新的生态因子，其本身的特点及优势为促进英语教学各生态因子之间的良性互动与平衡提供了新的动力。在 CALL 环境下，教师、学生、教学信息及教学环境之间构成一个相互关联、相互影响的动态的生态网络系统，师生之间积极的互动与情感交流有利于教学相长。因此，教师必须重视情商在英语课堂教学中的作用，以学生为中心，耐心而有针对性地指导学生充分利用网络资源，进行探究式自主学习，注重培养学生选择、确定英语主题信息的能力及发现并获取英语学习资源的能力，提高其分析、综合及运用英语信息的能力。同时，教师还可以设计一系列互问互答、小组讨论及个别交流等交互活动，开展合作学习，建立民主、平等、和谐的师生关系，为学生创造自主学习的情感氛围，培养学生的英语自主学习意识。

（二）落实建构主义学习观，激发学生英语自主学习的兴趣与动机

建构主义学习观认为，学习不是知识由教师向学生的传递，而是学生建构自己的知识的过程；学生不是被动的信息吸收者，相反，他要主动地建构信息的意义，这种建构不可能由其他人代替。[1] 建构主义学习观强调知识不是被动接受的，而是通过学生的积极参与、探索和实践在特定情境中主动建构的过程，即学生通过与外部环境的互动，在自己的认知结构中建构知识。建构主义学习观具有以下五个主要特点。

1. 学习的主动建构性

学生不是被动地接收信息，而是主动地参与到知识的建构过程中。他们通过自己的思考、实验、探索和问题解决来建构知识。

2. 学习的社会互动性

学习是一个社会性活动，学生通过与同伴、教师和其他人的互动来建构知识。这种互动提供了不同观点和经验，有助于学生更全面地理解信息。

3. 学习的情境性

知识建构的过程受特定情境的影响，包括文化、社会、历史和物理环境等因素。学生需要在具体的情境中理解和应用知识。

---

[1] 陈琦、张建伟：《建构主义学习观要义评析》，载《华东师范大学学报（教育科学版）》1998年第1期，第61−68页。

4. 知识的动态性

知识不是静态的，而是随着学习者的经验、文化和环境的变化而不断发展和重构的。

5. 学生经验的重要性

建构主义者认为，学生的先验知识和经验对于新知识的建构至关重要。教师在建构主义学习观中扮演着指导者和促进者的角色，通过提供资源和问题来激发学生的思考，引导学生利用这些知识基础来建构新的理解。

建构主义学习观对教育实践产生了深远的影响，它倡导的教学方法包括合作学习、探究学习、项目式学习和反转课堂等，这些方法都旨在促进学生的主动学习和批判性思维能力的发展。心理学家布鲁纳认为，学生最好的学习动机莫过于对所学材料本身具有内在的兴趣。建构主义学习理论主张把课堂教学看作一个微型社会、一个学习共同体，更强调学习的主动性、社会性、情境性。该理论认为知识是学生在个人经验的基础上主动建构的，而不是被动接受的。建构主义学习环境是一个开放的、有技术支撑的环境，学生在完成学习目标及参与解决问题的学习活动过程中能够有效地使用各种学习工具与信息资源。

建构主义理论还认为学习总是与一定的社会文化背景，即"情境"相联系的，教师在进行课堂教学活动时一定要在实际情境下进行，使学生能利用自己原有认知结构中的有关经验去同化当前学习到的新知识，从而赋予新知识以某种意义，即尽量让学生围绕现实问题，解决现实问题，创设与学习有关的真实情境，这样学生的学习将会事半功倍。[①] CALL 使建构主义所要求的学习环境得到强有力的技术支持。事实上，当学生对目标语具有强烈的学习动机时，他们就会降低对教师、同伴等的依赖程度，或摆脱他人的控制，自觉地确定学习目标、制订学习计划，积极地选择学习

[①] 姜琼：《高中英语终结性评价中的中国传统文化因素的研究》，西南大学硕士学位论文，2020 年，第 18 页。

材料和学习策略,调节努力程度,充分利用学习时间,评估学习效果等。① CALL 为英语教学提供了建构主义学习理论所需的情境、协作、会话与意义建构。在英语教学中,教师应努力为学生创设与现实相似的学习情境与学习任务,提供各种学习工具以及丰富的信息资源,支持学生的自主学习及合作学习,帮助学生完成意义建构,达到自己的学习目标。在这样的学习环境下,学生不仅能得到教师的帮助和支持,而且学生之间也可以相互协作与支持。这样的学习不再是痛苦的轮回,而意味着收获了更多的快乐与自主。尤其是为学生提供广泛的图、文、声、像等声情并茂的英语学习资源,使他们在自主学习的过程中能在视觉、听觉与触觉等多方面接受信息刺激,可以激发学生的自主学习兴趣和动机,提升其自主学习的效果。

(三)打破传统的师生观,培养学生英语自主学习的创新思维

创新思维是自主学习成功的关键要素,它为学生提供了一种积极主动、探索求新、独立判断的学习方式,有助于学生更好地适应快速变化的知识经济时代,实现个人的可持续发展。在自主学习过程中,创新思维能力强的学生能够不断探索新的学习方法,寻找更有效的解决问题的途径,从而提高学习效率。创新思维能力强的学生更倾向于采取积极的态度面对挑战,把困难视为成长和学习的机会。

师生交往是教学过程中教师和学生结成的相互关系,它不仅是最基本、最重要的过程,而且是最活跃、最频繁的人际交往。在教学过程中,学生如何学习、如何对待教师;教师如何发挥,如何看待学生,以及怎样处理教师与学生之间的关系都是教学改革中要进一步研究的问题。传统教学中,人们总是把教师和学生置于对立面。19 世纪初,以赫尔巴特为代表的"教师中心论",明确肯定了教师的权威和主导作用,将教学活动简单的归依为对学生的训练和掌控。他指出,要提高教师教学的效率,就要

---

① 倪清泉:《大学英语学习动机、学习策略与自主学习能力的相关性实证研究》,载《外语界》2010 年第 3 期,第 30 – 35 页。

使"学生对教师保持一种被动的状态"①。传统的师生观受特定历史、文化和社会背景的影响，并随着时间的推移而演变。在不同的文化和教育体制中，尽管传统的师生观可能有所不同，但仍存在一些共同的特点。

1. 以教师为中心

在传统的教育模式中，教师通常是知识的传授者和权威的象征，学生在教学中扮演的是知识接受者的角色。教师的决定和指导往往被视为教学过程的决定性因素。

2. 突出权威与尊重

教师在学校和社会中享有较高的地位，学生被期望尊重教师的权威并遵循其指导。这种关系往往建立在教师的经验和专业知识上。

3. 注重知识传授

教学过程主要关注知识的传递，教师的责任是确保学生掌握必要的知识和技能，学生的学习则更多地依赖于记忆和重复。

4. 强调纪律与秩序

传统师生关系强调课堂纪律和秩序，教师负责维持一个有序的学习环境，确保教学目标的实现。

随着教育理念的发展和变化，传统的师生关系也在不断地被重新审视和改革。现代教育越来越强调学生的主体性，提倡师生之间的平等对话，创设和谐的师生关系，以及发展学生批判性思维和创新能力。这种转变引起了师生关系的多元化发展，使得教学成为一种互动和共同成长的过程。20世纪美国著名心理学家罗杰斯（Carl Rogers）非常强调师生关系在教学中的重要性。他认为，教师的教学技能、课程计划，教师所用的电教设备、程序教学、讲授和演示以及图书资料等都不是促进教学的关键因素，虽然这些因素在某些时候是一种重要的教学资源，但他更看重的是教师和学生的关系，尤其是教师对教学和学生的态度。罗杰斯反对不平等的师生

---

① 周泽晞：《论"一体两面"师生观在大学教学中的实施》，湖南大学硕士学位论文，2014年，第9页。

关系，提倡本真、融洽、平等的师生关系，认为师生关系是一种朋友关系，这有利于创造一种融洽的学习氛围。①

Benson 和 Voller 认为，自主学习绝不是没有教师参与的学习，教师在促进学习者自我实现并定期向他们提供帮助方面起着至关重要的作用。②在自主学习的过程中，教师不只是传统意义上的知识传递者，同时还扮演着设计者、组织者、引导者、促进者、交流者、合作者、资源提供者等多元化角色。教师在教学中传递给学生的不再是"what to learn"而是"how to learn"，教师只有改变昔日权威者、灌输者的形象，与学生开展平等交流与合作协商，才能建构起和谐的师生关系，从而创造出有助于学生自主学习的良好环境。

CALL 环境下，在传统模式中仅仅作为信息提供者的计算机逐渐转变成师生交流的媒介与促进者。学生的学习也从传统的继承性向创新性转变，从传统的集体化向个别化、自主化转变，学生的学习不再受学校、课堂的局限，也不再受统一的教材及教学进度的束缚。学生不再是知识灌输的对象，他们可以根据自己的兴趣和爱好，从网络上自由地选择合适的学习资源，并按照自己的方式与同伴开展合作与交流。

语言学家 Cohen 曾精辟地指出，语言学习的成功取决于学习者本人，取决于学习者自身的因素及其充分利用学习机会的各种能力。③ 因此，在英语教学过程中，教师要始终坚持"以学生的发展为本"，尽心竭力地转变学生的学习观念，变"要我学英语"为"我要学英语"，变"死学"为"活学"，变"苦学"为"乐学"，不断地培养他们的问题意识和创造性思维能力。

在物质财富日益丰富与人们精神世界相对贫乏的社会发展阶段，对学生的教育仅靠理性的力量是远远不够的。依托 CALL 环境大力加强情商教育，既是素质教育的需求，也是贯彻落实科学发展观的需要。CALL 环境下，英语教师应努力为学生创造自主学习的条件，落实学生的主体地位，

---

① 化得福：《论罗杰斯的人本主义教育思想》，载《兰州大学学报（社会科学版）》2014年第 4 期，第 152 – 155 页。

② [英] P. Benson, P. Voller, *Autonomy and Independence in Language Learning* (Harlow: Longman, 1997), p. 63.

③ [美] A. Cohen, *Language Learning: Insights for Learners, Teachers and Researchers* (New York: Newbury House, 1990), p. 15.

培养学生的主体意识，使教学活动不仅有益于学生"学会英语"，更有益于学生"会学英语"，帮助其真正实现学习自主，培养可持续发展的英语学习能力。

（四）构建多元化评价观，增强学生英语自主学习的自信心

自信心对于自主学习的重要性不可低估。一个具有自信心的学生会更加积极主动地去面对学习过程中的困难和挑战，不会因为一时的挫折而轻易放弃。自信心可以使学生在学习中保持好奇心和探索精神，勇于尝试新的学习方法和策略，从而更有效地吸收和掌握知识。此外，自信心还有助于学生形成独立思考和解决问题的能力，让其在学习过程中更加自主和独立。总之，自信心是推动自主学习发展的关键因素，有助于学生取得更好的学习成果。

多元化评价观强调评价应该全面、多角度、多维度地反映学生的学习过程和成就。多元化评价观对教育实践的影响体现在教学方法和评价体系的改革上，它鼓励教师采用更多元化的方法来支持学生的学习，并为学生提供更多样化的反馈和发展机会，这种评价方式有助于创建一个更加公平、全面和有利于学生发展的教育环境。以下是多元化评价观的五个核心特点。

1. 综合评价

多元化评价观不仅关注学生的学业成绩，还考虑学生的非智力因素，如情感、态度、价值观、创造力、批判性思维能力和实践技能等。

2. 过程性评价

多元化评价观重视学生学习过程中的表现和进步，而不仅仅关注最终成果。这包括对学生在学习过程中的努力程度、策略方法和思考过程的评价。评价是为了促进学生的发展，而不是简单地判断学生的表现。评价结果用于指导教学和帮助学生设定未来的学习目标。

3. 个性化评价

多元化评价观认识到每个学生都是独特的个体，评价应该根据学生的个性和需求来设计，以促进每个学生的个性化发展。

4. 多元化评价工具

多元化评价观使用多种评价工具和技术，如观察、访谈、问卷、作品展示、自我评价和同伴评价等，以获得更全面的信息。

5. 互动性评价

多元化评价观在评价过程中，教师与学生之间的互动是双向的，在教师评价学生的同时，学生也参与评价自己的学习和他人的学习。

终结性评价是在某一个教学阶段或在某一门课程结束时进行的教学评价，它与形成性评价作用不同，其区别为：终结性评价是对学科教学目标达成情况的评价，而形成性评价则是引导教师揭示学生尚未达到教学目标的原因，它无法体现教学的总体目标；在形成性评价中，人们试图考察某种潜在的先决条件，而在终结性评价中，人们则更加注意考核学生是否具备某种知识与技能。① 传统的教学评价以终结性评价为主，注重对学生语言基本知识的考查，教师充当评价的主体，学生则被一次次通过分数来"证明、排序和分等"。这种甄别式的评价方式重结果轻过程，评价主体和评价方法单一，极大地影响了学生身心健康的发展。然而，学生是学习的主体，教学评价应该有益于学生认识自我及树立自信心，应该有助于学生反思和调控自己的学习过程，并掌握自我评价的方法，为其终身发展服务。

CALL 环境下，要有效地检测学生的英语自主学习就必须构建多元化的评价体系，做到评价标准、评价主体、评价对象及评价方式的多元化。坚持以形成性评价为主导，诊断性评价和终结性评价为辅，三者有机结合，力求既准确地评价学生的学习过程又有效地测量他们的学习结果。评价应以学生为主体，以学生的发展为主线，不仅评价学生对英语知识的掌握情况，还要对他们在学习过程中的表现和所取得的成绩以及反映出来的情感、态度、价值观及学习策略和文化意识等方面进行全面的评价。同时，应鼓励和提倡学生自我评价，使他们对于自身的学习成效、学习状况及未来的发展养成良好的不断反思的习惯。鉴于成功是诱发学生内部学习

---

① 姜琼：《高中英语终结性评价中的中国传统文化因素的研究》，西南大学硕士学位论文，2020年，第15页。

动机的一种重要因素，教师还应努力通过情商教育让学生体验学习的成就感，以增强他们学好英语的自信心。

（五）践行科学实践观，彰显学生英语自主学习的成就感

成就感对于自主学习的重要性体现在它能激励学生持续保持学习的热情和动力。当学生在学习过程中取得一定的成果时，会感受到成就感带来的喜悦，这种喜悦能进一步激发他们自主学习的兴趣。成就感还能提高学生的自信心，使其更加坚定地相信自己有能力克服学习中的困难，不断挑战自我、提升自我。同时，成就感还能促进学生反思和总结自己的学习过程，从而优化学习方法，提高学习效率。总之，成就感是推动自主学习持续发展的重要动力，有助于学生实现更高的学习目标。

实践出真知。实践的观点是马克思主义哲学首要的、基本的观点，其贯穿于整个辩证唯物主义和历史唯物主义的各个环节。实践是人的社会的、历史的、有目的、有意识的物质感性活动，是客观过程的高级形式，是人类社会发展的普遍基础和动力。科学的实践观是马克思主义哲学的建构原则，也是马克思主义哲学的核心内容。[①] 科学实践观是指在科学研究和教育实践中，对科学实践的本质、目的、方法和评价等方面所持有的基本看法和理念。它强调实践在科学发展中的重要性，并认为实践是检验科学理论真理性的唯一标准。在教育和科研工作中，科学实践观是指导教师和研究人员进行科学探究的基本原则。它强调理论与实践的结合，鼓励创新和批判性思维，要求科研活动遵循伦理规范，并以实践的效果来评价科研成果。践行科学实践观，可以促进科学知识的积累和科学方法的改进，为社会的进步和发展做出贡献。

仅仅通过课堂教学，是达不到情商教育效果的，还必须通过各种实践活动来加强学生对于情商的认识。践行情商教学的科学实践观，并彰显学生的自主学习的成就感，这意味着在教育实践中要坚持以学生为中心，注重培养学生的自主学习能力。同时，情商教育可提升学生的情感智力，从而使学生在学习过程中获得成就感。以下是情商教育五个具体的教学策略和实践方法。

---

① 杜春平：《科学实践观下师范生的教师职业技能培养》，湖南师范大学硕士学位论文，2012年，第14页。

1. 建立积极的课堂氛围

创造一个充满安全、尊重和支持性的学习环境，鼓励学生表达自己的观点，培养学生的自信心和自尊心。

2. 加强情感智力教育

在教学过程中融入情感智力的培养，帮助学生认识和管理自己的情绪，理解和尊重他人，建立良好的人际关系。

3. 开展个性化教学

鼓励学生设置个人学习目标，通过自主学习、合作学习和探究学习等方式，在学习过程中发挥主动性和自主性。尊重学生的个体差异，提供个性化的学习支持和资源，帮助学生克服学习障碍，提升学习效果。

4. 注重情感激励

教师应充分利用教材中丰富的情商资源，加强学生的情商教育，积极培育学生的自我认知、管理、调控、激励能力，培育学生与人相处的同情、理解、关爱、宽容之心等情商，促使学生成为人格健全的、身心和谐发展的社会人。通过正面的情感激励，如表扬、奖励和庆祝学生取得好成绩，增强学生的成就感和学习动力。

5. 加强反思和自我评估

提供真实或模拟的实践机会，使学生将所学知识和技能应用到实际情境中，通过实践获得成就感。鼓励学生进行自我反思，通过日记、学习日志或同伴评价等方式，帮助学生认识到自己的成长和进步。

情商教育可以说是生存教育、生命教育、人格教育、生活教育、心理教育等。它通过教师与学生在教育实践活动中的互动合作，激发学生的兴趣爱好、信心勇气、情感意志等情商因素，促进学生情商能力的提高。学生情商能力的提高有助于学生身体、品德、文化、劳动、心理素质的全面发展，有助于学生迅速融入社会，成为社会需要的人。通过丰富多彩的教学策略和实践方法，学生不仅能够在学术上取得进步，还能够在情感和社交技能上得到发展，从而在自主学习的过程中获得成就感和自我价值的实现。这种全面的发展有助于学生成为终身学习者，为未来的挑战做好充分的准备。

当今时代是知识经济迅猛发展的时代，教会学生自主学习不仅是这一时代给教育者提出的发展课题，而且是学生实现自我的核心内容。心理学家罗杰斯批评现代的"左脑教育"，认为教学应当是逻辑的、线性的，强调对学习内容和过程的分析。有意义的学习应当是左右脑并用的学习，即直觉性学习、情感性学习与智性学习的共同投入。学生在自主学习的过程中不只是完成与学习本身有关的任务，还应当在自主学习的过程中培养情感，即发自内心地热爱学习。[①] 在日常生活中，不少学生家长唯分数论，忽视了孩子内心的想法，与孩子心灵的距离越来越远，把孩子的学习全寄托在教师的身上，忽视了对孩子自主学习能力的培养。教师的情商是多样的，对学生的情商培养也是多样的，教师应在理解中提升学生的幸福感，多一些赏识，少一点抱怨；多一些帮扶，少一点求全；多一些理解，少一点责备，努力做到以情商唤醒情商。

---

① 化得福：《论罗杰斯的人本主义教育思想》，载《兰州大学学报（社会科学版）》2014年第4期，第152-155页。

第三章 任务型教学与英语自主学习能力培养

第一节 任务型教学概述

一、任务的界定与构成要素

任务型教学是建立在第二语言习得研究基础上的一种具有重要影响的语言教学模式，起源于国外。从其诞生之日起，学者们根据自己的研究从不同的角度对其进行了界定。[①]

Long（1985）认为：任务是人们为自己或为他人所做的、作为义务性的或有报酬的一项工作。

Richards、Platt 和 Weber（1985）认为：任务是人们在学习、理解、体会语言之后所开展的活动。

Crookes（1986）认为：任务是人们所从事的带有明确目的的一项工作或活动。

Prabhu（1987）认为：任务是人们经过一些思考从所给的信息中得出结论的一项活动，这一过程由教师控制和调节。

Nunan（1989）认为：交际性任务是一项课堂活动，它要求学生用目的语进行理解、操练、使用或交际。在这一过程中，学生的注意力主要集中在语言意义上，而非语言形式上。

---

① 丰玉芳、唐晓岩：《任务型语言教学法在英语教学中的运用》，载《外语与外语教学》2004年第6期，第35－38页。

Breen（1987）认为：任务是精心组织的、以促进语言教学为目的的一系列教学活动。这些活动有特定的目标、适当的内容、特有的学习程序及各种成果。

Skehan（1996）认为：任务是与真实世界有某种意义联系的一项活动。在这一活动中，意义是主要的，并把任务的完成放在首位，同时根据任务的结果来评价任务完成的好坏。

Willis（1996）认为：任务指的是有目标的交际活动或学生为达到某一具体目标而进行交际活动的过程。

Lee（2000）认为：任务是一次课堂活动或练习，包括：①一个只有通过参加者之间的交际才能达到的目的；②组织和编排交际的自然过程；③注重意义交流。同时，任务是指学习者实施某种学习计划时，需要学习者理解、操练和使用目的语的一次语言学习尝试。

Bygate、Skehan 和 Swain（2001）认为：任务是指需要学习者在注重语言意义的基础上运用语言来达到目的的一项活动。

Ellis（2003）认为：任务是指以意义为中心的语言运用活动。

概括起来，关于任务的界定主要有以下四种：其一，任务是人们在日常生活中所从事的有目的的活动，如打印资料、填表、购物、考驾照、订机票、给孩子穿衣服等。其二，任务是一种课堂活动，活动中学习者通过目的语进行交流互动，聚焦意义而非形式。其三，任务是一种有意义的活动，在任务中意义是主要的，或有某个交际问题有待解决，或与真实世界里的活动有某种联系，或任务的完成是首要的，或任务的评价以其结果为依据。其四，任务是学生为了实现一个目标而有目的地实施的活动；它可能是学生自己确定的，也可能是教师确定的；任务可以独立完成，也可以通过小组竞争或相互合作等方式完成；任务的结果可以是具体的，也可以是无形的。①

由上述关于"任务"的各种定义可知，对"任务"的界定有广义和狭义之分。广义的"任务"是指人们在日常生活、工作、玩耍中所做的各种各样的事情。狭义的"任务"仅指为了某种交际目的而使用语言的活动，并强调任务本身必须有一个结果。任务型教学中的"任务"实际

---

① 王璐：《高中英语任务型教学中的任务设计研究》，东北师范大学硕士学位论文，2010年，第84页。

上就是一种活动，具体讲就是学生学习、理解和体会语言之后，在课堂内外参与的有目的、有意义的能促进其语言学习进程的活动。通常以意义为主，有某种交际问题需要解决，与真实世界的活动具有可比性，且强调完成任务优先。

在任务型教学中，作为核心的"任务"，通常包括目标、内容、程序、结果、情景五个要素。①

（一）目标

目标即教学任务应具有较为明确的、两重性的目标指向。一是任务本身要达到的非教学目的，二是利用任务所要达到的预期的教学目的。作为促进学习的教学任务，教师应更多地关注其教学目的。

（二）内容

任务的这一要素可简单地表达为"做什么"。任何一个任务都需要赋予实质性的内容，它在课堂上的表现就是需要履行的具体的行为和活动。

（三）程序

程序是指学习者在履行某一任务过程中所涉及的操作方法和步骤，在一定程度上表现为"怎样做"。它包括任务序列中某一任务所处的位置、先后次序、时间分配等。

（四）结果

任务是一个有头有尾、完整的交际活动，它必须有一个非语言的结果。衡量一个任务是否成功，要看它有没有一个结果。这个结果可以是看得见的，如一个书面计划、一则通知、一封书信等；也可以是看不见的，如欣赏一个故事、了解他国的文化；等等。

（五）情景

情景即任务产生和执行的环境或背景条件，包括语言交际的语境，同

---

① 贾志高：《有关任务型教学法的几个核心问题的探讨》，载《课程·教材·教法》2005年第1期，第51-55页。

时也涉及课堂任务的组织形式。情景可能是真实的,也可能是模拟的或想象的。在任务设计中,应尽量使情景接近于真实,以增强学生对语言和语境之间关系的意识。

事实上,任务本身不是内容,不是目的,它只是一种方法、手段和形式,通过它可以促进学生的人际交往,为其提供在真实或接近于真实的环境中进行交际和用目的语解决问题的机会,从而使语言学习摆脱单纯的语言项目练习,而成为有语境、有意义、有交际目的的语言实践。这正是语法翻译法、听说法等传统教学方法所欠缺的。

必须强调的是,任务型教学中的任务不同于平常所说的练习与活动。任务接近于人们为了实际使用语言,在学习、理解和体会语言之后在课堂内外参与的有目的的能促进其语言学习进程的活动,重在培养学生完成任务的策略、能力,以及交际活动中经验的生成,而非机械的语言训练[①];而练习与活动则是为了理解和巩固语言知识或训练语言技能而设计的步骤或做法[②]。

二、任务的设计

(一)任务设计的原则

在任务型语言教学中,任务应该目标明确、有意义且具有可操作性,任务的设计应遵循以下六个原则。

1. 学生主体性原则

不同于传统"3P"以教师为中心的英语教学模式,任务型语言教学注重发挥学生的主观能动性。因此,在任务型语言教学实践中,教师要从

[①] 郑红苹:《英语任务型语言教学的内涵、特点及实施》,载《课程·教材·教法》2006年第1期,第51-55页。

[②] 虞晓向:《从任务型语言教学观论英语课堂教学设计》,载《绥化学院学报》2005年第5期,第16页。

学生真实的学习目标、学习动机、学习兴趣等出发,设计和开展教学任务。① 此外,作为一名引导者,教师要转变"讲到底"的传统教学观念,把课堂交给学生,把教学过程变成教师指导下的学生自主学习的过程,学生由被动的接受者转为主动的参与者。这种师生换位法能让学生充分展示自我,激发学习兴趣,从而促进学生主体性发展,真正实现"以学生发展为本"的新课程理念。

2. 情景真实性原则

情景真实性原则要求教师在设计任务时要避免把任务活动等同于机械的语言训练,在内容和形式上脱离生活。② 为了培养学生运用英语的能力,教师应创设尽量真实的情景,如角色扮演,使学生完成生活、学习、工作中的真实任务(real-life task),使其能更好地综合运用所学语言,在相互交流中学会交际、学会学习、学会做事。因此,任务型语言教学活动不应该仅限于课堂教学,还要延伸到课堂之外的实际学习和生活之中,让任务不仅实用、有趣,而且形式多样化,使学生真正做到学为所用、学以致用。

3. 阶梯型任务原则

设计任务时,教师要遵循英语语言习得规律,根据学生的基础知识、自身阅历、思维能力等设计活动。由于任务型语言教学中的任务是前后相连的,教师在设计任务时要考虑到任务的组合、排序及难度问题。任务设计应由易到难,形成由初级任务到高级任务,再由高级任务到初级任务的循环,逐步激发学生兴趣,培养其自主学习的意识和能力。此外,在语言输出方面,应先输入(即听、读)后输出(即说、写),使教学循序渐进,呈阶梯式递进。

4. "做中学"原则

任务型语言教学的核心是在"做中学,用中学"(learning by doing,

---

① 张美玲:《英语教学任务设计的多维视角》,载《甘肃高师学报》2009年第1期,第121-124页。
② 方煜芬:《任务型教学在初中英语教学中的应用》,载《基础英语教育》2012年第5期,第31-35页。

learning by using）。在教学活动中，教师要扮演好组织者、引导者的角色，引导学生通过完成交际任务掌握语言知识，让学生的大脑始终处于一种激活状态，在学习过程中学生始终是积极主动的。在开展活动之前，教师要向学生介绍话题，使其了解任务，同时要突出操练的关键词语和句型，为学生在"做"和"用"这一环节做好充分的准备。

5. 合作学习原则

任务型语言教学倡导合作学习理念。开展任务时，在教师指导下，全班同学可分为若干学习小组，且组内的成员都有明确的责任分工，都能发挥各自的优势参与到活动中，让学生在完成任务的过程中体会到合作的必要性和乐趣。为了培养学生多方面的能力，小组成员之间可以交换分工。这有利于增强学生的存在感，在学习过程中趋于自主化。学生在合作交流中发现和解决问题，也有利于培养学生的团队意识和合作意识，调动学习气氛，形成和谐的教学局面。教师要努力避免为合作而合作的形式主义倾向，合作学习应在需要时才安排。

6. 交际性原则

英语是一种重要的交流工具。在英语教学中，教师要教会学生正确、有效地使用语言，而不仅仅是懂一点英语基础知识。传统的英语教学模式是：教师传授知识→学生接受知识→学生巩固知识。在这样的教学过程中，教师是知识的传授者，学生是知识的被动接受者，师生之间缺少交流和沟通。事实上，语言教学过程应该是一个师生运用语言作为交际工具进行思想交流的过程，师生双方的认知活动是相互依存、相互作用的。① 因此，在英语课堂教学中，教师应创造多种课堂教学形式，进行有意义的情景模拟，培养学生的英语交际能力。

---

① 张美玲：《英语教学任务设计的多维视角》，载《甘肃高师学报》2009 年第 1 期，第 121 - 124 页。

(二)任务设计的注意事项

1. 任务的呈现

在学生开始实施任务之前,教师就应该先呈现任务,使学生知道任务所要达到的结果。有了教师好的指示与指导,才能指望学生能够较好地完成任务。任务呈现后,让学生在任务的驱动下学习语言知识并且掌握语言技能。[①] 为了使任务的呈现更加生动形象、简洁明了,教师可以借助多媒体与信息技术来提高展示的效果。

2. 任务的实施

激发学生学习兴趣是教师的首要任务,也是课堂任务设计需要注意的一个重要环节。从任务的实施来看,任务型语言教学中课堂任务设计需要考虑以下三个方面。

(1)"做中学"原则。任务设计要坚持"做中学"原则,任务型语言教学绝对不是单纯地指示学生漫无目的地完成一个接一个的任务。[②] 任务的重要性在于学生在完成任务的过程中能够运用新知识,使知识得以呈现、运用和延伸,完成语言的有效学习。通过任务,能够激发学生学习英语的兴趣,逐渐提高学生的英语水平,提高学生学习语言的信心。

(2)学生的语言运用能力。教师必须遵循英语语言习得的规律,同时根据所教学生的认知能力、知识水平及心理素质对任务进行设计筛选,使任务具有一定的可操作性。一方面考虑到全体学生的差异性,任务活动需要注意多样性,但任务活动的难易程度要适中,这样才能够吸引全体学生的参与。过难或过易的任务都会使学生失去学习兴趣。而任务的设计则要以学生为中心,完成任务并不是少数学生的专利。另一方面,任务的设计要以学生的生活经验为出发点,任务的内容和完成任务的方法要尽量贴近学生生活。语言是在一个特定的语境下学习而获得的,这些任务不一定

[①] 张鹏:《初中英语任务型课堂教学设计浅析》,载《中学英语园地》2012年第13期,第34-35页。

[②] 丁琳:《任务型语言教学法在中学英语教学中的运用》,载《龙岩学院学报》2005年第1期,第127-128页。

会在现实生活中发生,但是在任务中所学到的语言技能却能够在学生的生活中派上用场。任务应该由易到难,由简到繁。这样能够使学生充分运用所学知识和技能,使其有成就感,乐于参与。

(3)教师的角色扮演。在任务执行过程中,教师要扮演好引导者和调控者的角色。一方面,教师要营造民主、和谐的课堂气氛,使学生能够积极投入任务当中,减少和降低学生的焦虑感;另一方面,教师必须做好调控工作,当学生开小差时,教师必须及时采取措施对课堂进行有效管理。

3. 任务的形式

在任务型语言教学中,任务设计的一个亮点在于任务的情境性和多样性。正如前文所说,任务需要贴近学生生活,任务的情境性也要体现生活性,以激发学生的参与热情。任务实施的形式需要多样性,任务成果的展现也需要多样化,如海报、多媒体展示、研究性的调查报告等。①

4. 任务的延伸

课堂任务的设计要体现人文精神,把当前社会问题或者国内外文化知识引入任务中,积极培养学生的社会意识和对国内外文化的接受态度,培养学生多方面的能力,通过引入研究性学习任务,培养学生调查研究、协调合作和解决问题的能力。

相较于束缚学生思想的传统英语教学模式,任务型语言教学更能促进学生自主性、能动性和创造性的全面发展,使学生真正成为学习的主人公,在完成"任务"的过程中体验学习的乐趣。然而,教学有法,教无定法。教师要时常反思自己的教学,评估自己的课堂教学效果,结合实际情况合理运用任务型语言教学法。在教学实践中,教师应积极、主动地采用新的课堂教学行为,发挥任务型语言教学的优势,落实新课程"一切以学生的发展为本"的理念。作为学习的引导者,教师应准确把握教学理念,熟知任务设计的原则,摆脱应试教育思想的束缚,创新教学方法,彰显以学生为中心这一理念,提高学生积极性,促进学生全面发展。而作

---

① 张鹏:《初中英语任务型课堂教学设计浅析》,载《中学英语园地》2012年第13期,第34-35页。

为学习主体的学生也应积极参与各种任务活动，通过体验参与最大限度地发挥自己的潜力，以及习得和运用语言的能力。

（三）任务设计的误区

在任务型教学设计中，许多英语教师常常陷入以下四个误区。

1. 从教师"教"的角度来设计任务

如上所述，在任务型教学中，学生是教学活动的中心，因此，设计任务时要有明确的目标，并构成一个连续的梯度。同时，任务要与现实生活紧密相连，它应是具体的、贴近学生生活经历的，能引起学生的共鸣和兴趣，以激发学生积极参与的欲望。活动要以学生的生活经验和兴趣为出发点。诚然，语言教学中的任务并非人们在现实生活中一定要做的事，但它必须与学生的生活和学习实际相联系，能够引起学生的兴趣、激发学生的参与欲望，从而培养学生的语言实践能力。"学"的目的是"用"，进行任务型教学的目的是帮助学习者学会运用英语与人沟通，获取、处理和使用信息，用英语与他人进行交流。交流不是一个人能完成的，任务的完成必须依赖于参与者的共同合作。每一个参与者在执行任务的过程中，都扮演一定的角色，都需要向他人提供自己所掌握的信息，在共同完成任务的过程中培养合作精神，获得成就感。

因此，在任务型语言教学中，教师应根据任务特点从学生"学"的角度来设计教学活动，使学生的学习活动具有明确的目的性。在教师设计的各层次活动中，学生能不断地获得知识或得出结论，从而获得运用语言进行交际的能力，而不应仅限于学习课本上的语言知识。可见，从教师"教"的角度来设计任务是行不通的。

2. 将任务活动等同于练习活动

有些人认为课堂上学生的任何活动都可以称为任务活动。例如，某位教师针对一篇阅读文章是这样设计自己的教学活动的。

Step 1 Pre-task

Review what has been learned last time and give a brief summary of the new text.

Step 2 While-task

Task 1: Fast Reading. Do the true or false exercises and answer the questions.

Task 2: Detailed Reading. Explain the difficult points, grammatical rules and retell the story of the text.

Task 3: Practice. Translate the sentences into English using words and expressions learned in this lesson.

Step 3 Post-task

Read the text aloud together and set the homework.

初看起来，以上三个环节构成了一个任务活动，采用的是任务型教学法，任务前（pre-task）、任务环（task circle）和任务后三个环节一个不缺，其中任务环还包含了一条任务链。但实际上，这只是将一堂传统教学课的各个环节改个名称而已，也就是把任务活动与练习活动等同起来了。任务型教学中的任务不同于一般的课堂练习，它侧重于对学生完成交际任务的能力和策略的培养，而不仅是一种机械性的语言操练。教师要特别重视学生在完成任务过程中的参与和在交流活动中所获得的经验，切不可将任务活动与练习活动等同起来。

又比如，根据"Listening to a weather forecast"的内容，教师可以设计两类不同的活动。一是学生根据所听的内容判断正误，回答问题；二是学生根据所听的天气情况决定是否要带雨伞或穿毛衣上学。很明显，前者只是练习活动，后者则是任务活动。此外，有些教师喜欢向学生下达这样的任务，如"用表中所列举的词汇和短语来描述这幅图画"，或使用"Do you like...? Yes, I do/No, I don't."等语言形式来回答问题。这些活动貌似任务（确实不知道对方喜欢不喜欢），实质上还是语言练习活动，或者可以说是一种有意义的句型练习或替换练习活动，但绝对不是任务，因为活动的目的不是放在意义的交流上，而是放在语言形式的掌握上。意义只是为形式服务的，而非形式服务于意义。

3. 任务执行中不注重实践性

任务型教学模式倡导语言学习的过程应成为学生形成积极的情感态度、主动思维和大胆实践、提高跨文化意识和自主学习能力的过程，主张"体验、实践、参与、合作与交流"的学习方式。其要旨就是要求学生在教师的指导下，通过感知、体验、实践、参与和合作等方式来实现任务的目标，突出"做中学"的基本理念。

　　语言学习的过程即语言实践的过程。任务执行（task-executing）要注重实践性（practicality），就是要求全员参与，充分实践，充分展示人的个性，充分体现人的主体地位和主体意识。在实践活动中，大量动口、动手、动脑的机会，可以满足学生的心理愿望和心理需求，可使其在实践的过程中不断产生新的想法，发现新的问题，提出新的见解，找到新的办法。多次反复的实践可使学生的谈活动机得到强化，而学习积极性则可以通过深刻的体验从不同侧面、不同角度以不同方式受到不同程度的激发，从而表现出不同的学习风格、兴趣喜好、能力侧重及发展水平，使学生的主观能动性得到充分的发挥。离开实践，任务的执行就无从谈起。英语是一门实践性很强的工具课，其基本知识和基本技能必须通过大量的语言实践来获得，所以任务执行要注重实践性。实践活动要体现多样性，富于新意，具有新奇感和时代特色，要体现实际生活之"真"，活动游戏之"趣"，成功提高之"乐"，竞争挑战之"险"。只有这样，任务才具有真实意义，结构化的学习途径才可能具体、形象、直观，为真实生活服务，学生所学知识才可能巩固下来，强化下来，学生的智慧潜能才可能开发出来，学生的综合水平才可能发展和提高。因此，忽略了实践性，任务也就失去了意义。

4. 将任务绝对化

　　在任务型教学中，任务环是核心部分，任务的设计是实施这一教学的前提条件。任务型教学重视学生学习的兴趣和主动性，强调"做中学"。因此，有的教师认为，任务型教学就是让学生自由地做他们喜欢做的事情，上课时一味地组织学生做游戏（games）、演节目（performances）、搞竞赛（contests），课堂气氛表面上很活跃，像开晚会（party）一样。其实，这是一种片面的做法，达不到任务教学的真正效果。诚然，在课堂上适当采用游戏、竞赛等形式的确能激发学生的兴趣，增强教学的效果，但教师在调节课堂气氛的同时不能忽视教学的要求。在"做中学"的理念下，"做"的目的是"学"。真正的任务型教学既重视"做"，更重视"学"。只强调"学"，而忽视"做"，其结果是"为学而学"（learning for learning's sake），这是传统的教学模式；只强调"做"，而忽视"学"，结果就成了"为做而做"（doing for doing's sake），同样达不到理想的教学效果。由此可见,将任务绝对化,势必歪曲对任务的理解,从而影响教学的效果。

(四)任务设计的策略

由于学生是在完成任务的过程中习得语言的,因此,教师如何设计出有意义的、符合实际的任务并能调动学生参与的积极性,从而达到教学目的就显得尤为重要。围绕任务的目的、情境、过程、结果四个要素,在任务设计时可采用以下策略,彰显以学生为中心这一理念。

1. 以提高学生的综合语言运用能力为导向设计任务目的

《英语课程标准》指出,义务教育阶段英语课程的总目标是培养学生的综合语言运用能力,促进学生心智发展,提高其综合人文素养。学生的综合语言运用能力涵盖语言技能、语言知识、情感态度、学习策略和文化意识五个方面,并基于这五个方面的整体发展。其中,语言技能与语言知识是综合语言运用能力的基础;情感态度有利于促进学生主动学习与持续发展;学习策略有利于提高学习效率与发展学生的自主学习能力;文化意识有利于学生正确地理解语言以及得体地使用语言。这五个方面相辅相成,共同促进学生综合语言运用能力的形成与发展,体现了英语的工具性和人文性,有利于学生语言运用能力和思维能力的发展,以及综合人文素养的全面提高。[1] 因此,作为新课程倡导的任务型语言教学,任务设计理应遵循课程改革的总目标,以提高学生的综合语言运用能力为导向,落实英语新课程"一切以学生的发展为本"的理念。

2. 以激发学生的参与兴趣为出发点建构任务情境

激发学生学习兴趣是教师的首要任务,也是课堂任务设计需要注意的一个重要环节。任务型语言教学绝对不是单纯地指示学生漫无目的地完成一个接一个的任务,任务设计尤其要践行"做中学"的理念。[2] 任务的关

---

[1] 陆锋:《目标引领下的任务型单元导入课型探究》,载《校园英语》2016年第7期,第75-76页。

[2] 丁琳:《任务型语言教学法在中学英语教学中的运用》,载《龙岩学院学报》2005年第1期,第127-128页。

键在于学生能否在教师的引导下主动参与并建构语言情境，在完成任务的过程中运用新知识，并使知识得以呈现、巩固、运用、深化和延伸，最终完成语言的有效学习。学生通过参与和完成任务，能激发自身学习英语的兴趣，逐渐提高英语水平，提升语言学习的信心。任务型语言教学中任务设计要关注情境性和多样性。任务设计时要尽量为学生提供能应用所学的语言进行交流的机会和情境，体现生活中真实的交际活动，使学生能运用相关的真实的语言材料来完成任务，最大限度地激发学生的表达欲望和参与热情。

学生是任务的完成者，因此，任务的设计要从学生"学"的角度出发，充分考虑学生的具体情况，如年龄、学习阶段、语言水平等。努力用真实、有意义的任务激励学生主动参与，积极思考，以落实学生的主体性。不考虑学生因素而设计出来的任务是没有多少实际意义的。[①] 任务的设计要以学生的生活经验为出发点，任务的内容和完成任务的方法要尽量贴近学生生活。语言是在一个特定的语境下学习而获得的，虽然这些任务不一定会在现实生活中发生，但是在任务中所学到的语言技能却能在学生的生活中派上用场。

3. 以锤炼学生的交际能力为核心统整任务过程

任务型语言教学是交际教学的新发展。教师必须遵循英语语言习得的规律，同时根据所教学生的认知能力、知识水平以及心理素质对任务进行设计筛选，使任务具有真实性和一定的可操作性，为学生的有效交际创造良好的条件。龚亚夫和罗少茜认为，任务的"真实性"涵盖以下四层意义：一是语言输入的真实性；二是学习者对语言输入的理解的真实性；三是对语言学习有益的练习活动的真实性；四是语言课堂所需再现的社会情境的真实性。[②] 因此，在设计任务时，要以锤炼学生的交际能力为核心统整任务过程。任务的内容与表达方式要尽量真实，教师要为学生提供明确、真实的语言信息，努力让学生在一种自然、真实或接近真实的语言情

---

① 王璐：《高中英语任务型教学中的任务设计研究》，东北师范大学硕士学位论文，2010年，第84页。
② 龚亚夫、罗少茜：《英语教学评估》，人民教育出版社2002年版，第69页。

境中进行交际。①

另外，学生在完成任务的过程中，其交际能力具有明显的差异性，因此，任务活动需要注意多样性，任务活动的难易程度要适中，既符合当前学生的年龄特点，又具有一定的挑战性。这样能吸引全体学生的参与，使他们充分运用到所学知识和技能，在完成任务的过程中不断锤炼交际能力。相反，过难或过易的任务都会使学生失去交际的欲望。

4. 以体现学生的英语核心素养为重点呈现任务结果

英语学科的核心素养主要包括语言能力、思维品质、学习能力和文化意识四个方面。语言能力就是用语言做事的能力，涉及语言知识、语言意识、语感、语言技能和交际策略等；思维品质即思考辨析能力，包括分析、判断、推理、理性表达以及用英语进行多元思维等活动；学习能力主要包括元认知策略、认知策略、情感策略和交际策略；文化意识重点在于理解各国文化内涵，比较异同，尊重差异并汲取精华。英语在我国是外语，因此，课堂任务的设计不能忽视对学生文化意识和批判性思维的培养，要体现人文精神，把当前社会问题或者国内外文化知识引入任务中，积极培养学生的社会意识和对国内外先进文化的接受态度，培养学生多方面的能力，通过引入研究性学习任务，培养学生调查研究、协调合作和解决问题的能力。在任务型语言教学中，学生通过小组合作的形式得到任务成果。这个成果可以是有形的，也可以是无形的。因此，任务成果的展现也需要多样化，如海报、多媒体展示、研究性的调查报告或个人获得的思想启迪等。总之，任务完成的结果应体现学生学科素养能力的培养与提升。②

（五）任务设计案例与分析

本书以《新目标英语》（学生用书）八年级上册 Unit 10 I'm Going to

---

① 王璐：《高中英语任务型教学中的任务设计研究》，东北师范大学硕士学位论文，2010年，第84页。

② 张鹏：《初中英语任务型课堂教学设计浅析》，载《中学英语园地》2012年第13期，第34-35页。

Be a Basketball Player（Section A）的任务设计为例①，阐述如何在任务型语言教学中发挥学生主体性地位。

本课目标是让学生在掌握新词的基础上，能够围绕职业的话题进行交谈。围绕本课，基于任务型语言教学的任务设计原则，课堂教学将按照以下设计进行，以便更好地发挥学生在课堂学习中的主体性。

让学生听一首包含职业单词的英文歌，要求学生记录自己所听到的单词，然后请一些学生回答并拼读单词。

这属于课堂导入阶段，通过听歌曲，可以活跃课堂气氛，让学生更加积极地投入活动。让学生记下关于职业的单词，是对学生已有知识的激活，可以使学生自然过渡到新知识的学习。

任务1：列举更多关于职业的单词。

此任务属于列举型任务，学生在歌曲中听到的词汇是有限的，通过列举，可以帮助学生为下一阶段的任务储备充足的知识，减少学生在完成下一阶段任务时可能出现的障碍，有利于培养学生的自信心，从而提高学生参与的热情。

任务2：根据Section A提供的语言句式"What are you going to be when you grow up?" "I'm going to be……"，创设情景，要求学生结对练习。

根据情景真实性原则，情景越真实，学生的语言掌握效果越好。在真实情景下，学生能够真正了解到语言的实用性，从而更愿意运用语言，参与活动。所以，教师应该以多种形式呈现多种情景，从而使学生学会如何运用，并且知道何时何地何场景下可以运用。

任务3：学生小组合作，调查组内成员的理想职业，并进行记录，然后推选代表向班级汇报自己组内成员的学习情况。

任务型语言教学也倡导合作理念。此处的合作，组内成员可以进行分工，包括讲述、记录和呈现，这样可以增强小组每位成员的存在感，使组内每位成员都可以在完成任务的过程中做出贡献，而这将赋予学生成就感，使学生不仅完成了任务而且也享受了过程。

任务4：学生讨论，为实现自己的理想，自己该做什么，能做什么。

---

① 石磊：《初中英语任务型教学的操作模式建构与实践》，东北师范大学硕士学位论文，2007年，第26-28页。

此类任务属于解决问题型任务，学生在完成以上任务后，可以掌握一定的语言知识。通过这一拓展性练习，学生在反复使用"be going to"句式的过程中，真正掌握该课的学习重点。

根据任务设计的真实性原则，以上任务应从学生的学习兴趣和个人体验出发，通过合作学习的方式，发挥学生在课堂学习中的主体地位，使学生都能参与到活动中，并有机会展示成果。任务型语言教学的本质特征是：互动性、真实性、过程性，重视学习者的个人体验，以及语言学习与语言运用的相关性。[①] 因此，要发挥学生主体性地位，彰显以学生为中心的理念，教师就必须根据任务设计原则，形式多样地呈现任务，并且在创设任务时应注意任务的真实性，使学生在真实情景下开展合作学习，激发学生学习的兴趣和信心，从而使学生更加乐于参与任务，提高其在课堂任务中的主体意识。

三、任务的评价

根据任务型教学的特点和任务本身的界定与构成要素，对"任务"进行评价时，通常要从它是否具有目标性、真实性、主体性、交际性和可操作性五个方面入手。

（一）目标性

任务型教学中的任务是学生为了实现学习目标而进行的、有明确目的的各种各样的活动。它有明确的目标性，这些目标可能是学生自己确定的，也可能是教师为学生确定的。任务目标可以是单一的，也可以是多元的：既有语言知识如语音、语法、词汇、功能、话题方面的目标，也有语言技能如听、说、读、写方面的目标，还包括社会语言能力、语篇分析能力和策略能力的目标。任务型教学将任务作为中心，任务中的问题不是语言问题，但是需要用语言来解决。课堂活动任务化是为了使活动更具目的性，从而保证真实交际的产生。

---

① 石磊：《初中英语任务型教学的操作模式建构与实践》，东北师范大学硕士学位论文，2007年，第28页。

(二) 真实性

真实性应包括两个方面：一是所教语言的材料要尽可能真实；二是任务的设计要提供给学生明确、真实的语言信息，使学生在一种自然、真实或模拟真实的情境中体会语言、学习语言、掌握语言。任务型教学中的各项活动的实践性都非常强。教师根据真实的英语教育因素，在设计任务时给学生提供明确的、真实的语言信息、语言情景和语言形式。语言情景和语言形式要符合语言交际功能和语言规律。在任务型教学中，任务的设计应以学生的经验和兴趣为出发点，把真实的材料引入学习环境，把学生个人生活经历作为课堂学习的重要资源，将课堂内的语言学习与课堂外的语言活动结合起来，让学生置身于贴近自己实际生活的语境中，产生亲切感，通过运用语言，积极主动地完成学习任务。这样，学生才会深深感受到英语语言知识的学习和自己的生活实践相联系，既能提高其学习英语的兴趣和学好英语的信心，又能培养其主动学习英语的积极性。

(三) 主体性

主体性也就是指作为主体的规定性。它是人类通过自我创造而形成的一种本能。学生主体意识的强弱决定着其主体性的发展。[1] 人的主体性发展实质上是指人的各种能力和力量的综合发展，它不仅包括人的理性因素，还包括各种非理性因素，即人格。[2] 在教育教学的过程中，学生主体性是指学生作为学习主体的质的规定性，是教育过程中作为主体的学生在教师引导下处理与外部世界的关系时所表现出来的功能特征，一般指学生的学习自主性、能动性及创造性。

社会建构主义理论是任务型教学的重要理论基础之一。该理论认为，学习和发展是社会合作活动。这种活动是无法被教会的，知识是由学习者自己建构的，而不是由他人传递的。该理论强调学生个人从自身经验背景出发，建构对客观事物的主观理解和意义，重视学习过程而反对现成知识的简单传授。学生个人的发展是教学的核心。任务型教学打破了传统的

---

[1] 解红玲：《加强学生主体性教育的方法和途径》，载《素质教育探索》2002 年第 23 期，第 36–37 页。

[2] 张天宝：《主体性教育》，教育科学出版社 2001 年版，第 59 页。

"3P"教学模式对学生主体性的束缚,它彰显了对学生主体性的关怀:强调课堂教学以学生为中心,体现了对学生自主性的关怀;强调通过完成任务来学习语言,突出"做中学",体现了对学生能动性的关怀;既关注语言本身,又关注语言学习的过程,并鼓励学生创造性地使用语言,体现了对学生创造性的关怀。

在任务型教学中,教师应注重发挥学生的主体作用,尽可能多地为学生提供丰富的语料和语境,将学生的生活经历与学习活动联系起来,将图片、报刊文摘、个人经历与课堂教学相结合。也就是说,由学生自己进行意义的建构,而不是令其接受现成的知识。同时,以学生为主体并不意味着教师无所作为。教师最重要的任务是为学生提供一个可同时进行探究的环境。教师是探究的促进者和合作者,学生是具有创造能力的学习社会中的主体。学生参与越多,就越有自主的感觉和体验。

(四)交际性

任务型教学作为诸多交际教学途径中的一种,可以使学生通过完成各种任务发展交际能力。交际能力一般包括语言能力、应用能力、话语能力、策略能力和表达的流畅性五个方面。任务型教学中的任务与人们日常生活中的交际活动有相似之处,它是人们日常交际过程的再现,是学生为了完成某件事情用目的语进行的有交际意义的活动。任务型教学中任务的运用有利于促进课堂教学的交际化,对于提高学生的交际素质和交际能力有着重要作用。良好的交际素质要求学生增强自信,消除自卑。在任务型教学实施中,学生完成以交际为目的的各种任务,学会尊重人,乐于交往,相互合作,主动参与交际过程,善于表达自己的思想感情。具有良好的交际素质的学生能适应外界的各种变化,应变能力强,意志力强,遇到困难时不屈不挠,并乐于接受新事物,富有创新精神。

(五)可操作性

任务型教学中教师应围绕特定的交际目的和教学内容,设计出操作性强的、任务化的教学活动,使学生通过多种语言活动完成任务,达到学习和掌握语言的目的。因此,在课堂环境中,任务环节不宜过多,任务程序不能过于复杂。同时,还要把握任务的难度,使学生能够接受。如果任务过于复杂,超过力所能及的范围,学生就会觉得没有成就感;如果任务过于简单,学生就会觉得在浪费时间。任务过难和过易都会影响学生的学习动机。因此,任务不能仅注重形式而忽略内容,为任务而任务。事实上,学生的需要、兴趣、爱好和现有的能力等,都是教师必须考虑的。教师应最大限度地为学生提供互动和交流的机会,使任务具有趣味性、实效性和可操作性。

四、任务型教学的内涵

任务型教学是一种以任务为核心单位来计划和组织语言教学的途径,是20世纪80年代兴起的一种强调"做中学"的语言教学方法,是近20年来交际教学思想的一种发展形态。[①] 任务型教学坚持以情景为支撑、以学生为中心、以任务为主线、以合作为原则、以技术为手段的基本理念,能大幅度地增加学生运用语言的机会,培养学生的良好性格和情感,能够使学生体会成就和查找不足,有助于培养学生听、说、读、写各项技能及其综合运用能力。它注重交际能力的形成,注重过程性的学习,注重个性化的发展,注重合作意识的培养,有利于优化学生的学习方式,有利于激发学生的学习动机,有利于发展学生的自主学习能力和综合素质。因此,这一理念愈发显现出旺盛的生命力。其科学性、有效性和可操作性,已经越来越多地被广大的外语教育工作者认同。任务型教学的本质是使学生在完成任务的过程中习得语言。

在任务型教学的程序中,任务环是核心部分,任务的设计是实施这一教学的前提条件。这里的"任务"是指有目标的交际活动,或为达到某一具体目标而进行交际活动的过程。教师围绕特定的交际目的和语法项目,设计出操作性强的、任务化的教学活动,使学生通过多种语言活动完成任务,达到学习语言和掌握语言的目的。

任务型教学对传统的"3P"教学模式提出了严峻的挑战。这种教学活动充分体现了以学生为中心和以人的发展为本的教育理念。它最大限度地调动和发挥学生的内在潜力,提高其发现问题和解决问题的能力,并发

---

① 中华人民共和国教育部:《全日制义务教育普通高级中学英语课程标准(实验稿)》,北京师范大学出版社2001年版,第118页。

展其认知策略,培养其与人共处的合作精神和参与意识,还可以通过感知、体验、实践、参与和合作等方式让学生在完成任务的过程中体验成功的喜悦,实现自我价值。Peter Skehan 认为,最好的语言学习方法是 learning by doing ("做中学"),让学生在完成任务的过程中习得语言。任务型语言教学注重培养学生运用语言的能力,更好地体现了自主学习及"做中学"的理念。①

下面是以"Success with English"为题材所做的任务型教学设计。

Teaching material: Success with English

Teaching procedure:

Step 1 Pre-task

Teacher introduces the topic and tries to motivate the students by talking about their problems. Brainstorm on words and phrase expressing problems and their solutions.

Step 2 Task cycle

Task 1:

(1) Skimming and matching. Ask the Ss to skim the Ss' five letters and Auntie Wang's answers in 3 minutes to get the main ideas. Then match those letters asking for advice about their problems to Auntie Wang's answers. Discuss in pairs.

(2) Planning and report 1. Ask the Ss to plan a brief oral report for whole class, to compare their answers.

Task 2:

(1) Scanning, listing and problem-solving. Ask the Ss to scan the materials in 2 minutes to make sure of the Ss' problem and Auntie Wang's answers. Work in small groups. Finish the chart by listing the specific information in one or two sentences. Then discuss the problems again and write down your own answers to those problems in one or two sentences.

---

① 魏延邦:《浅析任务型教学在中学英语教学中的尝试》,载《中学生英语》2012 年第 4 期,第 16-18 页。

Problem	About Whom?	What's the problem?	Auntie Wang's answers	Your answers
1				
2				
3				
4				

(2) Planning and report 2. Some Ss are asked to plan an oral report for whole class first, and then to exchange lists, to compare their own solutions to the problems. Teacher makes comments on them.

Task 3:

(1) Sharing personal experience, listing and problem-solving. Ask the Ss their own problems. Make a list. Then work out the answers to some of the common problems in group.

(2) Planning and report 3. Some Ss are asked to share their ideas with the whole class.

Step 3 Language focus

(1) Analysis. Ask Ss to read "The passive voice" on Page 48 carefully. Then read the Ss' problems and Auntie Wang's answers intensively. Underline all the passive sentences in the passages. The help from the teacher will be available when Ss have trouble in understanding the passive voice with modal verbs and with verbs in the present and past perfect tenses.

(2) Practice. Ask Ss to do some exercises.

Step 4 Assignment

五、任务型教学中"学得"与"习得"的整合

(一) 语言的"学得"与"习得"

语言既是认识工具，又是交际工具。语言作为直接认识客体的工具，一般指第一语言，即母语。外语（如英语）一般是作为间接认识工具，

即交际工具来掌握的。为了交际而掌握运用英语的能力是英语教学的根本目的。语言同时又是一个充满抽象规则的复杂体系,而且还存在许多不规则的现象,但儿童居然能在其出生后头几年里,在身体和智力都很不发达的情况下,就顺利地掌握了母语,这对饱尝教学艰辛的教师来说,简直是奇迹。

20 世纪 50 年代,美国掀起了研究母语习得的热潮,其中以语言学家克拉申影响最大。他在语言习得理论中把第二语言的学习分为"习得"(acquisition)和"学得"(learning),并认为:"习得是一种无意识、自然而然地学习语言的过程,这一过程类似于儿童母语能力发展的过程。在学习过程中,学习者通常意识不到自己在习得语言,而只是在自然交际中不知不觉地学会了语言;而学得则是通过听教师讲解语言现象和语法规则,并辅之以有意识的练习、记忆等活动,从而达到对所学语言的了解,以及对其语法概念的掌握。"[1]

由此可见,"外语习得与学得的最大区别在于习得是指在自然环境下无意识地依靠先天机能发挥其作用而获得语言技能,尤其是指儿童母语的习得;学得是指人在教育环境中有意识地通过后天努力和一般的学习规律来获得语言技能的过程。习得的结果是潜意识的语言能力;而学得的结果是对语言结构有意识的掌握"[2]。当然,除了看到它们的不同,我们还应该注意到二者在一定程度上是相互渗透、相互融合的。一方面,学得的语言知识可以渗透到习得的语言知识中,也可以潜移默化为习得的语言知识;另一方面,习得的语言知识也有可能转变为学得的语言知识。

(二)"学得"与"习得"的比较

在外语教学界有一句流行语:"幼儿习得母语是外语教师的梦。"[3] 意即外语教学如能达到母语习得的成功率(100%)就好了。因此,广大外语教师总是把目光投向母语习得的过程,试图模仿幼儿母语习得的过程来改善外语教学。在英美国家,幼儿是把英语作为母语习得的,在我国则是

---

[1] [美] S. D. Krashen, *Principles and Practice in Second Language Acquisition* (Oxford: Pergamon Press Ltd., 1982), p.37.

[2] [美] S. D. Krashen, *The Input Hypothesis: Issues and Implication* (Harlow: Longman House, 1985), p.29.

[3] 蒋祖康:《第二语言习得研究》,外语教学与研究出版社 1999 年版,第 56 页。

作为外语来学得的。因此，我们有必要进行习得与学得的比较，以便找出差距，扬长避短。

1. "学得"比"习得"更困难

虽然幼儿习得母语的能力非常惊人，但并不像过去人们认为的那样，跟着大人模仿，学一句，用一句。习得语言是一个长时间的内在化的过程。幼儿学习语言不是单纯地依靠模仿，他们有很强的主动性、积极性和创造性。他们置身于语言环境中学习语言，无须他人教授语言规则，也无须他人改正语言错误，他们获得语言能力的主要途径是在生活中不断地进行交际，大量输入、输出语言信息，并凭借听、归纳、试探的方式，在观察的基础上总结规律，经历了一个反复的、复杂而艰辛的过程。尽管学得外语大致上要经历与习得相同的过程，但受到以下因素的影响，学得过程更显得复杂和艰难。

（1）需要和动机。一切需要都是现实要求的反映。幼儿习得母语的主动性和积极性来自说话的需要，这是一种不以人的意志为转移的本能需要。学外语的学生当然也有需要，但这种需要远远不如习得迫切。

（2）教学。"学得过程与幼儿习得过程是不一样的。幼儿习得是直接的认识过程，是生活在语言环境中直接作用于认识客体，使之发生主体所需求的变化，以便在对主体有用的形式上占有它们的过程。"[①] 外语教学是一个交际过程，学生在开始的一个相当长的阶段接触不到外语信息源，学生接受的信息是教材、教师和其他教学器材传播的，是教育者根据他们对外语教学过程的认识，将语言信息做了处理后呈现出来的信息。用信息论的观点分析，中介环节越多，信息越容易失真，并造成信息量的减少。但如果有效地利用中介环节，做到保真、密集、有序，则有利于信息的接受和处理。外语教学中介环节多，教材质量、教学思想、接受水平、教学方式、教学手段等都会影响教学，任何一方面的不足都会对学得的成效产生负面作用。

（3）环境。这是最重要的影响因素。幼儿习得母语有理想的环境，这是学得无法攀比的。外语学得是在非目的语的环境下进行的，传统的教

---

① 荆增林：《对克拉申习得—学得说的异议》，载《现代外语》1994年第4期，第13-18、72页。

学又是教师讲、学生听，学生进行练习也是坐着不动，说一些机械的句子，好像与己无关。一些教师甚至疾言厉色，使学生望而生畏，回答问题提心吊胆，一举一动小心翼翼，这与在家庭环境里母子交际声情并茂相比简直有天壤之别。可以毫不夸张地说，学得的环境，无论是语言环境、物质环境还是心理环境均与习得环境相差甚远。

2."学得"具有的优势

尽管幼儿习得母语的主、客观条件都十分优越，但学得的优势也是不可忽视的。

首先，学外语的学生主体意识已经形成，智力已经得到很大的发展，抽象思维能力已经达到很高的水平，具备了自觉接受、存储、加工信息的能力，能集中注意力，抓住重点，科学地分配力量，能在较短的时间里学到比较多的知识。外因是事物变化发展的条件，内因是事物变化发展的根本与动力，当学生的主动性和积极性得以发挥的时候，学习一定是一件快乐而高效的事情。

其次，学外语的学生已经有了第一语言的经验，发音器官得到训练，有比较灵活的适应性，他们已形成的认知结构对操作新语言信息可以起到存储、对比和监控的作用，能加速新语言规则的内化过程。万丈高楼平地起，良好的开端是成功的一半。学生在学习过程中如能充分发挥知识迁移的积极作用，这对提高学习效率具有非常重要的意义，也是习得所不可比拟的。

最后，学得是有目的、有计划、有步骤进行的，其内容是总结前人经验并经过优化组合安排的，而且由浅入深，循序渐进，避免了不必要的重复，缩短了学习的周期。相反，习得有时候却具有很大的盲目性，无意识地经历了太多的重复，浪费了宝贵的时间与精力。

（三）任务型教学中"习得"与"学得"的整合

由以上分析可见，习得与学得对外语教学有着重要的意义，在大学任务型外语教学中，我们要努力创造条件，将两者有机地整合起来，以充分发挥其整体效益，不断提高学生的自主学习能力和课堂教学效率。

1. 创造"习得"环境，提高"学得"效益

（1）坚持以人为本，确立学生的主体意识。主体意识是指作为认识和实践活动的主体对自己在实践活动中的地位、作用、责任和行为进行调节的能动意识。① 主体意识是积极性、主动性、创造性的源泉。学生在学习中的主体意识表现为：一是认识到自己是学习的主体，在学习中的地位是主动积极的；二是认识到只有主动学习才能提高学习成绩和学习能力；三是认识到意识的能动作用，充分发挥元认知的功能。学生主体意识的特点主要有以下三点：一是学生所处的年龄阶段不同，其所具有的主体意识水平也会不同；二是即使是在同一个时期，学生的主体意识水平也会因为个体不同的注意方向、注意容量以及选择水平和受教育程度等而表现不同；三是主体意识水平常常影响着主体的发展水平。幼儿习得母语与成人学习外语的需要和动机之间的差异是很大的。幼儿习得母语之所以能获得如此成功，收到"一劳永逸"的效果，是因为他们有强烈的主动意识，随时随地地主动表现自己，主动接受信息。现代教学理论在重知识传授、智力开发和能力培养的基础上，更应关注学生的主体意识，满足学生个体需要，激发其主动参与的意识。为此，教师在教学中应讲究情感策略，发扬民主，培养学生学习的主体意识，发挥其积极性与创造性；要改变按部就班的教学模式，抛弃喋喋不休的注入方式，激发学生学习的兴趣，创造和谐、融洽、民主、平等的学习氛围。

（2）多种方法结合，使课堂教学交际化。"有效的语言教学与昂贵的设备、新奇的教法没有必然的联系，它取决于教师是否重视语言的运用。语言是为交际而设计的，人们在交流的过程中习得语言。语言产生于交际，服务于交际，外语教学必须遵循这条客观规律。"② 叶澜认为，"人类的教育活动起源于交往，在一定意义上来说，教育是人类特殊的交往活动"③。课堂上教师不要轻易地直接告诉学生应该说什么，要努力通过设问或一些应用性的交流活动为学生创造条件，使其有机会表现出运用英语的潜力。教学中教师只有留给学生充分的交流空间，才能既使学有余力的

---

① 顾明远：《教育大辞典》（增订合编本·上），上海教育出版社1997年版，第537页。
② 王才仁：《英语教学交际论》，广西教育出版社1996年版，第72页。
③ 叶澜：《新编教育学教程》，华东师范大学出版社1991年版，第32页。

学生有机会发展自己的特长，又使学习有困难的学生有机会弥补自身的不足。在教学过程中，教师应利用各种教学手段，采用不同的教学方式，使课堂交际化、活动化，尤其要认真落实任务型外语教学方式。教师可以充分利用教学设施，如黑板、挂图、录音机、多媒体等创设不同的生活化的教学情景，把教材内容活化为生活和"任务"，通过"活"去掌握，通过"任务"的完成来评价教与学的效果，改变过去把教学只当作传授的"教"，改变学生学而不动的状况。此外，课堂教学的组织要着眼于为学生创造使用英语的各种机会，着眼于"任务"的完成。例如，教师可以请学生上台表演或朗读所学内容，或采取竞争、比赛的方式就一个主题鼓励学生运用英语畅所欲言等。

（3）联系生活实际，诱发情境体验。教学源于生活，生活是教育的源头活水。对于学生而言，课堂教学本身也是一种特殊的生活方式，是教学引导的个人生活展开的过程。但是，多年来，我国的教学在整体上缺乏现实感和生活感，学生的整个精神生活被定格在科学世界和书本世界中，丧失了应有的完整的生活意义和生命价值，存在着一种脱离学生的现实生活和社会实际的倾向。[①] 有效的教学应通过诱发情境体验，激起学生的学习兴趣和热情，使其感悟到语言学习与生活的密切联系，变外部动力为内在需要，自觉、主动地认识生活和服务生活，从而获得习得效应。在大学外语阅读教学中，可利用生活素材为学生创造同化、顺应的条件。比如，教学伊始，可根据课文特点和学生实际，帮助学生建立知识框架，或激活学生先在的知识与经验，以引起学生阅读的心理准备；教学中，适时适度地联系生活实际，促进学生生动活泼地学习；教学结束时，应指向生活，引导学生多读多看，去博采丰富的词汇，充实自己的言语图式，提高自己的语言素养。对大学外语写作教学，教师要熟悉学生，为其创造表达的情境，使其有事可叙、有情可抒、有感可发。

2. 创新"学得"过程，提高课堂教学效率

传统的教学由于教法单一陈旧，教学效果较差。在大学外语教学中，有些教师没有很好地考虑教与学的平衡，只是片面地向学生灌输知识，把

[①] 王炳照：《中国教育改革30年（基础教育卷）》，北京师范大学出版社2009年版，第157页。

本应是生动活泼的课堂教学变成了僵硬的静态的形式，使教与学的关系变成了孤立的讲与听、写与抄、译与背的关系，使学生的思想缺乏灵活性、创造性和独立性。课堂上，即使教师讲得滔滔不绝，学生却听得昏昏欲睡，教学效果可想而知。因此，教师在教学中应努力把握教与学的平衡，创新课堂教学形式，使教学活动丰富有序。尤其要将这种静态的教学活动转变为动态的过程，这样才能把外语课堂教学同学生的听、说、读、写能力的发展紧密相连，真正地达到提高教学效率的目的。

3. 坚持"学得"与"习得"相结合，注重发挥整体优势

虽然学得与习得是两种不同的学习形式，但我们绝不能将它们截然分开。在任务型教学过程中，应将它们有机地结合起来，发挥其整体优势。

按照语言学习的规律，学生必须在吸收相当数量的语言材料和经过一定量的语言实践的基础上，才能获得用语言进行交际的能力。课堂上，教师应指导学生进行有意识的学习，了解并掌握一些必要的或重点的语法规则，模仿正确的语音语调，记忆一些词汇、短语、句子和段落，为顺利进行语言交流做好准备。与此同时，教师还应利用日益普及的多媒体技术和多种多样的方式努力创造良好的习得环境，使学生可以随时随地地学习和使用语言。

总之，语言习得能帮助学生提高英语水平，巩固所学知识，反过来又促进语言学得，二者相互作用、相辅相成。在大学外语教学中，我们要努力创造条件将二者整合起来，以求得最佳效益。

六、任务型教学中的合作学习

《英语课程标准》倡导任务型语言教学方式和合作学习（cooperative learning）的理念。从本质上讲，合作学习既是一种教学模式，又是一种教学理念，它是以建构主义和人本主义为理论基础，以学习小组为基本组织形式，以人际合作和互动为基本特征，通过学生分组合作共同达成学习目标的一种互助性学习方式。从内涵上看，小组合作学习属于以学生与学生、教师与学生互动为主要特征的学习模式。有效合作学习至少包含以下五个关键要素：积极的相互依存、同时性互动、个体责任、人际和小组学

习技能、反思和计划。通过学习目标、学习任务、学习材料或奖励的相互依赖,合作小组成员同舟共济,小组成员明确个体责任,承担一定任务,感受个体对集体的责任和价值。通过面对面交流、相互帮助、交流反馈,建立并维护成员之间的相互信任,为完成学习目标共同努力。合作学习于20世纪70年代初兴起于美国,它将个人之间的竞争转化为小组之间的竞争,有助于活跃课堂气氛,培养学生合作精神和竞争意识,从而真正实现使每个学生都得到发展的目标,被人们誉为近几十年来最重要、最成功的教学改革。因此,在任务型语言教学中积极开展合作学习具有重要的现实意义。那么,为什么要开展合作学习?怎样开展合作学习才能收到事半功倍的教学效果?这些问题非常值得我们深思。

(一)任务型教学中合作学习的必要性

传统教学中的教师是权威和真理的化身,是知识的源泉和传授者。以合作学习理论为指导的课程教学中,教师不再是知识的灌输者,而成为课程教学的设计者、开发者,学生学习的促进者、合作者,学生活动的组织者、引导者和评价者。教师的主要职能从"教"转变为"导":引导、指导、辅导、教导。通过"导",帮助学生确立学习目标,养成良好习惯,创设自学情境,激发自主学习与探索的欲望。合作学习不仅让学生学会如何学习,还让教师懂得如何教学;不仅丰富教师的角色建构,还使教师在专业知识、反思实践以及教师文化建构等方面获得专业发展。同时,合作学习对教师专业发展的促进作用具有较大的开发空间。[1]

2001年5月,国务院颁布《关于基础教育改革与发展的决定》,其中鼓励合作学习,促进师生之间的相互交流、共同发展,促进师生教学相长。新的《英语课程标准》进一步明确了学生学习的主体性,强调从学生的学习兴趣、生活经验出发,倡导体验、实践、参与、合作与交流的学习方式,培养集体合作的精神,并达到交流与提高的目的,从而使合作学习成为人们耳熟能详、津津乐道的一个词。

---

[1] 王京华、杨馥卿、韩红梅:《合作学习——教师专业发展的有效途径》,载《河北大学学报(哲学社会科学版)》2010年第4期,第112-115页。

1. 教师"一言堂"教学组织形式严重制约着学生语言运用能力的提高

长期以来,由于班级学生人数较多,以集体授课为主的班级授课制成为英语课堂教学的组织形式。班级授课制虽然在知识传授方面有容量大、节约时间等优越性,但也为教师"一言堂"教学方式的盛行打开了方便之门,并极大地束缚着学生语言实践活动的全面开展,严重制约着学生语言运用能力的提高。在课堂上,教师容易偏重讲授英语语言知识,而忽略对学生语言行为的训练,这样极易使学生成为语言知识的被动接受者。这种单一的教学组织形式不能灵活地开展各种较为真实的语言教学活动,使同步的课堂教学节奏无法照顾到学生之间的能力差异。这种授课方式往往造成学生成绩两极分化,使不少学生失去学习英语的信心和兴趣。在这样的英语课堂教学中,学生的发言时间极少,学生只是充当忠实的听众。因此,英语课堂教学特别需要引进能面向全体学生,有利于学生语言实践活动全面展开的教学方式——合作学习。

任务型语言教学是以"任务"为核心单位来计划和组织语言教学的,并强调"做中学",促使学生的语言能力全面提高。这一语言教学方式以其对学生的人文关怀而深受广大英语教师的喜爱。其对学生的关怀主要体现在以下三个方面:①任务型教学强调课堂教学以学生为中心,体现其对学生自主性的关怀;②任务型教学强调通过完成任务来学习语言,强调"做中学",体现其对学生能动性的关怀;③任务型教学既关注语言本身,也关注语言学习过程,它鼓励学生创造性地使用语言,体现其对学生创造性的关怀。而所有这些关怀都需要借助合作学习来实现。

2. 基础教育新课程改革倡导"以人为本",关注学生的全面发展

基础教育新课程改革的核心理念是"一切为了每一位学生的发展"。新的《英语课程标准》倡导以学生为本的指导思想,提倡学生参与、体验、亲身实践、独立思考、合作探究,从而实现学习方式的转变,并将倡导"任务型"的教学途径,培养学生综合语言运用能力写入教学建议,从而掀起了任务型教学研究的热潮。

新基础教育课程的目标指向学生的全面发展,注重在品德、才智、审美、体质四个方面分别构建认知、情感、技能目标甚至更深层次的目标。

每一门课程相应地都提出了要对知识与技能、过程与方法、情感态度与价值观三个目标进行有机地整合。它改变了以往课程过于注重知识传授的倾向，强调学生积极主动的学习态度，使获得知识的过程成为学生学会学习和形成正确价值观的过程。尤其是国家课程标准体现了国家对不同阶段学生在知识与技能、过程与方法、情感态度与价值观等方面的基本要求。英语课程标准强调培养学生的综合语言运用能力，具体包括情感态度、文化意识、语言能力、语言技能和学习策略五个方面的要求，倡导以学生为主体，尊重个体差异，注重过程评价。

过去，我国基础教育课程仅仅关注认知性目标，教师只看到学生缺乏知识、能力和经验的一面，而没有从生命全程的需要出发规划学生的发展目标，看不到学生潜在的能力、内在的积极性和发展的可能性。教学通常是以每一门学科对应于学生德、智、体、美、劳五个方面某一特定的发展目标，甚至把全面发展理解为学生诸方面发展的相加，认为学生各门学科都优秀，便是得到了全面的发展。教学过程往往只是以知识、智力、学习成绩为核心，而忽视了学生健康体魄、纯洁善良心灵、乐观豁达态度、友好合作精神和勤劳质朴作风的发展与培养。课程评价过于强调甄别与选择的功能，往往以学生的学业成绩作为评价的唯一尺度，而忽视了对学生能力及情感、态度与价值观的评价。如果要从根本上改变这种教育情境，就必须在任务型教学中积极、有效地开展合作学习。

（二）任务型教学中合作学习的方式

1. 师生合作学习

教学是教师的教和学生的学所组成的一种人类特有的人才培养活动，需要有良好的师生关系作为保障。师生合作学习必须以平等为基础。只有当教师把自己当成学生中的普通一员，放下架子，与学生诚恳对话、交流与合作，才能缩短师生间的距离，建立轻松和谐的课堂教学氛围。因为师生合作强调的是"学法"，重视研究如何学，让学生有更多学习的机会、更多思考的空间、更多发表独立见解的余地，并积极主动地参与到教学中来。师生融合在一起，学生学习积极性倍增，才能体验到合作的愉悦，才能摆正师生平等的关系，才能体现学生自主学习的权利。

在任务型教学中，师生合作学习，即在教师的引导下，针对英语新课程的特点，教师有意识地把自己当作学生的学习伙伴，积极主动地承担一定的学习任务，参与到学生的学习活动中，与学生共同完成某项任务。在任务型教学实践中，教师引入任务时既要考虑每个学生的个体差异，又要最大限度地促进每个学生的充分发展。在传统教学中，教师威严地站在讲台上传道、授业、解惑，教师负责教，学生负责学。这种传统的高高在上的教学模式，阻碍了师生之间的交流，影响了学生学习的热情。在任务型教学中，无论是在"任务前""任务环"，还是"任务后"的课堂教学中，教师都应该既是教者，又是学者，教师教授的过程应该也是教师学习的过程。师生通过合作学习共同完成既定的教学任务。

必须进一步强调的是：在任务型教学中，开展师生合作学习，教师的态度必须真诚友好，必须真心实意地把自己看作一个学习者参与学习活动，呵护学生的情感与信心，认真听取学生的意见，切不可指手画脚、走走过场。教师只有蹲下身子倾听学生的声音，以一个学习者的身份与学生共同学习，才能最大限度地激发学生的学习热情，缩短师生之间的距离，营造出平等、和谐的学习氛围。师生合作学习也只有在这种氛围中才能取得良好的教学效果。

2. 生生合作学习

合作学习的目的是要让学生人人参与学习过程，人人尝试成功的喜悦。生生合作学习是教学中最常用的一种合作学习方式。它一般包括以下三种形式。

（1）两人合作。同桌是学生在学校的学习活动中最常接触到的，也是最方便、最熟悉的学习伙伴。同桌之间的两人合作学习能让学生有相互倾诉、交流的机会，便于他们有效地发挥各自的优势，并进行互补，分享学习资源，提高学生的参与热情和学习效率。

（2）小组合作。小组合作学习也是最有效的一种学习方式。它要求教师在合作学习前先给小组一个共同的学习任务，由学习组长分配、协调小组成员承担的任务；对于小组内出现的问题或分歧，学习组长带领小组成员通过交流、沟通解决；活动结束时小组成员共同对学习成果进行汇总、整合，力求获得最佳效果，使学生在长期个体竞争的学习状态中形成的冷漠、狭隘和孤僻等不利因素因合作学习而改变，使合作的精神、团队的意识和集体的观念在小组合作中得到有效的培养。

（3）全班合作。在课堂教学中，同桌合作学习、小组合作学习最终都应向全班同学进行展示、交流。全班合作学习即在同桌合作、小组合作的基础上，同桌、小组选派代表向全班同学阐述各自的观点，大家共同学习。对同桌或小组汇报的不全面的地方，全班同学可提出疑问，大家共同讨论完成任务。

在任务型教学中，为使生生合作学习真正落到实处，首先，教师应给学生群体一个共同的任务，让每一个学生在任务中积极地承担个人的责任。学生在活动中要相互支持、相互配合，遇到问题协商解决，对合作群体中的冲突要通过交流、沟通解决，对各成员分担的任务要进行加工、整合，对活动的成效要共同进行评价。其次，教师要努力做好后进生的思想工作，鼓励他们积极动脑、大胆发言，勇于说出自己的意见，在合作中善于对别人的意见进行补充。在组内可安排他们优先发言，让他们先说出最容易想到的解题策略，努力使他们体验成功的快乐。

（三）任务型教学中合作学习的误区

"合作学习于20世纪70年代初兴起于美国，它将个人之间的竞争转化为小组之间的竞争，有助于活跃课堂气氛，培养学生合作精神和竞争意识，有助于因材施教，弥补一个教师难以面向有差异的众多学生的教学之不足，从而真正实现使每个学生都得到发展的目标。"[①] 因此，在大学任务型外语教学中积极开展合作学习具有重要的现实意义。但是，在开展合作学习的同时，要多一些理性，少一些盲从，努力避免走入误区。

1. 为"合作"而合作

任务型教学中任务的焦点是解决某个实际问题，这一问题必须贴近学生生活、学习经历和社会实际，能引起学生的共鸣和兴趣，以激发学生积极参与的欲望。任务的设计和执行应注意任务的完成，即交际问题的解决。任务完成的结果是评估任务是否成功的标准。这里的任务应重视学生如何沟通信息，而不是强调学生使用哪种语言形式；应具有在现实生活中发生的可能性，而不是"假交际"。同时，学生应把学习的重点放在如何完成任务上，教师则围绕特定的交际目的和语言项目，设计出具有明确目

[①] 靳玉乐：《合作学习》，四川教育出版社2005年版，第38页。

标和可操作性的任务化的教学活动来让学生参与。学生通过表达、询问、解释、沟通、交流和协商等多种语言活动形式来完成任务,并达到最终掌握语言的目的。

然而,不是所有的教学内容都适用于任务型教学,也不是每节课都要搞小组合作学习;并非所有的教学任务都要通过小组合作活动才能完成,也并非所有的教学目标都只有通过小组合作才能达到。真正的合作应该建立在切实解决问题,即任务的完成上。同时,我们也绝对不能认为,学生围坐在一起进行简单的讨论就会出现合作的效应。事实上,真正的合作应该是学生主动参与、相互支持、积极配合,自觉承担共同任务中的个人责任,学生之间相互信任并进行有效沟通,对个人形成的成果进行集体加工和完善。在这里,合作的动机是学习,是一种有实际意义的学习方式,需要广大英语教师在实践中不断探索、不断调整和不断创新,切不可盲目地为"合作"而合作。

2. 将合作学习与个人独立学习对立起来

很显然,合作学习是针对教学条件下学习的组织形式而言的,相对的是"个人独立学习"。毋庸置疑,合作学习作为重要的教学理念之一,自然有它的积极意义及优越性,我们要坚定地去实践、去探索。然而,在具体的教学中,合作学习与个人独立学习各有千秋,各有用武之地。因此,在大学任务型外语教学中,在注重合作学习的同时,不能完全抛弃有着重要意义的个人独立学习方式,应将二者有机结合起来,取长补短,使二者各显其能。

心理学告诉我们,每位学生都有潜在和外显的独立学习能力。不仅如此,每位学生都有一种独立的要求,都有一种表现自己独立学习能力的欲望。[①] 他们的整个学习过程实际上也是一个争取独立和日益独立、最终具有独立能力的过程。"合作"的教育目的是让学生获取一种学习方法,并使学生具有合作精神。但如果过分依赖合作,片面强调合作,低估、漠视学生的独立学习能力,忽视、限制学生的独立要求,就会导致学生独立能力的不断丧失。显然,这种过分强调合作,使合作学习机械化、形式化、

---

① 王坦:《合作学习的理论基础简析》,载《课程·教材·教法》2005 年第 1 期,第 30 – 35 页。

浅层化的做法会给教学和学生带来极大的危害性。实际上，对于有些问题，学生通过独立思考、独立操作和独立完成所获得的体验及得到的感悟比合作学习所得到的体验与感悟要深刻得多。

在大学任务型教学过程中，教师应当根据教学的实际需要，选择有价值的，而且是个人难以完成的内容，让学生在独立思考的基础上进行讨论交流，合作完成。教师还必须选择恰当时机进行合作学习，如方法多样时、学生思考困难时、意见不统一时。关键在于教师提出的问题能否给学生提供真正合作的契机，是否有真正合作的价值。如果提出的问题过于简单，合作将变得毫无意义。因此，小组合作学习和个人独立学习，应各有其适用的场所，各有其对应的教学内容，各有其存在的必要。独立思考、个人学习仍有合作学习不可替代的地位与作用，尤其在培育学生的独立能力方面，完全依靠合作学习是无法实现的。究竟什么时候"合作"，什么时候"独立"，这就需要教师吃透教材，了解学生，根据教学内容来确定。[1] 该合作时就合作，不该合作时就独立；需要合作时就合作，不需要合作时就独立。最理想的当然是把二者融合在一起，以便协同配合，达到最佳的教学效果。

3. 合作学习分组随意，缺乏科学性

合作学习是一种目标导向活动，强调动态因素之间的互动性，并借此提高学生的学习效果。合作中的分组应充分体现"自主性""合作性"和"互动性"的原则。如果分组科学、组织恰当，合作学习的确可以起到"事半功倍"的教学效果。但在实际教学过程中，存在几种不同的"合作"现象，有的分组科学、分工明确、积极互助，教学效果良好；有的分组随意，缺乏组织和引导，最终导致你说你的、我做我的，学生学习行为懒散，合作意识淡薄，合作学习完全流于形式。可见，小组合作学习并非将学生随意分成一个小组，分配给各小组一个需要共同完成的任务并给其一定的时空，就算是合作学习了。其实，这仅仅是一种形式上的合作，这种合作，只能使个别小组碰巧能合作好，而大部分小组则缺乏实质性的合作，或合作不充分。同时，随意分组还会导致小组合作成为优等生的"一言堂"，而那些学习成绩较差的学生则只能充当听众和陪衬。可见，

---

[1] 汪霞：《走出合作学习的误区》，载《教育科学研究》2004年第12期，第43–45页。

在这种随意分组的"合作"中，学生失去了平等参与的机会，慢慢地，一些学生势必感到厌倦。

任务型外语教学特别强调"做中学"的理念。在课堂教学中，教师要尽量设计一些个人操作不方便，只有两个或两个以上的人才能操作的内容，设计一些有吸引力的研讨主题作为任务活动，并将小组成员按成绩的优、良、中、差进行搭配，并进行科学的分工，做到组内成员之间同组异质，能彼此协助，相互支持，共同合作，共同提高。同时，任务活动应是开放的、有价值的、有挑战性的以及学生感兴趣的，这样有利于培养不同学生的思考能力、语言能力、创新意识和人际交往能力。这种科学、合理的分组，一定能提高学生的参与度和讨论的有效性，并促进学生合作精神的养成。

4. 合作学习重形式，轻内容

在任务型外语教学中，合作意味着人人参与，意味着平等对话，意味着教师将由居高临下的权威转向"平等中的首席"。为此，教师要尊重学生的人格，把话语权还给学生，把课堂变成教师与学生平等交往的场所，努力创设开放的、贴近学生生活的教学情景，激发学生求知的欲望与兴趣，并为合作学习的展开提供良好的操作平台，在重视学生个体思维过程的同时，让学生体验合作思维的丰富性，使合作学习走出重形式而轻内容的误区。

首先，在任务型教学中要培养学生合作学习的习惯。在课堂教学中我们不难发现，有些同学自信心不足，或是基础太差，对学习不感兴趣。其实每位学生都有自己的心声："给我展示的机会""让我说我想说的话""让我在'玩'中学习""让我在生活中体验"，但为什么还会出现学生不愿意跟别人合作的情况呢？这就需要培养他们的合作精神和习惯。如果学生在合作过程中能做到群策群力，其潜能就能得到较好的发挥。久而久之，学习小组的成员就会紧紧地团结在一起，形成一个高效的学习团体。

其次，注重任务活动中的交流与合作，引导学生在合作学习中自我完善。合作学习可以极大地促进师生、生生的互动与交往。实际上，合作交流也是一种课程资源，在合作交流中，可以发挥学生学习的自主性，体现学生学习的个性特长。交流是认识升华的阶段，在交流的过程中能够拓展思路，增长知识，启迪智慧。要使学生直抒胸臆，敢说真话，教师必须发扬民主，要在课堂上着力营造民主、平等、和谐的教学氛围，鼓励学生无拘无束地表达自己的思想、表露自己的情绪、表现自己的才干。与此同时，教师应引导学生学会倾听别人的观点，即便是有缺陷的表述，也应耐心倾听，不要随意打断。当学生的思维过程与行为选择存在着某些局限或偏差，或者不被其他同学所理解时，教师应引导学生梳理思路、自我完善。

5. 合作学习只讲原则与要求，缺乏对学生合作意识的培养和合作方法的指导

"合作动机和个人责任是合作学习产生良好教学效果的关键。"① 可是，在任务型教学的实践中，一些教师只注重向学生讲解合作学习的原则与要求，对学生约法三章，却忽略了对学生合作意识的培养和合作方法的指导。

学生的合作意识是合作学习的前提，在进行小组合作学习之前，我们要加强合作意识的培养，在教学中要有目的地安排一些确实需要共同合作完成的活动，让学生体会到合作的必要性。我们可以在课堂中为培养学生的合作意识设计相关的情境，在课堂练习的扩展中安排开放性或者难度较大的习题，也可以在课前准备或课后延伸中布置一些合作活动，强化学生的合作意识。只有当学生体会到合作的必要性后，他们才能在需要合作的情景中自发地表现出合作行为。

此外，对学生进行合作方法的指导也非常重要。其一，教师应指导学生分工与协作。在小组合作学习的开始阶段，学生往往不知道该怎样分工协作，所以，教师在进行科学分组后，应马上宣布小组成员要共同遵守的小组合作学习常规。例如，合作前要认真独立思考，不人云亦云；勇于承担任务，既要积极完成自己的任务，又要相互支持、密切配合，发挥团队精神，有效地完成小组学习任务；遵守课堂纪律，不喧哗，不干扰他人；积极参与，大胆表达自己的意见，能用自己的语言规范和流利地发表见解；尊重他人，别人发言的时候不插话，有不同意见时，等他人说完再说；等等。其二，教师应指导学生善于与他人进行交流和倾听，并学会欣

---

① 郭德俊、李原：《合作学习的理论与方法》，载《高等师范教育研究》1994 年第 3 期，第 5 页。

赏与激励。学生交流与倾听的能力如何，关系到合作学习是否能顺利地进行。交流包括表达自己的观点以及观点不一致时学生之间进行的质疑与讨论。有效的交流有赖于耐心的倾听，当一位学生在小组内交流发言时，小组成员应该耐心倾听其发言，不随便打断其发言，应了解其与自己不同的解题方法，或找出其发言中的不足之处，取长补短，共同提高。所以，在小组合作学习中，教师要指导学生学会欣赏。当同学的发言有创见时，我们要懂得鼓掌，表示赞赏："你的想法很有见地""你们小组的想法真有代表性"。同时，教师还要激励学生诚恳地指出别人的问题与不足，大胆讲出自己对问题的看法。只有相互欣赏、相互激励，小组合作学习才能形成一种和谐、宽松、积极向上的氛围，才能有利于每个人的发展。

总之，在大学任务型外语教学中，在如何正确运用合作学习方面，我们应该多一些理性，少一些盲从，切忌走入以上误区。

第二节 任务型教学的意义与原则

一、任务型教学的意义

夏纪梅认为，任务教学法旨在让学生走出"课堂小天地"，把社会引入课堂，把课堂延伸到社会，让学生作为人才资源发展生存能力和工作能力，把在学校的学习和在生活中的学习有机地结合起来。任务型教学能够发展综合技能，是超越语言学习的学习。综合技能除了语言技能和交际技能之外，还包括学习技能、生活技能、竞争技能、工作技能等。超越语言学习的学习是在运用语言当中学习语言，在群体和交际当中学习语言，改"语言为本"为"任务为本"，变"重视语言形式"为"重视语言功能、语言内容和使用语言的人"，注重课堂内外的真实的交际。[①]

[①] 夏纪梅：《"任务教学法"给大学英语教学带来的效益》，载《中国大学教学》2001年第6期，第32-34页。

王伟认为，任务型教学活动有利于学生的主体性发展。当前英语教学的核心理念强调以学生为本，重视培育和发展学生的主体性。学生主体性的发展是以活动为中介的，学生只有投身于各种活动之中，其主体性才能得到良好的发展。也就是说，学生在教育活动中形成主体性，并表现出主体性。从某种意义上说，活动成为影响学生发展的决定性因素。在英语教学中，任务型的教学设计，使学生在教师的指导下，通过感知、体验、实践、参与和合作等活动方式，实现任务的目标，并感受成功，获得自主的发展。①

任务型教学主张设定具体的、有意义的任务，使学生在完成这些任务的过程中自然地学习和使用语言。这种方法将语言学习的重点从语言知识的传授转向了语言能力的培养，尤其注重学生的语言交际能力。任务型教学的意义主要体现在以下八个方面。

（1）提高学生的语言实际运用能力。通过参与真实或接近真实的任务活动，学生能够将所学的语言知识应用到实际情境中，从而提高语言的实践能力。

（2）促进学生的自主学习。任务型教学鼓励学生积极参与，使学习成为一种内在的需求和自主的过程，有助于提高学生的学习动机，还有助于培养学生的自主学习能力和终身学习观念。

（3）培养学生的合作与社交技能。任务型教学常常涉及小组合作，这有助于学生发展团队协作能力，并学会在社交场合中有效沟通。

（4）强化学习与生活的联系。任务型教学中的任务通常与学生的生活经验相关，这有助于学生认识到学习与日常生活的紧密联系，增加学习的现实意义。

（5）发展学生的批判性思维和解决问题的能力。在完成任务的过程中，学生需要分析和解决问题，这有助于发展他们的批判性思维。

（6）优化教学过程。任务型教学要求教师从传统的知识传授者转变为课堂活动的组织者和引导者，优化了教学过程，使教学更加注重学生的需求和反应。

（7）适应教育改革的需求。随着教育理念的更新，任务型教学强调

---

① 王伟：《任务型教学在初中英语阅读教学中的应用研究——城区中学与农村中学对比研究》，重庆三峡学院硕士学位论文，2023年，第6页。

学生的主体性，符合现代教育以学生为本的原则，有助于推进教育改革。

（8）满足个性化学习的需要。任务型教学允许学生根据自己的兴趣和能力进行学习，符合学生个体差异和个性化学习的需求。

总之，任务型教学强调任务的完成和语言的实际应用，使语言学习更加生动、有趣和有效，有助于学生构建扎实的语言基础，提升综合语言运用能力，同时培养适应现代社会需要的沟通技巧和合作精神。

二、任务型教学的原则

（一）真实性原则

任务型教学法中的真实性原则，是指教学活动应尽可能模拟现实生活中的语言使用情境，确保学习任务的真实性和可靠性。也就是说，教学活动应当让学生在课堂上使用的语言和所完成的任务与其在实际生活和工作中可能遇到的情况紧密相连，从而提高学生语言实际应用的能力。真实性原则的核心在于：一是情境的真实性。教师的设计需基于真实世界的情境，确保学生能够在模拟真实的社会、文化语境中进行语言交流。二是语言的真实性。在任务中使用的语言应该是实际生活中会使用的语言，包括俚语、行业术语等，而不仅限于课堂和教材中的标准语言。三是交际的真实性。任务型教学应鼓励学生进行真实的交际活动，如询问信息、解决问题、表达个人观点等，而不是仅仅完成语法练习或词汇填空。四是目的的真实性。学生完成任务的最终目的应当是达到实际生活中的交际目的，如完成某个具体任务，而不仅仅是获得教师的评价。

在任务型教学中贯彻真实性原则，引进真实文本的意义在于：真实文本的一个优点是使学习者直接接触目的语文化，有助于获得对目的语的真实体验，能够促进学习者以接近母语者的方式使用新习得的语言，参与有意义的交际，而不是展示自己的语法或词汇知识。真实文本的另一个优点是不脱离特定语境，而语义的产生和理解与语境有着十分密切的联系。[①]这无疑可以帮助学生更有效地将所学语言知识应用于实际情境中，提高其

---

① 魏永红：《任务型教学原则解读》，载《全球教育展望》2005年第6期，第54–57页。

语言交际能力和自主学习能力。通过真实性原则，学生可以在课堂上体验语言学习的实用性和趣味性，从而激发学习热情，提高学习效率。

（二）交互性原则

任务型教学的交互性原则强调学生之间在语言学习过程中的互动和交流。这个原则认为，通过与他人互动，学生能够更好地理解语言，更有效地使用语言来沟通和表达。交互性原则的核心在于：一是合作学习。任务型教学鼓励学生之间的合作，通过小组讨论、角色扮演、同伴互助等形式，促进学习者之间的交流和协作。二是交流互动。在任务型教学中，学生通过完成各种交际任务，如对话、讨论、辩论等，以实现语言的输入和输出，从而提高语言能力。三是意义协商。学生在与他人交流时，需要不断地进行意义协商，以达成理解和共识。这个过程有助于学生深化对语言的理解，并提高解决问题的能力。四是反馈和修正。交互性原则还包括学生之间的反馈和修正。在交流过程中，学生可以相互提供反馈，帮助对方改进语言使用技巧，提高语言表达准确性。

交互性的重要作用集中体现在能够促进语言自动性的生成，这是二语习得研究者从探究儿童语言习得过程中获得的启发。语言的交互作用过程会为学生创造大量的信息输入和语言输出机会，理解与表达是相辅相成的，或者说交互性既关注输入又强调输出。在交互作用中，学生可将其拥有的语言全部用于（类似）真实生活的交际，无论这些语言是学到的还是偶然习得的。[①] 通过交互性原则，任务型教学不仅关注学生个人的语言能力提升，还强调通过社会互动和合作学习来提升学习效果。这种教学方式有助于培养学生的社交技能、团队合作能力和批判性思维能力。

（三）教师主导作用和学生主体性相结合的原则

在教育和教学实践中，将教师的主导作用与学生的主体性相结合是一种有效的教学策略，它旨在实现教学的互动性和生成性，从而提高教学效果。教师应作为引导者和促进者，为学生提供学习方向和资源，设计富有挑战性的任务，并在学生遇到困难时提供帮助和指导。教师应通过多样化的教学方法和材料，激发学生的学习兴趣和动机，鼓励其主动参与学习过

---

① 魏永红：《任务型教学原则解读》，载《全球教育展望》2005年第6期，第54–57页。

程。教师应创造一个开放和包容的学习环境，鼓励所有学生表达自己的观点，参与课堂讨论和活动。教师应认识到每个学生的独特性，根据学生的不同需求和学习风格调整教学策略，以满足其个性化需求。教师应通过提问、讨论和思维导图等方式，促进学生的批判性思维和解决问题能力的发展。教师应及时给予反馈，帮助学生理解自己的优势和需要改进的地方，并提供必要的支持和资源。教师应引导学生发展自主学习的能力，鼓励其独立探索问题，自主制订学习计划。教师的主导作用与学生的主体性相结合，可使教学活动变得更加生动和有效，学生的参与度和满意度会得到提高，同时其知识和技能也会得到更好的发展。

在任务型教学活动中，教师要为学生精心布置任务，协助学生科学分组，通过考查、观察和交流对学生的书面作业、口头提问、课堂展示、学习态度、参与程度和合作精神等做出过程性评价。教师既是促进者、协调者，又是设计者、研究者、组织者，起着主导作用。同时，所有这些学习任务都是围绕学生而展开的，学生大脑始终处于一种激活状态，从任务呈现到学习新知识再到活学活用，学生获得的不仅是语言知识点，还能获得运用语言的能力。

（四）过程性原则

任务型教学中的过程性原则侧重于学生在完成任务过程中的体验和参与，而不仅仅关注任务的最终结果。以下是过程性原则在任务型教学中的七个关键因素。

（1）关注学习过程。教学活动应注重学生在任务执行过程中的思考、实践和交流，这些过程是学习的重要组成部分。

（2）鼓励自主性和创造性。学生应在任务完成中发挥自主性和创造性，教师的角色是提供支持和指导，而不是直接传授知识。

（3）允许犯错和修正。学生在学习过程中犯错是正常的，教师应鼓励学生从错误中学习，并提供机会让他们自我修正。

（4）提供即时反馈。学生在完成任务后，教师应提供即时的反馈，帮助学生理解其表现，并指出可以改进的地方。

（5）强调互动和合作。任务型教学鼓励学生之间的互动和合作，通过与他人交流和合作来完成任务，以促进语言能力和社交技能的发展。

（6）发展元认知能力。教师应帮助学生发展元认知能力，使其能够更好地理解自己的学习过程,并能够自我调节学习。

(7)适应学生差异。教学活动应考虑到学生的个体差异,提供不同难度和类型的任务,以满足不同学生的需求。

遵循过程性原则,任务型教学能够帮助学生通过实践和体验来学习语言,提高其语言能力和交际能力,同时培养其自主学习能力和终身学习的习惯。

(五)合作性原则

在任务型教学中,合作学习是一个核心组成部分,它强调学生在小组或团队中的互动和协作。在开始任务前,每个小组都应明确各自的学习目标和任务要求,确保所有成员都了解任务的目的及他们需要达成的具体目标。小组成员应根据各自的优势和特点进行合理分工,确保每个成员都有机会参与到任务的各个阶段,并在适合自己的角色中发挥最大的作用。小组内成员之间需要有充分的互动和交流,通过讨论、共享与合作来促进知识和技能的整合,确保每个人都参与到任务中,避免出现责任不清或依赖他人的情况。教师应提供必要的支持和帮助,包括为学生提供难度适中的任务,以及在小组合作过程中给予适时的引导和反馈。任务评价应关注学生的参与度、努力程度以及小组的整体表现,而非仅仅关注个人成就,以此来鼓励小组合作和团队精神。在任务完成后,小组应进行反思和总结,讨论任务完成过程中的得失,以及如何改进合作方式来提升效率和效果。

任务型教学鼓励学生之间的合作,通过小组讨论、角色扮演等活动形式,促进学生之间的互动和协作。任务型教学理念可以追溯到人本主义心理学、认知发展理论、建构主义理论。人本主义心理学的创始人罗杰斯认为应废除以教师为中心的传统,提倡以学生为中心;为学生建构真实的问题情境,让他们自主地学习;同伴学习、分组学习等都是促进学习、培养浓厚学习气氛的重要方式。认知发展理论认为,认知发展过程涉及吸收、同化、调整、平衡,社会经验知识(如语言、价值、规则、道德等)只能在与他人相互作用中习得。建构主义学习观认为,学习不是学生被动地接受知识的过程,而是积极主动地建构知识的过程。在此过程中,学习活动是以学生为中心的,而且是真实的,因此会激发学生的学习动机。[1]

---

[1] 熊苏春:《任务型教学的基本原则与实例》,载《江西教育》2003年第9期,第22页。

遵循这些原则，教师可以更有效地设计任务，开展任务型教学，创造一个有利于语言学习的环境，帮助学生通过完成任务来提高语言能力。

第三节 任务型教学中培养英语自主学习能力的策略

一、传统"3P"教学模式对学生主体性的抑制

主体性是相对于客体性而言的。所谓主体性，即主体的特征，是指主体区别于客体并使主体之所以成为主客体关系中的主体的特殊本质。[①] 主体性作为主体的规定性，是人类通过自我创造而形成的一种本能。从生物学角度分析，人的主体性不是由可遗传的物质形成的，而是表现型、获得型的；从心理学的角度分析，人的主体性的发生、发展和完善是由人的内在需要驱动的，即认知、情感和意志的需要。但这还不足以使潜在的主体性因素成为现实的主体性因素，最重要的一点是，人的主体性是在实践过程中得以发生、发展和呈现的。在教育过程中，学生主体性是其作为学习主体的质的规定性，是指在教育活动中作为主体的学生在教师引导下处理同外部世界关系时所表现出的功能特征，其表现形式主要有以下三种。

（1）自主性。自主性是学生自主意识的外化，是每一个成长中的人都可以感受和体验到的。在教学活动中，通过教师的引导，学生依靠自己的力量来维系自己的生存和发展，支配自己的学习活动；学生不是消极地依赖教师，而是通过自己的学习活动，掌握认识发生、发展的规律，展现自己理性因素和非理性因素两个方面的力量。学生可以对其不认同的教师的讲授采取不听讲、看其他读物、搞恶作剧、趴在桌上打瞌睡等方式排斥教师教育的主体性作用，从而凸显自己的主体性选择。

（2）能动性。能动性是指主体主动地作用或反作用于客体对象，从而有效改造客体对象的特征。在教学中，其具体表现为：主体活动的目的

---

① 余文森：《略谈主体性与自主学习》，载《教育探索》2001年第12期，第32-33页。

性和计划性，主体活动的选择性，主体活动对客体对象的改造作用。主体能动性不仅在于学生从教学活动中形成正确的思想，更在于通过自主活动把观念变成现实，达到改造客体的预期目的，从而反映出主体的精神状态。

（3）创造性。创造性是个体或集体产生新颖且有价值的想法、解决方案、概念、艺术形式、发明或其他形式创新的能力。它涉及原创性思维对现有知识、技能或资源的重新组合，以产生新的或未经探索的成果。创造性是人类智力的一个重要方面，它在艺术、科学、技术、教育等多个领域都有着重要作用。这种创造性，一方面必须考虑现实条件，遵循规律；另一方面又要按照自己的需要、能力，把自己的内在智能运用到对象上去。因此，学生主体的创造性表现在：主体不仅能够"复制"当前的对象，而且能够追溯过去，推测未来，创造一个理想的世界。

长期以来，受传统教育思想的束缚，加之"应试教育"的影响和片面追求升学率的压力，英语教学主要采用传统的"3P"教学模式，极大地束缚了学生个性的发展，导致学生人格塑造畸形化和心智发展褊狭化，使学生的主体作用难以发挥。

首先，传统的"3P"教学模式以教师为中心，忽视了学生的学习自主性。在传统教育与应试教育的影响下，教师常常通过灌输的形式来达到教学目的。灌输在本质上意味着压迫，意味着对学生作为活生生的人的个性、情感世界的漠视，也意味着对学生主体性的放逐。而教育中灌输的泛滥必然导致价值引导与自主构建的缺失。在这种情况下，学生的主体性遭到忽视与遮蔽就不可避免了。此外，教材编写、课堂教学组织形式、教学过程等也大多是从教师"如何教"来设计的。学生的学习似乎成了他人的事情，而不是学习主体的自主活动。不是教师的"教"服务于学生的"学"，而是学生的"学"服从于教师的"教"。学生在整个教学过程中，成了被动接受知识的"容器"，教师则扮演了教学过程"主宰者"的角色。

其次，传统的"3P"教学模式以语言知识教学为中心，缺乏情感性，忽视学生学习兴趣的培养和学习能动性的发挥。在实际教学中，教师关心的是学生掌握了多少知识，较少关心学生的精神在成长期的变化和发展。由于对知识的过分强调，教师变成了知识传授的"工具"，而学生则是知识的"容器"。教师和学生双方都不是作为完整的精神整体而存在的，仅仅是知识的传授过程联结了二者。① 这样，师生之间并没有存在真实的、直接的精神交流，双方不是作为活生生的、独特的、完整的人在教育中进行沟通，并没有形成积极的人际交流的情感体验。师生关系对学生的陶冶性和教育性也就不存在了。

最后，传统的"3P"教学模式以课堂为中心，按部就班，缺乏开放性和挑战性，束缚了学生创造性思维的发展。课堂教学活动是教学的基本形式，但不是唯一形式。不少教师受传统教学观影响，其教学只囿于课堂，变成了封闭式教学，致使学生脱离实际、脱离社会。课堂的"双基"（即基础知识和基本技能）教学模式，容易把学生当成知识的"容器"，从而忽视人才成长的过程，造成培养过程模式化、形式化、表面化。此外，现场教学、课外学习指导等教学辅助形式，或流于形式、形同虚设，或昙花一现、轰动一时。当前学生普遍在思想上缺乏自我教育能力，生活上缺乏自理能力，学习上缺乏自信能力，行为上缺乏自我调控能力，这便是教学活动以课堂为中心的必然结果。同时，如果学生在课堂中只是回答教师的提问，而很少对教师的讲课提出异议，这样的课堂教学必然是缺乏创造性的。

二、任务型教学对学生主体性的关怀

首先，任务型教学强化"学生中心"，彰显其对学生自主性的关怀。英国语言教育专家 Jane Willis 将任务型教学过程分为任务前、任务中和任务后三个阶段。② 每个阶段由多个具体的步骤或活动组成。任务前阶段包括：介绍话题、激活语言及语言准备活动、准备活动；任务中阶段包括：做任务、准备报告任务结果、报告任务结果；任务后阶段包括：教师设计以语言为焦点的活动、学生独立完成语言练习活动、教师对重点语言项目进行归纳和总结、根据语言分析活动中的项目进行其他操练。上述各个教学环节都围绕学生这个中心进行，大幅度地增加了学生的语言练习机会。任务型外语教学从一开始就把任务交给学生，而对于教师来说，学生存在

---

① 宋广文：《研究型课程理论与实践》，山东人民出版社2002年版，第67页。
② [美] J. Willis, *A Framework for Task – based Learning* (Harlow: Longman, 1996), p.26.

着知识差距、能力差距、技能差距、信息差距和文化差距。[①] 为了完成任务，学生需要围绕任务主动地收集信息，进行整理、归纳，进而解决问题。这使学生从被动转为主动，从消极变为积极，进而增加语言练习机会。任务型外语教学有明确的目的，有利于激发学生的学习动机。在完成任务的过程中，学生容易看到学习的价值，有利于激发学生学习的主动性和积极性；同时可以使学生感受到自己的不足之处，有利于激发其自我完善的欲望，启发他们不断学习的内在动力。

其次，任务型教学强调通过完成任务来学习语言，即"做中学"，体现了其对学生能动性的关怀。学生能动性的高低受需要、动机、兴趣、情操、意志等情感因素的影响。学生的需要、动机、兴趣可以帮助学生选择学习内容和信息，调整、控制学习方向，激活情感意志，从而为整个学习活动提供动力。对于我国学生来说，英语是"外来语"，由于各种原因，不同的学生对其兴趣度不同，学习基础不同，学习目标也不同。因此，教学中教师一定要善于引导学生，培养其学习兴趣，激发和强化其学习动机。情感源于需要、动机、兴趣的驱使，能够激活知识经验系统中信息间的联系，造成大脑的兴奋状态，为学习活动提供有利的心境和情绪。[②] 同时，学习活动也是一种艰苦的脑力劳动，它需要有坚定的信念和顽强的意志品质作为支撑，为认识事物的本质和规律而控制兴趣指向，抵抗各种有碍于学习活动的消极因素，并以其特有的自觉性、坚持性和自制力量维持整个学习活动。任务型外语教学不像传统教学那样，要求学生按一定的顺序学习某些语言项目，而是给学生提供一系列交际性的任务，要求学生使用目的语言来完成这些任务，在完成任务的过程中接触、感受、体验并使用此语言项目。

再次，任务型教学不仅关注语言本身，更关注语言学习过程，自始至终鼓励学生创造性地使用语言，体现了其对学生创造性的关怀。创新是一个民族的灵魂。学生在教育活动中的创造性与人们一般所言的创造性有所不同。"学生的学习活动从本质上讲是以简捷、有效的方式继承人类长期

---

① ［美］R. Ellis, *Task-based Language Learning and Teaching* (Oxford: Oxford University Press, 2003), p.52.
② 佘广安：《任务型语言教学：定位与思考》，载《中小学外语教学》2002年第6期，第16-17页。

积累起来的科学文化知识的一种特殊的认识过程。它既不同于对人类历史的总认识，也有别于诸如科学家、艺术家及其他成年人的一般个体认识，它是在教师引导下，以课程教材（间接经验）为认识客体，其具体方式是'掌握'而不是'发现'和'发明'。"① 学生的发现并不限于寻求人类尚未知晓的事物，而应包括用自己的头脑亲自获得知识。对学生的一切方法的学习而言，其创造性也不限于首创前所未有的新知识、新见解，而应包括更多的内涵。在传统的语言教学中，学生在进行操练或表达时，教师往往要求他们使用某些特定的语言项目。但是，在任务型外语教学中，学生有较大的自由度，可以使用其以前学过的或接触过的任何语言知识和技能。

最后，任务型教学并不要求学生使用语言时过于注意准确性，而是鼓励学生把注意力集中在意义的表达上。同时，任务型教学鼓励学生在语言学习过程中进行创造性的发挥，即在语言使用上可以自由发挥，在完成任务方式、任务结果等方面充分发挥想象力。总之，在任务型教学活动中，学生最后拿出来的"产品"应该是丰富多彩的。这才是学生创造性的充分体现。

三、任务型教学中培养英语自主学习能力的具体策略

（一）创设交际情景，激发学生的求知欲望和学习兴趣

社会建构主义理论是任务型教学的重要理论基础之一。该理论认为，"知识是由学习者自己建构的，而不是由他人传递的。它强调学习者个人从自身经验背景出发，建构对客观事物的主观理解和意义，重视学习过程而反对现成知识的简单传授"②。求知欲和兴趣是自主学习的两个重要驱动力，它们对个人的学习过程具有深远的影响。首先，求知欲是人类渴望

---

① 龚亚夫：《任务型语言教学》，人民教育出版社2003年版，第25页。
② 郑红苹：《英语任务型语言教学的内涵、特点及实施》，载《课程·教材·教法》2006年第1期，第42–45页。

了解未知、探索真理的基本需求，它激励人们积极寻找答案，主动学习新知识。其次，兴趣是个人在学习过程中产生的愉悦感受，它使学习变得更有意义和价值。当人们对某个领域或课题感兴趣时，学习活动将变得更加有趣和愉快，从而提高学习效率。兴趣可以激发人们的内在动机，使人们愿意投入更多的时间和精力去探索和实践。因此，求知欲和兴趣对自主学习具有重要意义。

语言是交际的工具。学习语言的最终目的是运用语言进行跨文化交际。任务型教学作为诸多交际教学途径中的一种，学生可以通过完成各种任务发展交际能力。交际能力一般包括语言能力、应用能力、话语能力、策略能力和表达的流畅性五个方面。良好的交际素质要求学生增强自信，消除自卑。在任务型教学过程中，学生通过完成以交际为目的的各种任务，学会尊重人，乐于交往，相互合作，主动参与到交际过程中，乐于表达自己的思想感情。

在任务型教学中，为激发学生的求知欲和学习兴趣，教师设计的任务应与学生日常生活中遇到的实际问题紧密相连。这样的问题无疑会使学生产生极大的兴趣，乐意为解决这些问题而表达出自己的思想。这种兴趣和求知欲无疑是促进学生自主学习的最大动力。并且为发挥学生的主体作用，教师应尽可能多地为学生提供丰富的语料和语境，将学生校外的生活经历与校内的学习活动通过交际情景的创设有效地联系起来。将图片、报刊文摘、个人生活经历与课堂教学相结合，由学生自己进行意义的建构，而不是令其接受现成的知识。诚然，以学生为主体并不意味着教师无所作为。教师最重要的任务是为学生提供一个可同时进行探究的环境。教师是探究的促进者和合作者，学生是具有创造能力的学习社会中的主体。学生参与越多，就越有自主的感觉和体验。

（二）开发课程资源，培养学生主动收集和处理信息的能力

"课程资源可分为目标资源、教学活动资源以及组织教学活动资源三类，是为设计课程与制订教学计划服务的各种可资利用的方法与途径。"[①] "课程资源也指形成课程的要素来源以及实施课程的必要而直接的各种条件，如人的知识、技能、经验、情感态度、活动方式与方法、价值观以及

---

① 顾明远：《教育大辞典》（增订合编本·上），上海教育出版社1997年版，第902页。

培养目标等方面的因素，都是课程的要素来源，在很大程度上决定着课程的实施范围和水平。"[①] 20世纪50年代以来，伴随计算机的逐步普及，信息对整个社会的影响被逐步提高到重要的地位。信息量、信息传播的速度、信息处理的速度以及应用信息的程度等都以几何级数的方式在增长。人类从此进入了信息时代，在提倡创新、张扬个性的今天，如何学会快速、有效地从浩瀚的网络资源中寻找、识别、筛选、组合、整理自己感兴趣的信息，对生活在信息时代的学生来说至关重要。

任务型教学特别强调"做中学"以培养学生的动手能力。它能为学生提供良好的训练收集、加工和处理信息的机会。为了完成设定的任务，教师应大力开发课程资源，督促学生认真地收集有关信息，从所收集的大量信息中提炼出所需要的素材，并对这些素材进行加工处理。由此，学生收集和处理信息的能力在完成任务的过程中可以得到很好的培养，而学生收集和处理信息能力的提高也能很好地调动学生学习的积极性，增加其学习的成就感，从而进一步激发学生的自主学习意识。"在任务型教学中，任务的设计以学生的经验和兴趣为出发点，把真实的材料引入学习环境，把学生个人生活经历作为课堂学习的重要资源，将课堂内的语言学习与课堂外的语言活动结合起来，让学生置身于贴近自己实际生活的语境中产生亲切感，积极主动地完成学习任务。"[②] 学生通过动手收集和处理各种信息完成任务，深深感受到英语语言知识的学习和自己的生活实践密不可分，既能提高其学习英语的兴趣和学好英语的信心，又能培养其主动学习英语的积极性。

（三）精心设计"任务"，拓展学生自主学习的实践空间

任务型教学是一种以任务为核心单位计划和组织语言教学的途径。因此，"任务"的设计是保证任务型教学质量的重要前提。作为核心的"任务"，通常包括目标、内容、程序、结果、情景五个要素。

事实上，任务本身不是内容，不是目的，它只是一种方法、一种手

[①] 朱慕菊：《走进新课程：与课程实施者对话》，北京师范大学出版社2002年版，第211页。

[②] 郑红苹：《英语任务型语言教学的内涵、特点及实施》，载《课程·教材·教法》2006年第1期，第42–45页。

段、一种形式，但通过它，可以促进学生的互动，促进学生的人际交往，促进学生的思维提升，为学生提供在真实或接近于真实的环境中进行交际和用目的语解决问题的机会，从而使学生的语言学习摆脱单纯的语言项目练习，而成为有语境的、有意义的、有交际目的的语言实践。因此，在任务型教学中，教师要通过精心设计的形式多样的任务活动，让学生有时间和有机会去选择、思考、体验、感悟与创造及应用。要注重课内和课外的有机结合，教师根据学生的能力水平有意识地布置一些课外任务以培养学生的自学能力。要进一步建设和完善多媒体网络教学系统，可以通过多媒体或校园网培养学生综合语言运用的能力。"实践证明：让学生独立地完成力所能及的学习任务和活动是培养自主学习能力的有效途径。"[①]

（四）关注个性差异，促进学生自主学习的个性发展

学生的个性差异是指学生与学生之间存在稳定的特征上的差异。学生个性差异现象从身心各方面来看，其表现也是多方面的，这在个体的性别、年龄、容貌、体能、能力、兴趣、爱好、态度、观念等方面都有不同程度的表现。如有的学生思维更敏捷；有的学生擅长形象的直观记忆，有的学生则擅长抽象的语言记忆；有的学生接受能力明显好于其他同学；有的学生参加过校内外的各种活动的培训，有的学生甚至参加过竞赛活动，以致他们在学习上反映出不同的情况，这就产生了学生间的差异。有的学生学习兴趣浓厚，爱好广泛，求知欲强，有扎实的基础知识，学习成绩稳定；有的学生智力因素虽好，但缺乏刻苦精神，学习兴趣有偏差，成绩不稳，但有潜力可挖；有的学生智力或非智力因素相对差些，学习非常用功，但成绩不理想。总之，只有了解了学生存在的这些差异，并分析形成的原因，对学生做到心中有数，教学中才能做到因材施教。

正由于差异是客观存在的，也是不可避免的，因此，教师要高度关注学生的个体差异，让学生的学习更加自主和有效，促进学生有特色地发展。事实上，学生的需要、兴趣、爱好和现有的能力等都是教师必须考虑的。在任务型教学中，教师应最大限度地为学生提供互动和交流的机会，使任务具有趣味性、实效性和可操作性。教师应围绕特定的交际目的和教

---

① 朱慕菊：《走进新课程：与课程实施者对话》，北京师范大学出版社2002年版，第14—16页。

学内容，设计出操作性强的、任务化的教学活动，使学生通过多种语言活动完成任务，达到学习语言和掌握语言的目的。同时，在课堂教学中，教师要把握任务的难度，任务的环节不宜过多，任务的程序不能过于复杂，要使学生能够接受。如果任务过于复杂，超过了力所能及的范围，学生就会觉得没有成就感；如果任务过于简单，学生就会觉得在浪费时间。可见，任务过难和过易都会影响学生的学习动机。因此，任务型教学应该关注学生个性差异，通过任务活动促进学生自主学习，不能为任务而任务。

第四章 叙事教学与英语自主学习能力培养

第一节 叙事教学概述

一、叙事的概念

20世纪90年代，随着"叙事学"的复兴，叙事学的思维范式被广泛运用于心理学、人类学、语言学、教育学、社会学和历史学等领域。教育叙事探究如何准确表达和诠释教育经验及教育意义，促进教师的自身教育和职业发展；而叙事教学则还包括整个教学过程的叙事化，主要体现在课堂教学流程宏观叙事化、微观叙事化以及学生学习的叙事化。

按照一般的解释，叙事是对一个或一个以上的真实或虚构事件的叙述。"叙"是指讲述或陈述，"事"是指事件，包括实际存在过的或虚构的事件。根据法国结构主义叙事学家热奈特的研究，"叙事"概念包含三种含义：一是指讲述一个事件或一系列事件的口头或书面的话语，即叙事话语；二是指叙事话语中讲述的真实或虚构的事件（故事）；三是指某人讲述某事的行为。① 洛朗·理查森认为，叙事"是人们将各种经验组织成为有现实意义的事件的基本方式……叙事既是一种推理模式，也是一种表达模式。人们可以通过叙事'理解'世界，也可以通过叙事'讲述'世

---

① ［法］热拉尔·热奈特：《叙事话语：新叙事话语》，王文融译，中国社会科学出版社1990年版，第11页。

界"①。叙事不但是人类社会存在以来就有的活动,还被看作人们认识世界、社会和个人的基本方式。简言之,叙事是故事与话语的交融,蕴含生命的期许,表达对世界的认知与释解。叙事是人的存在与生成的基本途径,是语言认知发展的重要方式。②

叙事是人们将生活中不同的事件和行为组成主题一致的、目的性强的话语结构的方式。叙事,作为人类最基本的经验呈现方式,是建构意义、生成意义的媒介,亦是人们认识世界、诠释世界和抒发情感的有效途径。它与认知和情感密切相关。

认知是人们在认识世界、建构知识的过程中逐渐形成的对客观世界的概念化、图式化的认识。布鲁纳提出了两种基本的人类认知方式:范式认知和叙事认知。其中,范式认知是指我们将某个特别事件归属为某一叙事种类或概念,并在它们之间建立联系的过程;而叙事认知则来自对人类行为的再认知,它认为人的行为是人们此前的知识、经验、当前承受的压力和设定的目标相互作用的结果。③ 叙事活动不仅可以刺激和激活人们构筑于以往知识和经验之上的记忆、图式和思维,还可以通过理解、推理和概括等一系列有目的的心智活动使人们产生新的认知建构。

叙事与情感密切相连。叙事情感是由故事所引发的情感,是叙述者在叙述过程中对所讲述故事的情感流露和体验。Stockwell 认为,阅读文学作品就是做出理性化的抉择和创造意义的过程,同时也是情感化的过程。④ 情感亦具有叙事的功能,叙事为重新衡量各种经验的情感潜力提供了新的方法。⑤ 叙述者的任何叙事言行都不是随意拼凑的词句和行为,是建立在认知的基础上对所叙述的事情的情感投入。也正因为情感化的叙事和体验,人们才能提高和发展其认知能力并对所叙述的故事保持长久的记忆。

---

① [美] 博格:《通俗文化、媒介和日常生活中的叙事》,姚媛译,南京大学出版社2000年版,第9页。
② 邓达、熊沐清:《外语教学的叙事表达:一种教学论视角》,载《外国语文》2010年第3期,第105-110页。
③ [美] J. Bruner, *Actual Minds*, *Possible Worlds* (Harvard: Harvard University Press, 1986), p.118.
④ [英] P. Stockwell, *An Introduction to Cognitive Poetics* (London: Routledge, 2002), p.151.
⑤ 戴维·赫尔曼、唐伟胜、陶炜婷:《认知、情感与意识:叙事人物意识的后经典研究方法》,载《世界文学评论》2008年第2期,第291-294页。

二、叙事教学的属性

(一) 叙事教学的语言属性

语言作为叙事的载体,约束着人们的思维,也约束着人们的自我理解和对知识的掌握。"当我用语言来思想时,除了语言表达式以外并没有什么'意义'呈现于我的心灵之中:语言自身就是思想的载体。"① 外语课堂教学由于其语言学习的特殊性,学习者对某些词汇、语法、句法和语言句型的使用反映了他们一定的认知水平和思想水平,体现了一定的叙事意义。能否使用流畅、地道的语言呈现自己的叙事故事在很大程度上反映了学生英语学习的水平和对英语的掌握程度。

(二) 叙事教学的知识属性

叙事是一种思维的模式和意义生成的工具,叙事教学并不是随心所欲、信口开河的泛泛而谈,而是基于建构主义、诠释学、现象学等哲学和心理学基础上的、以实现某种目的指向结果为导向的教学方法和态度。它基于教师对教学思想、教学策略和教学目标的叙事化的表达,引导学生在学习叙事和进行叙事的过程中,或讲述自己的生活故事,或分析和诠释文本及故事,在交流互动中建构对自身和世界的认识,并获取知识和文化的意义。②

(三) 叙事教学的文本属性

课堂叙事教学应基于文本,但又不局限于文本。外语教学要以一定的文本作为教学材料,叙事教学也不能完全脱离文本的束缚,建立在教师的生活经验和对世界的认识之上。叙事具有将某种特定的文本语境化的功能,因此能将文本内容从仅供记忆的事实或概念转化成能处理某些意义事

---

① [奥]维特根斯坦:《哲学研究》,李步楼、陈维杭译,商务印书馆1996年版,第160页。
② 邓达、熊沐清:《外语教学的叙事表达:一种教学论视角》,载《外国语文》2010年第3期,第105-110页。

件的有效工具。Stockwell 认为，文本可与读者的智力、记忆、情感和信念相互作用并创造出比文本意义更丰富的内容。① 通过文本提供可供参考的认知框架和故事结构，学生可以找到叙事的主题和与自己的生活经历有关的内容，以丰富自己的认知和情感并强化对文本的理解。

（四）叙事教学的认知与情感属性

叙事不仅可以作为传递日常生活经验的交往方式和科学研究的方法，还是成人反思与理解自我生活经历的一种学习方式。叙事的教育价值在于，叙事可以促使成人走向一种反思性生活，帮助成人获得自我认同与生活意义，最终引导成人成为终身学习者。叙事不仅涉及个体的经验表述，还是个体进行生活理解与生活反思的集中体现，叙事为成人学习提供了一种通过讲述生活故事实现终身学习的理想途径。② 叙事与人们的主观性紧密相连。课堂教学主体间的叙事活动具有一定的认知性。教师和学生"统一的认知世界"是叙事教学得以实现的基本条件。教师的叙事教学活动只有建立在学生的认知水平之上，才能有效地激活学生的认知和经验。而且，在进行不同模式、不同内容的叙事活动时，原有的图式和概念受到挑战，故事的构建需要多种心智的参与。情感也与叙事教学密不可分。情感让人们的注意力专注于某类特别的信息，如果遇到理解困难，情感通常就是认知的支撑力量。③ 记忆的重塑也受到情绪的影响。强烈的情感反应能有效促进和保持人们对知识的记忆。叙事教学帮助学生建构、吸收和内化新知识，并借助情感活动加速学生的认知进程和对知识的记忆。④

（五）叙事教学的主体间性

主体间性即交互主体性，是主体间的交互关系。主体间性不是反主体性，不是对主体性的绝对否定，而是对主体性的扬弃。主体间性具有哲学

---

① ［英］P. Stockwell, *An Introduction to Cognitive Poetics* (London: Routledge, 2002), p.151.
② 李颖、陈薪旭:《叙事：作为一种成人学习方式》，载《社会科学家》2022 年第 9 期，第 155 - 160 页。
③ ［德］S. Reich, *Cognitive Principles, Critical Practice, Reading Literature at University* (Vienna: Vienna University Press, 2009), p.106.
④ 米卫文、张敏:《叙事教学：大学英语课堂教学的新探索》，载《高教探索》2012 年第 5 期，第 94 - 97 页。

本体论和方法论的意义。主体间性首先涉及人的生存本质，生存不是主客二分基础上的主体征服、构造客体，而是自我主体与对象主体的交互活动。主体间性还涉及自我与他人、个体与社会的关系，主体间性不是把自我看作原子式的个体，而是看作与其他主体的共在，主体间性即交互主体性，是主体与主体间的共在关系。① 叙事不可能只是纯粹的个人活动，任何叙事都应该是叙述者和聆听者之间的互动和理解，叙述者将自己的叙事意图、情感目标、自我需求、伦理道德传递给聆听者，并通过与聆听者在叙事活动中的交流建构意义。课堂的主体间活动也让学生建构起行为、感知、评价的步骤和途径。课堂叙事教学就是教师与学生之间以课堂教学大纲为导向、以文本为基础、以外语为媒介，并结合以往的经历和知识以建构知识为目的的交流与学习活动。

三、叙事教学的内涵

叙事教学主张"在外语教学中运用叙事化手段，将教学的某一过程及教材中的一篇课文或一段材料、一个语言点、一个语法或语言教学项目等尽可能以叙事的形式设计和呈现，营造出一个真实的情境或可能的世界，使学生在身心方面最大限度地投入学习情境，充分而协调地发挥语言、情感、想象、创造等心智能力，在这种生活化或艺术化的认知活动中'习得'语言"②。叙事教学包含很多教学策略和教学技巧，对英语教学活动开展有重要的意义和作用，如有利于思维的发展以及对经验的深层次理解，有利于情感、态度、价值观的形成和发展，有利于学生的社会化，有利于培养学生的创新能力及提高学生的自信心。

叙事教学理论基础主要包含以下五个方面：一是人类的思维理论基础。心理学家布鲁纳将人类思维拆分为两种思维，即范式思维与叙事思维。而人类的习惯一般是通过故事来更好地体验生活并总结经验，进而虚构出可能的世界。二是认知心理学理论。该理论认为人类的生活属于一种

---

① 邓达、熊沐清：《外语教学的叙事表达：一种教学论视角》，载《外国语文》2010年第3期，第105-110页。

② 熊沐清、邓达：《叙事教学法论纲》，载《外国语文》2010年第6期，第104-113页。

故事化的过程，人类事件和思维的真实性可以由故事进行表达与抒发。三是认知语言学理论。该理论认为在学习和掌握语言时，人们首要学习的就是叙述的方法。而叙述性的话语要比非叙述性的话语更加吸引注意力，并且对于英语知识的学习也相当有利。四是叙事理论。该理论认为人们天生就是故事的叙说人，而故事能为人们的经历提供一致性以及连续性内容。五是外语教学理论。它包括两方面内容：其一，文学教学价值，就是培养学生的语感能力；其二，叙事属于适用语言以及教学层次的一种相当有效的任务形式。这些内容说明，人们在掌握语言时一定要先学习叙述的形式，然后再对相应的知识进行学习。

叙事教学以其趣味性及有效性对教师和学生产生了很大的吸引力，它通过故事统领整个教学过程，故事完成的过程就是学生达到教学目标、完成教学任务的过程，改变了以往课堂教学单调、乏味的局面。同时，叙事教学很自然地把学生的自主、合作、探究性学习纳入课堂，发展了学生的交际能力、语言表达能力、创新能力、提出问题和分析的能力、解决问题的能力。

叙事教学为教学方法注入了新鲜血液。它强调情感、态度、价值观的培养，突出学生的主体地位，注重从学生兴趣出发，培养学生的自主、合作、探究及综合能力，是生活实际与教学知识之间联系的纽带。叙事教学是以认知语言学为基础的教学形式，它也是一种关于语言教学的思路和理念，所以在英语教学活动当中应科学、合理地运用叙事教学模式，设计并开展教育活动，进而为学生营造出良好的、真实的情境，真正有效地引导学生投入该情境当中，调动学生的学习兴趣，培养学生语言、情感以及想象和创造等能力。

四、叙事教学的运用

（一）在英语语法教学中的运用

随着英语教学对听说能力的强调，人们或多或少地忽略了对语法应有的关注。学生在英语写作表达中出现的语言错误多是语法错误，如主谓不一致、时态混乱、成分缺失等。在英语教学活动中运用叙事教学法可以结合实际情况来选择相应的教学形式。

叙事教学可用于枯燥的语法教学。例如,可通过建构两个可能世界去分别对应虚拟语气中的"虚"和"实"两部分,并通过熟悉的叙事方式,使学习者能更好地理解、运用各种虚拟语气。此外,学生或者教师可以让身边的人或者物成为叙事的主体,把语法还原成故事,用叙述句和小空间故事来表达简单的语法项目,增进学生对语法规则的理解。叙事教学应用在语法教学中的实质是将学生变成语法学习的创造者与参与者而不是被动的旁观者。学生通过对自己经验的叙述,创造出自己的语言材料,再在自己的语言中去领会新的语法点,这样的课堂学生会很乐意参与进来。教师只有帮助学生过了英语语法这一基础语言关,他们才能正确理解别人的语言并创造出被人理解的英语,才能在听、说、读、写、译中自由地运用英语。

叙事教学运用在语法教学中既能增强课堂的趣味性,调动学生的学习积极性,又能帮助学生在合作完成任务的过程中准确掌握语言知识,非常符合当前倡导的"探究式""参与式"教学。

(二) 在英语词汇教学中的运用

在传统词汇教学中,教师更多地要求学生通过词汇表来记忆单词,强调死记硬背和机械训练。教学方法依旧是按部就班地让学生跟读,然后讲解用法并造句。而学生则是盲目地记笔记。这个过程完全忽视了学习者主动学习词汇的能力,致使学生习惯于学习课本范围内的规定词汇,也习惯了由教师主导的被动学习词汇的方式。不仅如此,传统的词汇教学方法使得学生运用词汇的能力较差。大多数学生面对很熟悉的词汇却无法区分和很好地运用,究其原因是词汇教学方法往往脱离了语境,导致学生很难在现实生活中运用学过的单词和词组,从而失去了学习词汇的兴趣。

叙事教学作为词汇教学的一种手段,能有效培养学生学习词汇的能力。首先,叙事教学是以故事为出发点,能够有效调动学生学习词汇的积极性,增强学习词汇的动机,让学生在真实的情景中习得词汇。其次,叙事教学能给学生提供更有效的词汇学习策略,让学生更轻松地学习词汇。最后,故事反映了人类的经验,能让人更好地保持注意,增强词汇的习得效率。例如,在英语习语的教学中,可以通过叙事的方式向学生讲述习语故事,同时配以情境,介绍习语用法,让学生在情境中更加深刻地理解习语的深层含义。不仅如此，学生通过阅读、复述、改编和表演故事，既能对习语故事进行深度加工，又可以增强理解，提高运用能力，加深记忆。

（三）在英语阅读教学中的运用

将叙事教学法运用到英语课文教学当中去，注重以第一人称对课文开展改写以及转述，借助该形式，能让学生在最短的时间内进入课文情境当中，进而更好地体验角色的内心变换和文章整体内容等。例如，在以故事的形式把课文或者其他材料呈现给学生时，可以通过故事的形式讲述课文的背景知识；可以将课文改写成新闻报道等形式的故事；可以改写课文中原有的故事情节、人物关系、关键性事件或者结尾；可以通过增加人物、故事情节来扩展课文中原有的故事；可以把课文改编成小品或者戏剧等丰富多彩的形式；可以通过创设情境，进行角色扮演。此外，在课文导入部分也可以使用情境设置形式的叙事教学法。情境设置是指教师根据教学内容，通过情境再现的叙事形式，结合使用图片、视频等工具，让学生以直观的方式了解教学内容。

诚然，叙事教学还可用于学习者的自主学习或合作学习中，也可用于预习、讲授、总结、复习等不同的教学环节中。对于不同的课型，如听力、口语、阅读、写作、翻译、文学、新闻等，都可通过叙事教学来进行。

五、叙事教学的三个阶段

（一）课前准备

教师在运用叙事教学法开展英语教学活动时，应先对教学内容进行分析和研究，之后再结合相应的内容给学生布置相应的学习任务，以此使学生更好地掌握相应的知识，提高学生整体学习水平。在教学前，教师应为学生布置预习任务，让学生通过自主学习、小组学习等形式，对相应的知识进行预习，并让学生根据教学内容查找相应的学习资料。待到教学活动开展时，让学生以叙述故事的形式将所收集到的内容分享给教师和同学，这样能为教学活动的开展提供有力的保障。对于教师来说，也要对教学内容进行深入分析，明确该课的教学内容和教学意义，要结合教学内容在课前为学生设计科学合理的教学策略，并创设科学合理的教学活动，以此来让学生更好地掌握相应的知识，增强学生整体学习水平。

在叙事教学中，教师在课前要精心进行教学设计的准备，每个故事都会牵连时态，故其故事主题容易确定。但是，若涉及不同语法点的故事主题时，应认真考虑，这样才能充分应用叙事教学，并取得最佳的效果。

（二）课堂活动

在开展教学活动时，教师可以为学生设计导入环节，结合相应的教学内容，并运用叙述故事的形式来吸引学生的注意力。这样能让学生通过课程导入环节提高对课本知识学习的积极性，更好地激发学生学习相应英语知识的兴趣和主动性，使他们能主动参与到英语知识的学习当中，进而更好地增强其整体学习水平。在英语课文学习完后，教师可以让学生根据自己的理解，对文章内容进行叙述，这样不仅能加强学生对本课知识的掌握，而且能锻炼学生的英语口语和表达能力，对于增强学生综合能力有极大的帮助。

叙事教学贯彻的是以教师为主导、学生为主体的教学观，那么为数众多的学生会带来许多预料不到的问题，因而教师的协调作用将变得举足轻重。首先，教师应该合理分配师生言语的时间比，以及尽可能地保证生生间话语权的平等。其次，在学习中，不同英语水平的学生掌握的语言知识和积累的词汇量不同，故在实际运用过程中，他们可能会或多或少地遇到词汇量不够或表达不畅等问题。

（三）课后巩固

在教学活动即将结束前，教师不要急于结束本节课程，应在这时让学生对内容进行复述以及改编课文，使学生进一步加深对本课知识的掌握和理解。在教学活动结束后，教师应积极鼓励学生充分发挥自己的想象力和创造力，对文章进行续写，设计不同形式的结尾，并让学生在下一节课将所写的内容展示出来，以此提升学生学习的积极性。

课后巩固活动的开展，可使学生明白叙事教学践行以生活为中心的教育理念，使教育变得鲜活，使语言学习由难变易、由死变活、由苦变乐，变抽象为具体，整个学习过程强调人人参与，学习气氛和谐民主，使不同的个体都能在轻松、愉快的氛围中掌握知识，使学生在听、说、读、写方面得到同步提高，这符合人类认知规律，有利于提高教学效率。

运用叙事教学法可以对文本、理论以及抽象的概念知识进行转化，进而形成生动、有趣的故事内容，这样不仅能有效调动学生学习英语知识的兴趣和积极性，而且能更好地使学生对相应知识进行内化，真正提升其英语水平。叙述教学法在实际应用当中还存在一些问题。例如，对于英语表达能力较差的学生来说，虽然他们有一定的自我创建故事的能力，但往往欠缺良好的英语表达能力，导致学生在这样的形式下学习英语会有一定的难度；还有些学生的叙事过于生动、表现力过强，容易出现不愿配合教师教学的现象。因此，在实际的教学当中教师要重视起来，并制订合理的方案解决相应问题，以此为学生英语知识的学习奠定坚实的基础。

综上所述，在英语教学中，教师应合理地运用叙事教学法，结合实际教学要求和学生实际情况以及教材内容等，为学生设计科学合理的英语叙事教学活动，以此让学生更好地掌握和理解相应的英语知识。这样，不仅能提升英语教学的效率，还能取得良好的英语教学效果。

第二节　叙事教学的意义与原则

一、叙事教学的意义

我国目前的教学现状颇令人担忧，课堂教学中以知识为基础的"满堂灌"的教学方式仍然占有主导地位，学生对知识的理解处于了解、记忆的阶段，很少有机会把课堂教学知识运用于实际生活中，致使学生只"输入"不"输出"。同时，课堂教学效率低下，教学形式单一，学生和教师都处于"应付"的状态，这与新课改的要求相去甚远。

我国古代教育家孔子说过，"知之者，不如好之者；好之者，不如乐知者"，强调了兴趣的重要作用。可见，如果把故事运用于教学，则有助于提高学生的学习兴趣，而且可以提高教学效率，提高学生的学习积极性，实现教学与故事的有效结合。

（一）丰富教学理念

合理运用叙事教学，能有效开阔教师的教学思路和教学理念，可以给教师的教学带来启迪，并为教师备课、讲课以及辅导学生等提供新形式。在实际的英语教学当中，教师可以合理地运用叙事教学法来创设故事化语境、生活化场景以及文学化的教学背景等，而且教师与学生在这样的语境中属于创造者和参与者，通过叙述自己或是他人的故事内容，再通过师生间的交流与互动，学生可在叙述中不断提高语言的使用能力和综合水平等。

叙事教学强调故事在知识传递中的重要性，这体现了对学习者个体经验和文化背景的尊重。通过故事，教师能够更好地关照学生的情感需求，促进学生的个人成长和发展。叙事教学认为知识不仅仅是客观的事实，而且可以通过故事来建构和理解。这种观点丰富了教学理念，强调了学生主动建构知识的过程，而不仅仅是被动地接收信息。叙事教学强调在具体情境中学习的重要性，这有助于学生将抽象概念与实际情境相结合，从而提高学习的实用性和深度。这种理念有助于打破传统教学中知识与实践的隔阂。叙事教学认可并利用学生的多元智能，如语言智能、人际智能、自知智能等。通过讲故事和听故事，学生能够在多种智能领域得到发展，这既丰富了教学理念中对学生能力的认识，也为教学实践提供了更加全面和深入的理论支撑。

（二）启发教学实践

在实际教学中，运用叙事教学能给课堂教学的开展带来启发。该教学模式有着优化教学形式、明晰教学过程、组织形式简便易学等优势，新教师在开展教学时，借助叙事教学理论能更快地上手教学，学生也比较容易接受相应的知识。同时，这一方法有很强的发展性优势，教师在实际教学当中可以根据实际情况进行更为完善的调整和优化，通过自由发挥的形式来获得良好的教学效果，以此来提升整体教学水平。

叙事教学通过故事化的内容传递知识，能够吸引学生的注意力，增强其学习兴趣。故事中的情节和角色往往能够引起学生的共鸣，使其更愿意参与到课堂活动中，从而提高课堂的参与度和互动性。叙事教学通过情境的创设，使抽象的知识点具象化，更容易被学生理解和记忆。故事中的信息往往以情节的形式呈现，这种情境化的学习材料可以帮助学生更好地组织和记忆学习内容。叙事教学鼓励学生分析和评价故事中的事件和角色，这有助于培养学生的批判性思维能力。同时，通过讨论故事中的问题解决策略，学生可以学习到如何应用所学知识解决实际问题。叙事教学可以模拟现实生活中的情境，帮助学生理解抽象概念在真实世界中的应用。通过角色扮演、情景模拟等活动，学生可以在安全的学习环境中预演真实生活中的复杂情况。

（三）激发语言潜力

对于叙事教学形式来说，就是以叙述故事为主，而故事的趣味性可以有效吸引学生的注意力，增强学生主动学习知识的兴趣。叙事教学要求教师在学生掌握故事内容的情况下，正确地研究教学目标，真正让学生对相应的教学内容进行理解和掌握，以此更好地激发学生的想象力和创造力，真正有效地对学生进行语言潜能的培养。

叙事教学要求教师用生动、形象的语言去讲述或描述事件，这不仅能提升学生的语言理解力，还能增强其语言表达能力。在叙述过程中，教师会运用不同的词汇、句式和修辞方法，这对于扩大学生的语言库存、提高其语言运用能力大有裨益。叙事往往伴随着情感色彩，教师在叙述时通过声调、节奏、面部表情和身体语言等非言语手段来传达情感，这有助于学生理解语言背后的深层含义，并学会如何运用语言来表达自己的情感和观点。叙事教学不仅仅是单向的讲述，它鼓励学生参与到故事中，对故事内容进行思考、分析和讨论。这样的互动有助于培养学生的批判性思维和解决问题的能力，同时也能在一定程度上提高其语言组织能力。通过叙事教学，学生可以接触到不同文化背景下的故事和叙事方式，这不仅有助于增进学生对其他文化的理解，还能提高学生在多元文化环境下的语言交际能力。

叙事教学常常伴随着对情节的想象和创造，学生在听故事或讲故事的过程中，往往需要在脑中构建起相应的场景和情节，这有助于锻炼学生的语言创造力和想象力。

（四）优化学习状态

叙事教学能有效转变以往的依赖死记硬背以及机械化学习中存在的问题。教师能为学生设计一个轻松愉快的、高效的学习氛围，进而让学生更好地掌握和理解所学知识，真正让学生在有效的教学模式下掌握相应的知识。将叙事教学法运用到英语教学活动中，能更好地改变单调、乏味且单一的教学模式，真正有效地优化传统教学方法，从而为学生学习英语知识提供良好的教学氛围。

二、叙事教学的原则

叙事教学是一种通过故事讲述来进行教育和教学的方法。它强调通过叙述来传递知识、技能和价值观。在叙事教学中，常常遵循以下五个原则。

（一）主体性原则

在叙事教学中，学生是学习的主体，教师通过引导让学生参与到故事中，体验角色的情感和经历。叙事教学的主体性原则强调学生在学习过程中的主动性和中心地位。这一原则认为，在叙事教学中，教学活动应当围绕学生的需求和兴趣展开。教师需要关注学生的个性和差异，尊重学生的选择和表达。教师在学生发挥主体性的同时，应当提供必要的支持和引导，帮助学生克服学习中的困难和挑战。学生应当在学习活动中扮演积极的角色，主动参与学习过程，而不是被动地接受知识；学生应当在学习过程中拥有一定的自主权，能够根据自己的理解和兴趣选择学习的内容和方法，积极参与到教学活动中，通过讨论、探究、创作等方式，主动建构知识；学生应当被鼓励进行自我反思，通过反思来深化对知识的理解，提升自我认知和自我调节能力；学生应当被鼓励发挥创造性，通过故事创作、角色扮演等方式，表达自己的观点和创意；学生应当在学习中投入情感，通过情感的体验和表达，增强对知识的情感认同和记忆。

通过主体性原则，叙事教学能够激发学生的学习兴趣和动力，促进学生主动学习和个性化发展。

(二) 情境性原则

叙事教学需要将学习内容放置在一个具体的情境中,通过情境的创设,学生能够更加真实地感受到学习内容的相关性和实用性。叙事教学的情境性原则是指在教学过程中,教师应当创设或模拟具有真实性和意义性的情境,以便学生能够在具体的情境中感知、体验和理解知识。这一原则认为,学习不仅仅是一个抽象的知识传递过程,而且是一个在特定情境中进行的、与学生的生活经验紧密相关的活动。因此,情境应当尽可能地贴近学生的实际生活,使学生能够在熟悉的环境中探索和学习,从而增强学习的现实意义和实用价值。学生通过参与情境活动,如角色扮演、模拟实验等,主动探索和建构知识。情境设计应当整合多种教学资源和手段,如多媒体、实物、角色扮演等,以丰富学习体验,激发学生的情感反应,使学生能够在情感上与学习内容产生共鸣,从而加深对知识的理解和记忆。情境活动应当留有空间和时间让学生进行反思,通过反思以巩固学习成果,提升批判性思维能力。情境应当根据学生的年龄、兴趣、背景和学习风格等因素进行适当的调整,以确保每个学生都能在情境中找到适合自己的学习路径。

通过情境性原则,叙事教学能够帮助学生将新知识与已有的生活经验相结合,促进学生深度学习和全面发展。

(三) 互动性原则

叙事教学鼓励学生之间的互动和讨论,通过故事引出的问题和情境,促进学生之间的思想交流和观点碰撞。叙事教学的互动性原则强调在教学过程中师生之间以及学生之间的互动和沟通。这一原则认为,互动是学习的重要途径,通过互动可以促进学生之间的交流、合作和共同学习,也能够增强师生之间的理解和信任。在叙事教学中,教师与学生之间的互动应当是双向的,教师不仅要传递知识,还要倾听学生的想法和问题,鼓励学生提出疑问和反馈。学生之间的互动可以促进学生之间的交流和合作,通过小组讨论、同伴教学等方式,学生可共同探索和解决问题。在叙事教学中,教师可以设计角色扮演活动,让学生模拟不同的角色,通过互动来更好地理解故事情节和人物关系;教师可以引导学生就故事中的主题、情节或人物进行讨论和辩论,通过互动来锻炼学生的思维能力和口头表达能力；教师可以组织学生进行合作学习，如共同创作一个故事、制作一幅故事地图等，通过合作来促进学生之间的互动与协作；教师应当鼓励学生之间的相互反馈和评价，通过同伴评价来促进学生之间的互动与学习；教师应当创造一个支持性的学习环境，鼓励学生表达自己的情感和想法，通过情感的交流来建立师生之间的信任关系。

通过互动性原则，叙事教学能够激发学生的参与热情，促进学生社会交往能力和团队合作能力的提升。

（四）情感性原则

叙事教学强调情感的融入，通过故事的情感流动，激发学生的情感共鸣，从而加深对知识的理解和记忆。叙事教学的情感性原则强调在教学过程中关注学生的情感体验和情感发展。这一原则认为，情感是学习过程中不可或缺的一部分，它能够影响学生的动机、注意力、记忆和思维。在叙事教学中，教师通过故事、案例等叙事材料，激发学生的情感共鸣，学生则能够从情感上认同和接纳学习内容。教学活动设计应当鼓励学生情感上的参与，如运用角色扮演、情景模拟等方式，使学生在情感上投入学习情境中。学生应当被鼓励表达自己的情感和感受，通过讨论、写作、绘画等方式，表达对学习内容的情感反应和理解。教师应当帮助学生学会管理和调节自己的情感，如通过反思、冥想等方式，帮助学生平复情绪，专注于学习；教师应当提供一个安全、支持和尊重的学习环境，使学生感到被接纳和被理解，从而敢于表达自己的情感；教师应当将情感教育融入教学目标，通过教学活动帮助学生培养积极的情感态度，如乐观、自信、同情心等。在对学生的学习成果进行评价时，教师应当考虑学生的情感因素，不仅关注学生对知识的掌握度，还要关注其情感态度和价值观。

通过情感性原则，叙事教学能够促进学生的情感发展和情感智力提升，同时也能够增强学生对学习内容的记忆和理解。

（五）反思性原则

叙事教学不仅仅是对故事的讲述和听述，更重要的是通过故事引发学生的反思，让学生从故事中吸取教训和获得启示。叙事教学的反思性原则强调在教学过程中鼓励学生进行自我反思和批判性思考。这一原则认为，反思是学习过程中的重要环节。通过反思，学生可以深化对知识的理解，发现知识的内在联系,以及知识与自身经验之间的联系。在叙事教学中,教师应当引导学生对所听到的或读到的故事进行反思,思考故事中的意义、主题、人物行为背后的动机等。教师可以鼓励学生写日记或学习日志,记录自己的学习过程、情感体验和对故事的思考;教师可以组织学生进行讨论,分享自己的反思和见解,通过交流促进学生之间的相互学习和启发;教师应当培养学生的批判性思维能力,鼓励学生质疑故事中的假设、价值观和信念,以及与现实的联系。在讨论故事时,教师可以引导学生代入不同的角色,从不同的视角来反思和探讨问题;教师可以引导学生比较不同故事之间的相似性和差异性,对照自己的经验和现实世界,进行深入的反思。在学习的不同阶段,教师应当鼓励学生进行自我评价,反思自己的学习过程、策略和效果。

通过反思性原则,叙事教学能够帮助学生形成深层次的理解,提高学生的批判性思维能力,同时也能够促进学生的自我认识和自我提升。

第三节 叙事教学中培养英语自主学习能力的策略

一、社会认知主义观照下的叙事教学

中国古代教育家孔子有言:"知之者,不如好之者;好之者,不如乐知者。"这里的"好"与"乐"强调的是兴趣对于学习和认知的重要性。我国的外语教学长期以来深受语法翻译法(the grammar-translation method)的影响,以单词背诵、句子翻译和语法分析为主要手段,以培养学生的阅读能力为目标,坚持"教师、教材、课堂"三中心,忽视了学生的语言交际能力,尤其是口语能力的发展。[①] 这种以知识为基础的"满堂灌"的教学方式使得学生"输入"多,"输出"少,因而难以激发学生

---

① 刘永兵、张会平:《社会认知主义视域下的外语教学与传统外语教学的关系思考与定位》,载《中国外语》2011年第4期,第19-25页。

的学习兴趣。

社会认知主义是第二语言习得（second language acquisition，SLA，简称"二语习得"）领域里继结构行为主义和心灵认知主义之后的新兴理论取向，主张融合认知和社会两种视角研究二语习得的重要问题，更加全面地理解二语习得的复杂本质。社会认知主义取向下的二语习得研究突破了传统研究对语言学习者个体心理过分关注的局限，重视学习发生的社会文化情境因素以及学习者的主观能动性、身份认同等方面，以多元化、情境化、生态性的方式探索二语习得的重要问题。[1] 叙事教学以故事为中心，充分发挥故事本身的趣味性，主张把单调的教学内容编排为故事，通过叙事（即讲故事）的形式来完成教学内容，从而实现教学与故事的有效结合，改变以往课堂教学单调、乏味的局面，对提高学生的学习兴趣具有重要的现实意义。

（一）社会认知主义取向下的外语教学核心理念

随着改革开放和全球化的发展，尤其是近十余年来，二语习得研究领域深受韩礼德、伯恩斯坦、维果斯基、巴赫金等人对教育、心理、文化和语言等认识的影响，出现了突出强调语言社会属性的"社会认知主义取向"的二语教学理论[2]，如二语活动理论（activity theory）、二语社会文化理论（socio-cultural theory）及二语对话理论（dialogic theory）等，其认识论立场表现为将语言学习看成是一个由社会到个体的过程。在这个转换过程中，语言一方面起着非常重要的中介作用，同时又在一定程度上受到当时的社会历史、文化以及环境等诸多因素的制约。

不同于过去的心灵认知主义和结构行为主义理论，社会认知主义理论对于外语学习主要秉持以下理念：①知识是一种假设、描述和解释，而不是问题的最终答案或对现实世界的准确表征；②语言是具有强大生命力的社会共享符号系统，是形式和意义的有机统一体，它不是直接描述世界的所谓"所指—能指"的语言，它服务于人们的对话和日常交际；③学生

---

[1] 张凤娟、刘永兵：《社会认知主义视角对二语习得研究的启示》，载《东北师大学报（哲学社会科学版）》2012年第3期，第126-129页。

[2] 文秋芳：《评析二语习得认知派与社会派20年的论战》，载《中国外语》2008年第3期，第13-20页。

是具有主观能动性的知识建构者，而不是一张白板或一个空容器；④学习本质上是特定环境下学生在已有的知识和经验基础上所做的主动建构的过程，而不是学生被动接受教师传授知识的过程。① 因此，对于教师来说，外语教学应该以学生为中心，为其提供丰富多彩、真实的语言学习环境，鼓励其积极参与、勇于探索；对于学生来说，学习外语的目的不只是掌握语言知识，更重要的是如何培养综合语言运用能力去进行有效的跨文化交际。

（二）叙事教学对社会认知理念的传承

熊沐清、邓达主张在外语教学中，应尽可能通过叙事化（即讲故事）的手段来设计、呈现某一教学内容或者过程，努力为学生建构起一个可能世界和真实情境，从而使其语言、情感、想象、创造等心智能力得到充分、协调的发挥，并使他们在类似生活化或艺术化的认知活动过程中"习得"语言。② 从叙事学研究的发展轨迹来看，叙事就是一种认知，是"叙事学研究的拓展不谋而合地与认知心理学走到了一起"③。叙事教学主张吸收文学的某些要素，通过故事来完成教学，从而使认知活动生活化，使语言教学具有文学性和艺术性的特点。Turner 认为，人类的大部分经验、知识和思想通常都是以故事的方式来组织的，因为它们难以通过抽象的命题表达出来，而故事却能极大地帮助人们建构各种经验，阐释各类事件。④

故事是叙事教学中的内容载体，学生知识与技能的获得与故事的完成同步进行。因此，这里的故事应具有趣味性，或真实，或虚拟，均与学生的生活实际及理解水平密切相关，且能反映教学目标与教学内容，使学生可以投入真情实感。叙事教学运用范围广泛，可以根据具体教学情境灵活实施。"叙事教学对学生而言，其主要意义在于能激发兴趣、保持注意、

---

① ［荷］L. van Lier, *Interaction in the Language Curriculum: Awareness, Autonomy and Authenticity* (London: Longman, 1996), p. 75.
② 熊沐清、邓达：《叙事教学法论纲》，载《外国语文》2010 年第 6 期，第 104 – 113 页。
③ 张安律、刘安洪：《认知心理学与外语教学》，载《外国语文》2010 年第 5 期，第 122 – 125 页。
④ ［美］M. Turner, *The Literary Mind: The Origins of Thought and Language* (New York: Oxford University Press, 1996), p. 4.

投入情感、激活想象、增强叙述能力和促进创造。"① 事实上，叙事教学旨在通过叙事化手段提升学生的认知能力，从而培养其可持续发展的外语学习能力。因此，叙事教学隶属于认知方法体系，传承了社会认知理念。

（三）叙事教学的学生情怀

认知是人类体验、感知客观世界的一种心理过程，是人们对自身经验与外在现实的一种理性看法，也是人与外部世界协调、互动的产物。人们通过认知对世界万物建构概念和意义。人们在学习语言的过程中，不断地通过认知活动获取作为知识或技能的经验。人类学家格尔兹认为："呈现和理解经验最好的方式是叙事。叙事既是理解的手段，也是阐释的目标。"② 叙事是故事与话语的交融，表达对世界的认知与释解，是人的存在与生成的基本途径，亦是语言认知发展的重要方式。③ 基于对认知与叙事的科学认识，叙事教学秉持"学生中心"和"重在体验"的教育理念，努力使学生成为情境的创造者和英语教学活动的积极参与者。"叙事教学倡导通过故事或叙事来建构更接近学生真实生活的教学情境"④，在社会认知主义观照下，流淌着浓浓的学生情怀。

1. 叙事教学对学生主体性的彰显

主体性是人类通过不断的自我创造而形成的一种本能。学生主体性是学生在处理与外部世界关系时所表现出来的某些功能特征，是学生作为学习主体的一种质的规定性，主要指学习的自主性、能动性和创造性。随着社会的日益发展，人们越来越认识到学习者的自主性是教育的最终目标，而这已成为教育界的共识。联合国教科文组织国际教育发展委员会明确指出，教师应将学生作为学习的主体来看待，让学生自己决定学习内容、方法、时间、地点以及和谁学习。

---

① 熊沐清、邓达：《叙事教学法论纲》，载《外国语文》2010年第6期，第104–113页。
② 张安律、刘安洪：《认知心理学与外语教学》，载《外国语文》2010年第5期，第122–125页。
③ 邓达、熊沐清：《外语教学的叙事表达：一种教学论视角》，载《外国语文》2010年第3期，第105–110页。
④ 杨红：《叙事教学法观照下的虚拟语气教学》，载《外国语文》2012年第2期，第127–131页。

认知语言学强调语言的体验性和认知性，突出人类的主体性。事实上，体验是人的主体性生成和发展的重要动力，是一切知识的重要源泉。人在体验、认知加工过程中始终发挥着主体性的作用，一直扮演着非常重要的主体角色。作为一种认知教学法，叙事教学强调以学习者为中心，以叙事的形式设计和呈现教学内容，使知识、价值观念、行为规范等蕴含于故事之中，通过营造故事化情景和故事化生活的手段，彰显学生学习的主动性、情境性、参与性和体验性，遵循学生的认知规律，强化其认知与体验能力的养成，以利用学生较高的认知能力来促进学生的外语学习。整个教学过程高度重视学生的内部需要，充分激发其学习兴趣，增强其知识经验，落实其主体地位，让学生不仅有自己创造和参与语境的权利，还有自我探究、自我发现和自我评价的权利；教师则充当学生学习的促进者和催化剂，是一种真正意义上的"人文关怀式"教学。[1]

2. 叙事教学对学生认知能力的聚焦

认知能力是支撑终身发展、适应时代要求的四种关键能力之一，认知能力的培养直接影响着学生独立思考、逻辑推理、信息加工、学会学习等意识和能力的形成，对其余三种关键能力（合作能力、创新能力、职业能力）的提高有重要的奠基作用。[2] 认知能力是人脑对来自外部世界的各种复杂信息进行有效的加工、存储以及提取的能力，是人类对事物的构成、性能和与其他事物的关系、发展的动力与发展的方向以及基本规律的把握能力，是人们成功地完成活动最重要的心理条件。人类常常通过故事、神话等叙事方式来组织经验和记忆。

20 世纪 50 年代，美国教育心理学家 Benjamin Bloom 把教育目标划分为情感目标、动作技能目标和认知目标三大领域，而作为第三层级的认知能力培养成为大学教育的主要目标。1990 年，Lorin Anderson 对 Benjamin Bloom 的认知能力分类进行了改进，提出了一个"识记—理解—应用—分析—评价—创造"的布鲁姆—安德森认知能力六级模型分类图。孙有中

---

[1] 赵永峰：《认知语言学在二语教学中的应用评介》，载《现代外语》2011 年第 2 版，第 211-213 页。

[2] 张懿、叶宝生：《小学科学高阶认知能力的内涵和培养策略》，载《湖南第一师范学院学报》2023 年第 4 期，第 45-51 页。

和金利民认为，英语专业学生应该具有扎实的语言基础、系统的专业知识、良好的认知与思辨能力和深厚的人文素养。① 然而，反思英语专业的教学现状，听、说、读、写等技能训练常常在最初级的认知层面"识记与理解"中进行，而集中体现在"应用、分析、评价、创造"上的学生的思辨能力培养却少为人关注，这不得不让人深思。可喜的是，叙事教学主张通过叙事化手段来激发学生的学习兴趣与积极性，聚焦学生的认知能力，培养可持续发展的外语学习能力。

在叙事教学中，叙事不仅是学生理解和掌握教学内容的手段，而且是阐释的目标。以往的外语教学，仅仅关注了母语对外语学习的干扰，即负迁移，却没有充分地关注母语习得对外语学习的正迁移，以及外语学习者比母语习得者具有的那些更加成熟的认知能力。通过故事的形式可以为学生创设一种良好的学习情境，进而为解决相关问题提供各种具有创新性的策略与方法，有利于学生思维的发展及其对经验的深层次理解。叙事思维作为人类的一种主要的思维形式，常常被认为是一种有效的用来组织知觉、记忆、思想和行动的方法。

叙事教学力图通过叙述手段来全面发展学生的叙事思维、认知能力，并利用学生较高的知觉、记忆、注意、思维、想象等认知能力为学生的外语学习扫除障碍，最终促进其外语学习能力的发展。"叙事是一种精细的复述，在短时记忆进入长时记忆的过程之中起着非常重要的作用。叙述不仅是人们获得认知能力的一种有效方式，而且反映人的认知水平和认知能力。"② 因此，叙述性话语常常比非叙述性话语更能起到引发学生注意和认知的作用。

3. 叙事教学对学生情感世界的关注

人的情感与认知活动总是相伴而行的，这是因为人的情感以其生物存在为基础，是人的社会性与精神性的集中表现。对学生而言，教学过程理应成为其积极而愉悦的情感体验，因为只有涉及学习者整个人，尤其是包

---

① 孙有中、金利民：《英语专业的专业知识课程设置改革初探》，载《外语教学与研究》2010年第4期，第303－305页。
② 熊沐清：《故事与认知——简论认知诗学的文学功用观》，载《外国语文》2009年第1期，第6－15页。

括情感与理智的自我发起的学习，才是最持久和最深刻的学习体验。

叙事教学关注"人之为人"的精神层面，关注个人的独特品性，而不是把人看作一种"平均状态"。叙事既是一种表达方法，也是一种推理模式，即人们通过叙事来描述世界、理解世界。叙事作为一种教学呈现的手段参与心理建构的整个过程并唤醒学生生理，改变其认知活动。[①] 人本主义心理学就特别强调学生整个身心状态与学习材料的关系，认为只有学生整个人都参与，而且左右脑都共同发挥作用的学习才称得上是有意义的学习。叙事教学将认知活动与情感紧密联系起来，叙事化手段使语言认知活动生活化、艺术化，为学生创造良好的学习氛围，使学生在有意义的真实的教学情景中倍感自信、轻松和安全，这也是实现以学生为中心的教学的前提。事实证明，当学生的情感世界被教师忽视和冷落时，学生往往对学习产生抵触；只有当学生感觉自己有心理安全感时，才能以积极的认知去体验和建构教学的意义，这时候的学习才是最有效的。

传统教学中的角色扮演（role play）忽视学生的情感需求，因而缺乏新意和吸引力。叙事教学不仅培养学生的工具性动机，而且关注学生学习外语的融合性动机。叙事化的教学方式，使学生进入一种真实情境或模拟现实的世界，可以充分发挥学生的情感、想象、记忆和创造等各种心智能力。

叙事教学倡导学生情感、态度、价值观的全面发展，通过对学生情感世界的关注，释放学生的心理压力，使学生之间、师生之间形成和谐愉悦的气氛，从而催生出学生持久的学习动力，因为"无论是文学性叙事还是非文学性叙事都可以创造一种可能世界（possible world），即如何由故事或叙事构建的话语世界（discourse world），并与真实世界具有同质结构"[②]。教师进行虚拟语气教学时，如果只是罗列语法规则，既抽象又枯燥，无法激起学生的学习热情与情感状态，而如果运用叙事投射的方法鼓励学生把虚拟语气的句子还原成故事，建构"可能世界"，利用叙事的形式使承载语法规则的语言内容情景化、生活化，通过体验式的叙事教学将

[①] 张安律、刘安洪：《认知心理学与外语教学》，载《外国语文》2010年第5期，第122–125页。

[②] 熊沐清、邓达：《叙事教学法论纲》，载《外国语文》2010年第6期，第104–113页。

语言学习与情感、想象等有机结合，则可取得事半功倍的教学效果。①

4. 叙事教学对学生个体差异的尊重

个体差异是在社会群体竞争之中以及个体之间在遗传、环境及能动性三个因素共同作用下形成与发展起来的。人的素质差异不仅表现在其生理、性别与外貌方面，而且更多地体现在其心理方面。心理差异表现为个性倾向差异（如兴趣、爱好、需要、动机、理想、世界观等的差异）和个性心理特征差异（如能力、气质、性格等的差异）。后现代主义具有的多元性特征反映了这种差异性和多样性，遵从了"异质的平等"观②。作为学习的主体，每个学生都具有不同的特质，表现出不同的自我效能感、信息加工模式和认知方式。尤其是自我效能感，它直接影响人们在面对某些任务时心理功能的发挥，影响人的行为选择、思维过程和情感过程，影响其动机性努力的程度。一般情况下，自我效能感高的人，其动机水平与努力程度也高，反之亦然。

学生能否积极参与到如同真实生活的语境中去是语言学习是否有效的一个重要的前提条件，而能否使学生成为这种语境的参与者及创造者正是叙事教学之核心。语言学习离不开个体化的生命理解，叙事教学尊重学生的个体差异，秉持"个体语言认知水平不平衡性"观点，主张在设计叙事教学活动时应根据不同的教学目的与任务，考虑到不同学生的年龄特点及其认知和英语水平。因此，在对学生表现进行评价时，教师有必要充分考虑学生个体在学习方法、能力及需求等方面的差异，通过加强评估、提供个性化的反馈信息来帮助学生提高学习积极性。值得一提的是，不同于传统教学的"非此即彼"，叙事教学在尊重学生个性化发展的同时，也关注其社会性发展，不断增强其社会认知能力。

5. 叙事教学对学生学习方式的优化

学习方式的转变对促进学生的全面可持续发展具有战略性意义。学习

---

① 杨红：《叙事教学法观照下的虚拟语气教学》，载《外国语文》2012年第2期，第127–131页。

② 张啸：《后现代主义多元性特征对研究生公共英语阅读教学的启示》，载《外语教学》2010年第3期，第141–144页。

方式一般分为接受和发现两种，前者以定论的形式直接呈现学习内容，学习的心理机制是同化，学生成为知识的接受者或"容器"；后者以问题形式间接呈现学习内容，学习的心理机制是顺应，学生是知识的发现者。二者各具价值，本应相得益彰。然而，传统的学习方式在实践中过分强调知识的传授与记忆，忽视对问题发现与知识探究能力的培养，从而导致学生以直接接受书本知识为主的被动学习过程，降低了学生的学习兴趣。

在叙事教学中，讲故事、观察、访谈、实验、角色扮演等不同形式的叙事手段可以充分调动学生的学习兴趣，为发挥学生的想象力与创新意识提供广阔的空间。儿童心理学研究显示，故事是青少年最感兴趣的材料与话题之一，尤其是那些经典故事，因为生动有趣、内涵丰富，不仅使学生的语言能力得到发展，而且使学生的心智得到熏陶。① 叙事教学就是要改变学生被动学习的现状，通过叙事化手段对叙事材料进行排序、组合与分解来构建有趣而富有意义的故事情节。教学过程中经过"故事引导，激发兴趣→材料改编，诱发情感→情景设置，激活想象→任务分配，促进创造"四个环节的叙事教学，凸显探究、发现等认知活动。自主、合作、反思等现代学习方式在认知活动中的有效运用，可使学生最终达到"习得"语言的目的。

教学有法，教无定法。正如 Richards 等所言："多数教学法主要是为读者提供建议，由于缺乏细节描述，读者往往并不知道如何有效地把它们付诸日常的教学实践之中。"② 后方法时代教学理念旨在对传统教学理念及其衍生的教学原则开展批判性反思，其核心在于强调外语教学的"特定性"。

叙事教学并不否定过往的方法，而大力倡导外语教师根据特定的教学目标、教学对象、教学环境等尽可能地发掘和还原教学内容的事件性、故事性，创造出更为真实可信的模拟心境而不是某种虚假的交际情境，自觉地进行有意义的叙事性外语教学场的构建，努力转变和优化学生的学习方

---

① 韩宝成：《关于我国中小学英语教育的思考》，载《外语教学与研究》2010 年第 4 期，第 300-302 页。

② ［新西兰］J. C. Richards, T. S. Rodgers, *Approaches and Methods in Language Teaching* (Beijing: Foreign Language Teaching and Research Press, 2000), p.161.

式,使外语教师不再是知识的"灌输者",而始终是学生学习的"促进者"。①

语言是人类一切社会活动及其社会关系的重要基础,是一种重要的交流思想、传承文明的工具。Egan 曾指出:"心灵之于故事犹如身体之于食物。"② 在语言教学中,故事对于学生的吸引力不容置疑,因此,缺乏叙事声音的语言情境必然让人感觉落寞。

遗憾的是,传统的外语教学方式使广大教师和学习者处于人文困境之中。沉闷的课堂教学气氛使师生关系面临严峻的挑战;被动的学习方式使广大学子在英语学习中倍受煎熬;苦口婆心式的知识灌输消弭了教师的课堂热情。凡此种种使教师和学生均无法达到情感的高峰体验。哲学家胡塞尔认为生活世界是世间一切科学形成的基础,生活世界的问题跟人生意义、目的、动机与实践紧密相连。英语类专业教学一方面需重视课堂教学,另一方面应加强网络环境下学生自主学习能力培养,为学生的终身学习能力发展打好基础。③ 叙事教学吸取了人类学、认知语言学、认知心理学、叙事理论和外语教学理论等的丰富营养,关注"人"及人的"生活世界",彰显着浓浓的学生情怀,对提高英语课堂教学质量具有重要的价值和意义。

二、叙事课堂生态语境建构与英语自主学习能力培养

党的十九大报告明确提出,建设生态文明是中华民族永续发展的千年大计,要像对待生命一样对待生态环境。"教育生态是教育系统与环境系统的有机融合。教育生态结构和环境对教育教学的发展具有重要的作用和影响,同时,教育对生态环境又具有一定的反作用,不断推进教育生态系

---

① 常海潮:《教学法"死亡"了吗?——论外语教学中教师中心角色的回归》,载《外语界》2011 年第 3 期,第 36-43 页。

② [英] K. Egan, *Narrative and Learning: A Voyage of Implications. In Teaching, Learning and Research* (New York: Teachers College Press, 1995), p. 116.

③ 王巍巍、仲伟合:《"国标"指导下的英语类专业课程改革与建设》,载《外语界》2017 年第 3 期,第 2-8 页。

统的持续发展。"① "教育生态学从生态系统的整体、开放、动态、平衡观视角，秉持可持续发展的全新理念来建构教育的理论框架"②，为大学英语课堂教学研究提供新的路径与选择，它主要传递的是"对传统'教'与'学'二分法的革新，有利于建构和谐、民主的课堂生态"③。叙事课堂注重通过叙事的方式激发学生的英语学习兴趣，培养学生的自主学习意识和认知能力，因为以叙事的形式设计和呈现教学过程或教学材料，用叙述句或叙述性语段营造语境，有利于发掘或还原材料的事件性，使教学活动情景化和生活化。本书从教育生态学语境观的视角，分析叙事教学生态语境建构的原则，提出叙事课堂生态语境建构策略，以求教学中充分运用教育生态学的科学原理使"以教师为中心"的"灌输式"知识教学转变为教师引导下的学生自主学习意识和自主学习能力的生成，从而提高大学英语课堂的教学效率。

（一）教育生态学的语境观

1976年，美国学者劳伦斯·克雷明（Lawrence Cremin）在《公共教育》（*Public Education*）一书中最早提出教育生态学（educational ecology）的概念。教育生态学从分析自然、社会、规范、生理和心理环境等各种生态因子与教育的相互作用入手，研究教育的生态结构。教育生态学重点关注教育活动的发展趋势和方向，从宏观和微观两个层面研究个人、社区与环境的关系。"教育生态学的核心在于生态系统中的各因子密切联系、有机统一，且动态地呈现为统一与矛盾、平衡与失衡的状态。"④

生态语境是指具有鲜明生态特色的理想的课堂环境，强调课堂环境的整体生态功能，主张运用和谐与全面发展的思想来对待课堂中的生态因素，动态观察教学过程，以开放的态度面对教学主体，以多样化方式提供

---

① 姜秋霞：《西部地区外语教育的生态语境及补偿机制研究》，载《中国外语》2012年第11期，第4-10页。

② 于娜、高晓慧、高伟：《教育生态学视角下研究生英语创新教学模式探析》，载《黑龙江教育学院学报》2013年第2期，第157-158页。

③ 孙丹、殷际文、李舰君：《论教育生态学视角下大学英语教学创新》，载《黑龙江高教研究》2013年第5期，第189-190页。

④ 陈燕、冯昕：《高校教学管理工作的可持续发展》，载《上海教育》2013年第4期，第28-29页。

教学反馈和评价,是影响师生教与学活动成效的主要外因之一。"学生自身和群体的特征,课堂生态的好坏,教师与课程、教师与教学以及教师与评价的整合程度等因素都会对课堂动力产生重要影响,而课堂动力的强弱直接或间接地左右着课堂活动的结果。"① 在生态课堂中,教师需要不断激发学生的兴趣,帮助学生建立学习的信心,培养良好的学习习惯,指导学生掌握学习策略。

英语生态课堂与学生良好的学习个性的培养是相辅相成的。"课堂生态化是培养学生良好学习个性的重要基础,课堂生态化程度越高,越有利于培养学生良好的学习个性。只有通过课堂生态化才能达到培养学生独立自主学习能力的目的。而学生良好学习个性的彰显,又必然会促使课堂充满生机与活力,使课堂呈现出特有的生态价值。"② Rawlins 认为,生态化的课堂应使课堂教学成为学生抒发不同见解、彼此充满关爱、共同分享责任和愿景,在学习共同体的实践中共同创造人人都倍感成功、快乐、舒畅的良好环境。教育生态学秉持的语境观对提高叙事课堂的教学质量具有重要的指导意义。③

(二) 叙事课堂生态语境建构原则

Herman 认为,人类常常通过故事、神话等叙事方式来组织经验和记忆。④ 叙事课堂注重培养学生的学习兴趣、发展认知能力和促进个性发展,以建构与传承语言知识为基本手段,"是由课堂生态主体的教师、学生和课堂环境三种生态因子所构成的一种微观生态环境,具有自然生态、文化生态所不具有的独特的生态主体与生态环境"⑤。叙事课堂生态语境建构需要坚持可持续发展、系统完整性和动态平衡开放的原则。

---

① 刘兴然:《论课堂生态与课堂动力》,载《教育理论与实践》2014 年第 7 期,第 56 - 59 页。

② 谭玮:《英语课堂生态与学习个性的培养》,载《课程·教材·教法》2008 年第 4 期,第 58 - 62 页。

③ [英] W. K. Rawlins,"Teaching as a Mode of Friendship",*International Communication Association*,2000 (1):35.

④ [英] D. Herman,"Narrative Theory and the Cognitive Sciences"(CSLI Publications:Center for the Study of Language and Information,2003):164.

⑤ 李森:《论课堂的生态本质、特征及功能》,载《教育研究》2005 年第 10 期,第 55 - 60 页。

1. 可持续发展原则

1987年，世界环境与发展委员会将可持续发展界定为在满足当代人的需要的同时，又不损害子孙后代的发展。可持续发展的核心部分在于：人与自然的协调和人与人的关系。人与自然相适应，人与人相互尊重。只有把这两个和谐关系结合起来，才能实现可持续发展。叙事课堂应该坚持可持续发展的原则。首先，教师、学生、环境等生态因素是叙事课堂的重要组成部分。叙事教学的核心在于通过教师的叙事方式，为学生创造类似学生生活的语境，或使学生成为语境的创造者，突出"学生中心"，关注学生情感，关注课堂整体的生态效应。其次，在信息时代和终身学习社会，叙事课堂不仅要关注教师如何"自主教学"，有效传授知识，促进专业发展，还要关注学生的"自主学习"，培养其意识和能力，使教师与学生的发展均具有可持续性。

2. 系统完整性原则

生态系统中各因素之间是相互联系、相互作用的。如果这个体系中的各个部分合理、和谐地发展，那么这个体系就有自我更新和自我发展的能力。整体上，叙事课堂由教师、学生构成的生态主体与环境相互作用，形成一个统一体。一方面，各生态要素具有不同的特性和功能，扮演着不同的角色，只有通过所有生态要素的协调发展，才能推动英语教学更上一层楼；另一方面，由于生态因素是相互关联的，在叙事教学中，各个因素相互影响。正如教育家阿尔弗雷德·怀特海德所说的："绝对独立的生命体是不可能的。"实际上每一个生命体都是相互依赖、相辅相成的，教育生态系统也是如此。教育生态系统的发展受内外因素的共同作用，保持系统的完整性是生态系统存在和可持续发展的关键。这对叙事课堂具有重要的指导意义，在叙事课堂中教师、学生、教学情境也是相辅相成的，构成一个完整的教学生态系统。

3. 动态平衡开放原则

"生态系统论认为，要使系统与外界环境进行物质和能量的交换，必须使系统具有开放性,使其具有足够的活力并不断发展。"① 生态系统的平衡意味着组织和功能在一定的时间和先决条件下,在生态系统内仍然是相对稳定的。如果受到不良影响,将导致组织和功能的不平衡,从而导致生态系统失衡。但是,通过自我调整和实效性的影响,相关制度会更加合理,更有效地组织起来,形成新的系统。因此,平衡是"平衡—失衡—新平衡"的相对而动态地发展。同样,生态环境和外部影响与系统中的各种因素一起,通过"平衡—失衡—新平衡"动态地发展。叙事课堂的最佳状态是动态平衡的最终目标,只有通过各种相互关联的教学因素的协调配合,互动协调才能实现。叙事教学不是一个封闭、孤立的生态系统,其动态开放性包含生态主体的开放性、教学目标的开放性和教学环境的开放性等。

(三) 叙事课堂生态语境建构策略

Turner 认为,人类许多事实或抽象命题常常以故事的方式来组织,因为只有故事可以表达并帮助人们建构和理解各种不同的事件。② Susan 认为,故事不仅有利于创设学习情境,帮助学生有效解决学习疑难问题,还能启发学生思维方式,使其意识到自身在思维上的缺陷与不足。③ 叙事课堂生态语境的建构可从教学环境、教学资源、师生关系和评价体系四个方面寻求对策。

1. 创建多维互动的教学环境

现代外语教学面临的最大挑战是教师能否为学生提供一个以学生为中心的、低焦虑的课堂环境,因为"学习者必须成为生活化语境的参与者是有效的语言学习的一个前提条件"④。"生态课堂以学生为主体,注重学

---

① 孙丹、殷际文、李舰君:《论教育生态学视角下大学英语教学创新》,载《黑龙江高教研究》2013 年第 5 期,第 189 – 190 页。

② [美] M. Turner, *The Literary Mind*: *The Origins of Thought and Language* (New York: Oxford University Press, 1996), pp. 4 – 5.

③ [美] Susan E. Butcher, "Narrative as a Teaching Strategy", *The Journal of Correctional Education* (2006): 23 – 24.

④ [德] H. H. Stern, *Fundamental Concepts of Language Teaching* (Shanghai: Shanghai Foreign Language Education Press, 1999), p. 261.

生的个性发展,通过现代教学手段,促进教师与学生的发展和谐统一。"① 学生的学习在一定程度上受到课堂教学生态空间环境的影响。过大的班级规模使课堂生态空间环境超过了生态主体的承受力和耐受度,容易降低群体生理和心理的舒适感与平衡度,导致课堂生态主体与课堂生态环境的失衡。② 然而,语言学习的过程应该是学习者与教师和教学环境积极互动的过程。叙事课堂通过交互提供了生态课堂信息流动的驱动力、师生关系的润滑剂和语言习得的经验,而且课堂互动是多方面的,包括教师与学生的互动、学生与学生的互动,以及教师、学生与环境的互动。

叙事课堂的核心在于建构一个有利于学生互动交流的语境,并且让学生积极参与语境建设,通过课堂互动发展认知能力。从生态学视角出发,叙事课堂中建构多维互动教学环境的关键在于打造课堂教学的内在环境。内在环境包括课前环境(如物质环境、师生背景、教学设备等)、课内环境(如师生关系、生生关系、师生情感态度等)和课后环境(如课堂气氛、课堂规章制度等)。建立这样一个环境的首要考虑是关注物质环境,尤其是在"互联网+"时代,应充分发挥信息技术的强大功效,优化叙事课堂的教学环境。在教学过程中,教师应该更多地重视教学方法的运用以及学生之间的竞争与合作。对于课后环境,教师要努力保持与学生的情感沟通,构建和营造良好的师生关系和课堂氛围。在叙事课堂教学中,师生要共同努力缩短心理距离,建立和谐关系,这是建构有效的多维互动教学环境的重要基础。

2. 整合信息化的教学资源

信息化的教学资源是教育信息化的基础,是信息技术与课程整合的关键,主要指经过数字化处理的各种多媒体材料或网络教学系统,通常包括电子教案、媒体素材、多媒体课件、试题库等。③ 现代科技的发展是建设立体化教学资源的前提。传统英语课堂教学资源相对有限,学生主要通过

---

① 罗志刚:《信息技术环境下生态课堂的教学策略——以初中物理为例》,载《教育信息技术》2014年第8期,第93-95页。
② 郭建荣:《教育生态学对提升教师幸福感的启示》,载《湖南农业大学学报》2013年第11期,第182-185页。
③ 汪颖、解利:《教育生态学对信息化教学资源建设与应用的启示》,载《现代教育技术》2010年第11期,第19-22页。

课本和教师学习知识。现代技术大大增加了信息存储、转换和传播的方法。以知识存储方式为例，知识可以存储在教科书、DVD 光盘、多媒体课件和网络教学系统中。在信息时代，教师应该顺应时代的发展，整合各种课程资源，努力为学生提供由教科书、DVD 光盘、多媒体课件和网络教学资源等所构成的立体化的教学资源，共同推动英语课堂教学质量不断提升。

在"互联网+"时代，信息技术不仅能为学生提供获得各种学习资源的途径，还能为其自主学习提供更多的给养。[①] 信息技术与叙事教学的有效整合，能给叙事课堂的生态系统带来巨大的变化。这必然要求教师自发地转变自身的生态位，努力提高技术应用能力，不断调整教学手段以适应当前信息技术教学的需求。"如果教师抱着课堂主宰地位不放，会使自身对环境因子的适应阈值逐渐下降，生态幅变窄，失去能量交换和流动，最终会导致其生态位的枯竭。"[②] 在实际的叙事教学过程中，教师应通过精心设计的课堂活动，将教材、DVD 光盘、多媒体课件和电子学习资源等有机结合起来，打破割裂地使用不同教学资源的无序现象。诚然，正如 Bergmann 和 Sams 所言，使用教育技术的目的并不是取代教师的作用，而是增强师生、生生的互动与交流。因此，教师要努力利用立体化、信息化的教学资源，丰富教学内容，开阔学生视野，不断提高学生的信息素养和信息能力。[③]

3. 发展和谐平等的师生关系

民主、和谐、平等的教学氛围是学生树立信心、积极参与学习的前提和基础。教育的生态价值观认为，教师和学生都有自己不可替代的价值，在价值层面上是平等的。因此，和谐的师生关系对于建设生态英语教学环境至关重要。传统上，教师和学生难以平等交流。要构建和谐的师生关系，首先，教师要有正确的权威观，教师的权威并不是要求学生绝对地服

---

① [美] H. Reinders, C. White, "Special Issue Commentary: Learner Autonomy and New Learning Environments", *Language Learning & Technology*, 2011 (3): 72.

② 邓康康:《从教师角度论生态语境下的信息化教学》，载《当代教育理论与实践》2016年第5期，第88-90页。

③ [美] J. Bergmann, A. Sams, *Flip Your Classroom: Reach Every Student in Every Class Every Day* (Washington DC: International Society for Technology in Education, 2012), p. 93.

从。教师要把自己看作是与学生地位平等的人,要树立终身学习的理念,不断更新自身的知识体系。教师对待学生越友善和耐心负责,越有利于建立自己的权威。其次,学生是课堂生态的主体,也是教师实施教学活动的主要对象。为了构建和谐的师生关系,教师要尊重学生,尤其要尊重学生的个性,努力了解学生的思想。

从课堂生态视角来看,学生是教师的合作者、知识的建构者、环境的创造者,而不是知识的被动接受者,学生希望获得来自教师的知识和关注;与此同时,学生有独立学习的能力,有独立性的倾向和表现。尤其是对于有一定的语言基础和学习习惯的英语本科生来说更是如此。对于学生依附和独立的认识,教师可以采取积极的态度和教学方法来帮助建立良好的师生关系。在英语叙事课堂生态中,教师要厘清对学生的认识,学生不再是灌输的对象、知识的"容器",而是知识的建构者与生成者。构建和谐师生关系的前提在于教师与学生如何对自身进行准确定位。这是确保课堂生态系统保持动态平衡的关键。从某种程度上来说,虽然学生在课堂生态主体中处于同等重要的地位,但建立和谐师生关系的关键却在于教师。要做到因材施教,教师必须尊重教育教学规律,"尤其要注重课堂教学的个性化与多样化,重点突出课堂设计的人本元素"①,不断加强师生主体间的互动与交流,做到教学相长、互敬互爱,努力使学生具有学习成就感,使教师自身具有职业幸福感。

4. 构建多元化的评价体系

教学评价是教学过程的重要组成部分,也是教育质量控制的一种措施,反映了教与学的关系。此外,教学评价亦会引导师生调整教与学的策略,促进教与学的效果。评价不是教学目标,而是激励学生发展的一种措施。要全面、客观地评价学生,需要完善课堂教学评价体系,确保评价主体的多元化。在教学过程中,学生应参与评价过程,找出存在的问题,并寻求纠正措施。与此同时,学生参与评价,有可能发现其他问题,并给予他人建议,有利于评价功能向学生的内在需求转变。此外,还要保证评价方式的多样化。在大学英语叙事课堂中,教师要关注学生的进步,及时给

---

① 尹达、田建荣:《课堂生态系统动态平衡机制研究》,载《教育理论与实践》2014年第10期,第10-12页。

予学生具体的鼓励，让学生感受到自己的进步和成就。同时，评价内容要全面。英语课不仅涉及学生的认知活动，它还涉及学生的情感、态度和价值观。因此，英语评价体系不仅要求学生掌握语言知识与语言技能，还包括学习主动性、学习策略、跨文化交际能力的提高以及人际关系的改善等。

科学合理的评价体系有利于教学目标的实现，对教学活动的顺利进行和学生综合素质的发展具有重要意义。在英语教学中，应建立生态化评价体系，坚持以学生的实际语言运用能力为中心。生态化的英语教学评价应坚持过程性评价与终结性评价相结合。过程性评价强调对学生学习过程的评价，并通过诊断教学问题提供反馈，重点关注学生的发展潜力，判断其发展趋势。生态化评价体系的建构要把平时成绩与考试结合起来。这两种测试的结合既可以检查学生的英语水平，又可以激发他们的主动性。成绩测试考查学生对教材的掌握程度，而水平考试则可以考查学生综合能力所处的不同层次。此外，要努力建构有弹性的教学体系，使不同英语水平的学生参照整个教学计划制订个性化的学习计划，注重实际过程性评价。此外，教师还可采用多功能多方位测试，将学生的入学考试成绩、日常任务、单元测试等学习资料的记录作为考试项目，对学生进行综合评价，从而促进学生全面发展。

总之，生命及其多样性构成了生态的本质。从生态的视角来看，课堂是开放的、灵活的、多样性的、充满生命活力的，而不是单一预设的、狭隘独有的和霸权控制的。"课堂是学生作为学习主体开展精神交流的物质场所，是激发学生生命活力的重要舞台，而不是令人畏惧的'现代精神地狱'和'千篇一律的知识加工厂'。"[①] 课堂生态观认为，一切现在的行为都是为了将来更好地发展，生态的着眼点就是"面向未来的发展"。[②] 后现代主义认为，人类生活世界里的各种自然、社会、环境因素相互依存。因此，在叙事课堂中，要注意协调课堂与自然社会的关系，注重实践和体验；要通过转变课堂教学生态中的教与学的行为，建设耐度生态空间

[①] 汪霞：《我们的课堂生态了吗》，载《全球教育展望》2005年第5期，第17–22页。
[②] 徐陶、彭文波：《课堂生态观》，载《教育理论与实践》2002年第10期，第37–40页。

环境,避免"花盆效应",使教师与学生成为合作者、对话者和学习伙伴。①

在叙事课堂生态语境的建构过程中,教师还必须努力激发、培养学生的自主学习意识和自主学习能力,而自主学习受到学习者内在动力的驱动,其意愿取决于学习者的动机强弱。② 因此,教师要充分重视学生这个课堂生态主体,坚决贯彻"以学生为中心"的教学理念,使课堂成为促进学生身心健康、全面发展的生态乐园。

三、信息技术融入叙事教学与英语自主学习能力培养

作为一种生产、收集、存储和使用海量信息挖掘数据潜在价值的新技术,大数据给我们的工作生活以及思维方式带来了巨大的变化与挑战。此种变化与挑战体现在教育领域,主要表现为大数据时代为高等教育全面开展个性化教育提供了新的契机。大数据时代的学习呈现学习内容、学习时间以及学习方式的碎片化特点,需要采取整合的方式对碎片化知识进行创造性重构。信息技术不仅能为学习者提供获得资源的途径,还能为自主学习提供各种给养。瞿莉莉和吕乐认为,信息技术与外语教育的深度融合有望创造教育新生态,自主学习是其中的重要环节。③ 钟美荪和孙有中认为,有效利用信息技术提高英语专业教学效率,可以培养学生自主学习能力。④

作为一种认知教学法,叙事教学强调从学生的兴趣出发,突出学生的主体地位,主张依托叙事方式来设计、呈现英语的教学过程和教学内容,

---

① 汪霞:《一种后现代课堂观:关注课堂生态》,载《全球教育展望》2001年第10期,第51-54页。
② [美]拉塞尔·L.阿克夫,丹尼尔·格林伯格:《翻转式学习:21世纪学习的革命》,杨彩霞译,中国人民大学出版社2015年版,第126页。
③ 瞿莉莉、吕乐:《网络环境下英语专业学生自主学习培养模式研究》,载《外语电化教学》2016年第4期,第9-14页。
④ 钟美荪、孙有中:《以人才培养为中心,全面推进外语类专业教学改革与发展——第五届高等学校外国语言文学类专业教学指导委员会工作思路》,载《外语界》2014年第1期,第2-8页。

从而营造出一种真实情境或可能世界,培养学生的自主、合作、探究能力。①"互联网+"时代信息技术的多元角色促进了学生自主学习的开展,呼应了叙事教学倡导的大力创设真实情境与可能世界、发展学生认知能力的现实需求,为叙事教学的实施提供了雄厚的技术支持。叙事教学则为信息技术提供发挥其强大功能的实践平台。二者的融合相得益彰,有利于学生自主学习质量的提升。基于信息技术与叙事教学均具有促进学生自主学习的共性的考量,本文旨在探讨信息技术融入叙事教学的意义以及这种融合对学生英语自主学习能力培养的启示。

(一) 信息技术融入叙事教学的意义

许多事实或抽象命题之所以常常通过故事的方式进行组织,是因为只有故事才可以表达并帮助我们建构与理解丰富多彩的事件。叙事教学正是基于对故事重要性的认识来组织课堂教学,并在信息技术的强大支持下,展现出勃勃生机。

1. 提升课堂教学的趣味性和质量

兴趣是个人对开展某项活动或者探索某种事物所持有的一种积极的心理倾向性,是在需要的基础上,在社会实践的过程中形成与发展起来的,是引起与维持人的注意力的一个极其重要的因素。常言道:"兴趣是最好的老师。"学生对教学内容越有兴趣,学习的动机就越强,效果就越好。生活中人们的经验与记忆常常通过故事、神话等叙事的方式来展现。叙事教学主要由故事构成,故事本身所具有的趣味性对学生始终具有新鲜感,符合学生的年龄特点,能充分激发学生的好奇心和想象力,也便于教师通过叙事手段"寓教于乐",提高学生对教学的兴趣。随着多媒体和互联网技术的不断发展,课堂教学中一些抽象的、晦涩难懂的内容得以通过powerpoint、frontpage、authorware、flash 等软件具体化呈现,将各种文字数据、动画、声音、图像等汇集在一起,对学生进行多重感官的交叉刺激,让学生置身类似于生活的真实情境。教师通过制作图文并茂的多媒体课件,融技术于微课、慕课、翻转课堂,支持实现人机交互;引导学生开展在线学习,对学生的操作和练习给予及时的反馈,发挥学生认知主体的

---

① 熊沐清、邓达:《叙事教学法论纲》,载《外国语文》2010 年第 6 期,第 104–113 页。

作用，激发其学习兴趣，使其产生强烈的学习动机，从而提高教学质量。

2. 增强对经验的深层次理解以促进思维的发展

思维是人的大脑借助语言对事物的概括与间接的反应过程。它探索与发现事物的内部本质联系及规律性，以感知为基础又超越感知的界限，是对新输入信息与脑内存储知识经验进行一系列复杂的心智操作过程，是人类认识过程的高级阶段。叙事教学能开拓人的思维，使人通过故事对自身的经验进行深入的理解。故事不仅赋予不同经验以丰富的意义，还能串起那些相互隔离的人类经验，使之成为一个整体。故事不仅有利于创设学习情境和有效解决问题，还能启发思维方式，使人意识到自身在思维上的错误。脱离经验与生活的理论和事实往往使人难以理解，而故事有助于打开思维的窗户，它通过连接过去与现在的经验引领人进行深入的思考。故事还有助于发展学生的批判性思维，使学生学会从不同的角度看待生活。学生的想象力非常重要，这也可以通过故事教学来培养。故事能帮助人了解世界，给日常生活增添一些结构和秩序。故事提供了一种个人经验与他人经验相互联系的方法，告诉人们什么是重要的，什么是不重要的。在信息技术的支持下，故事的以上功能可以得到更充分的发挥，并为学生呈现一个更加真实、有价值的情境，帮助学生更好、更深入地理解那些抽象的经验，为其思维的发展创造更加有利的条件。

3. 培养和发展学生的认知能力

认知是指人们识别外部事物的过程，特别是通过概念、感知、判断、想象等心理活动获取知识的过程。展开来说，就是当外部物体作用于人体感觉器官时，个体接收、检测、转换和简化感觉信号，再将感觉信号进行综合、编码、存储、提取、重建，形成判断或解决问题的信息处理过程。[①] 认知能力是指人脑在掌握事物结构、建立事物联系、理解事物规律的过程中对信息进行提取、加工和存储的能力，一般包括感知能力、记忆能力、思维能力等。布卢姆教育目标分类学将认知过程按照从简单到复杂、从促进知识保持到促进知识迁移的顺序，分为六个类别，依次是：记忆（回忆）、理解、应用、分析、评价、创造。记忆、理解、应用被界定

---

① 李铮、姚本先：《心理学新论》，高等教育出版社2001年版，第86—88页。

为基本认知能力，分析、评价、创造属于高阶认知能力。①

认知能力是人脑提取、加工及存储某种信息的能力，是人们成功完成各种活动所需的最重要的心理条件，包含注意、知觉、记忆、思维、想象等多种能力。在传统教学中，教师的语言描述既抽象乏味又具有不确定性。作为一种认知教学方法，叙事教学注重引导学生积极参与互动交流、操作与实践，并对学生的表现及时给予正面反馈，倡导通过叙事化手段培养学生的认知能力。信息技术（如计算机和通信技术等）为学生接受知识拓宽了路径，开创了学习的新时空。由于信息技术的加入，知识的表现形式更加丰富多彩，既图文并茂又影像俱全，使学生的学习动机得以激发。信息技术使叙事教学手段更加丰富、生动，不仅能够突破叙事教学环境的时空限制，还能支持自主学习情境的创设，提供人机交互的、开放的教学环境，有利于发展学生的认知能力。信息技术作为认知工具，常常包括电子报表、电子通信系统、语义网络等一些常见的应用软件。在开放的信息技术环境下，由于学习风格不同，学生选择的认知工具也不尽相同。学生通过不同的认知工具激活思维和想象，感知信息，对知识进行分析、抽象、综合、内化和意义建构，最终促进知识和能力的同步发展。

（二）信息技术融入叙事教学对英语自主学习能力培养的启示

随着信息技术的发展，利用计算机网络开展教学的模式日渐兴起，从早期的网络远程教学，到如今的翻转课堂和慕课等，无不依赖于自主学习模式，自主学习已成为数字化学习的主要方式。② 社会认知学派认为，只有当学习者在动机、元认知及行为等三个方面都积极参与时，其学习才是自主的。信息技术的介入使"教师—学生—知识"三者之间的关系变得更为多元互动，使自主学习真正成为可能（见图4-1）。③ 信息技术融入叙事教学为学生自主学习能力的培养提供了更宽广的视野和更多样化的路

---

① 张懿、叶宝生：《小学科学高阶认知能力的内涵和培养策略》，载《湖南第一师范学院学报》2023年第4期，第45-51页。

② 孙志农：《大学英语自主学习平台学习者满意度及其影响因素研究》，载《外语电化教学》2017年第3期，第15-21页。

③ 王文君：《信息技术环境下中学生自主学习能力培养的研究》，西北师范大学硕士学位论文，2004年，第78页。

径选择。

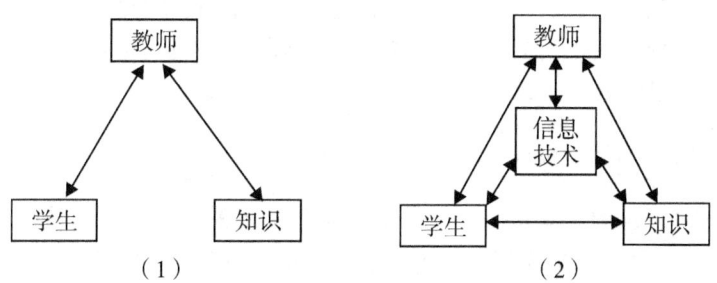

图 4-1 信息技术与自主学习的关系

1. 激发学习动机

学习动机影响自主学习,因为学习动机是个人行为的内在原因。积极的动机可以促进学生主动学习,树立自己的学习目标,并为实现目标而开展学习活动。束定芳认为,外语课堂教学最基本的目标之一就是培养和保持学生强烈的学习兴趣和动机。① 根据动机产生的根源,可将其分为外部动机和内部动机(也称为工具性动机和融合性动机),前者指通过学习以求得到某种报酬,或通过学习以求避免某种惩罚,只涉及学习活动之外的事情,后者指把学习本身作为一种报酬。

具有融合性动机的学生不仅能有效地致力于学习任务,还能在没有鼓励与监督的情况下持之以恒。根据克拉申的二语习得理论,动机不仅直接影响学生接受语言输入的量,还影响目标设置的高低、与本族语者互动的程度以及学习的持久性,因此它从整体上决定着学习的"意义",是决定第二语言学习效果的一个重要因素。交际行为是动机非常重要的部分,在叙事教学中,教师借助信息技术的力量,运用叙事手段为学生创造一种真实的情境或可能世界。学生不仅在进行认知活动中有身临其境之感,而且其语言、情感、记忆、想象、创造等心智能力也获得了充分而协调的发挥,其学习的工具性动机与融合性动机都能得到不同程度的培养。在叙事教学中,教师可通过图片、声音、视频等技术手段为学生创造学习氛围,

---

① 束定芳:《外语课堂教学新模式刍议》,载《外语界》2006 年第 4 期,第 21-26 页。

努力激发学生运用语言进行交际的欲望,"表情达意"的这种交际会让学生感受到成功的快乐,从而为英语自主学习提供强大的学习动力。此外,正如何莲珍等所言,提高学生的英语学习动机有必要改善学生对于教师、课程等学习情境的态度。[①]

2. 培养元认知策略

元认知(meta-cognition),是指主体对自身的认知加工过程的自我觉察、自我评价、自我调节。元认知是对当前正在发生的认知过程(动态)和自我认知能力(静态)以及两者相互作用的认知。[②] 弗拉维尔认为,元认知是对认知的认知,是对认知过程的知识、信念以及对这些过程的监控,包括元认知知识、元认知体验及元认知调节与监控三个方面。元认知使学生在认知活动的过程中知道做什么、如何去做,并对学习进行自觉的监控与调节。

元认知与学习策略的关系非常密切,元认知使学生自觉认识自身与认知过程、个性特点、学习水平、学习风格等学习变量之间的复杂关系,并能有效调控学习方法,因此,发展学生的元认知策略应贯穿自主学习的始终。元认知策略是指学生为了提高学习效率,积极计划、监控、评价、反思和调整学习过程或学习结果的策略。元认知策略具体的内容要求见表4-1。

---

① 何莲珍、傅莹、方富民等:《中国非英语专业大学生自主学习能力的培养路径之探索》,载《中国外语》2011年第5期,第18-24页。

② 张金桥:《论高校教师的教学元认知能力及其培养》,载《华南师范大学学报(社会科学版)》2005年第2期,第153-155页。

表 4-1　元认知策略

	内容要求
元认知策略	1. 及时发现学习中的问题，善于主动分析成因，制定切合实际的目标并尝试解决问题
	2. 根据学习内容和学习重点，计划和安排预习和复习，理性并自觉地总结适合自己的学习方法，优化学习策略
	3. 经常对所学内容进行整理和归纳，根据需要调整自己的学习目标与学习计划
	4. 根据学习目的和需要，选择最合适的参考书及练习题等资料辅助学习
	5. 有意识地通过图书馆、互联网、报纸、杂志、广播或电视等获得更广泛的信息，扩充学习资源，拓展学习渠道
	6. 计划、监控、评价、反思认知策略、交际策略和情感策略的学习与使用，进行阶段性反思和总结，分析存在的问题和取得的学习成效，并根据需要调整学习方式，提高学习效率

首先，培养学生的元认知策略，需要教师发挥信息技术与叙事教学融合的功效，通过叙事方式引导学生确定学习目标，并根据需要适时调整学习目标。叙事思维能有效组织知觉、记忆和行动，叙事教学能有效帮助学生掌握元认知知识，并运用这些知识建构适合自己个性需求的学习目标。

其次，培养学生的元认知策略需要教师耐心引导学生制订学习计划，并根据设定的学习目标在众多的学习策略中选择最符合自身情况的策略。有效使用学习策略不仅有助于提高学生的学习效率，而且有助于学生培养和发展自主学习的习惯与能力，并促进学生终身学习能力的发展。除元认知策略之外，认知策略、交际策略及情感策略也是学生在学习过程中常用的策略。

最后，培养学生的元认知策略，需要教师指导学生适时调控策略的使用，使学生选择的学习策略的效果得到充分的发挥。同时，培养学生的元认知策略，需要教师指导学生对学习的结果进行正确的自我评价并做出及时的自我反馈和自我纠正。应改变只注重考试成绩的结果性评价方式，采用注重学生学习过程表现的过程性评价，并将二者有机地结合起来，帮助学生进行正确的自我归因并据此对自己的学习过程进行优化。此外，教师还要帮助学生进行意志控制训练，因为意志是维持学习持续进行的重要力量。只有这样，才能最终确保学生有效地达成学习目标。

3. 增强自我效能感

自我效能感是认知与行为的中介，是个体对特定环境做出反应的一种心理态度，是人对自身能否成功地进行某种行为所持的一种主观推测与判断，是行为的决定因素。自我效能感直接影响人在执行某项活动时心理功能的发挥，具体来说具有影响学习成就、学习动机、学习情绪、学习思维模式和归因方式等功能。作为个体对自身的一种主观感知，自我效能感对于学习技能的习得具有较好的预测作用，甚至会影响个体的学习效果。如果学生觉得自己的学习自我效能感较低，其就不会付出太多的努力。自我效能感是影响自主学习与学业成绩的一个关键变量，对培养学生的自主学习能力具有重要的意义。

传统教学忽视学生个性的全面发展，片面追求升学率，致使学生心理、情感上的合理需求得不到满足，不利于学生自主学习能力的形成和发展。因此，在叙事教学中，教师要强化学生的学习兴趣，关注学生的情感世界，充分挖掘叙事的潜力，发挥信息技术的功效，大力增强学生的自我效能感。其一，教师要引导学生对自己的成功或失败做出积极、正确的自我归因，克服习得无助感。针对不同的学生，教师要给予不同的归因反馈，使其将失败变为成功，这样学习信心就能得到增强。其二，教师可借助网络虚拟社区为学生的学习和情感交流提供轻松的环境，培养学生的网络学习自我效能感。网络学习自我效能感是指个体对自己在网络学习活动中取得成功的信念，个体对自己使用计算机、网络信息资源或网络通信工具等完成学习任务的能力的一种主观判断，它作为影响学生网络学习质量的重要因素而受到广泛关注。[①] 在虚拟社区的交流互动中，学生可以多次获得试错的机会和成功的体验。这对于学生调节情绪、减轻学习和生活的双重压力、增强自信心非常重要，也能减轻失败经验对学生的影响。学生在这种环境中易于吸收和借鉴同伴成功的经验，还能在失意和遭遇挫败时

---

① 谢幼如、刘春华、朱静静等：《大学生网络学习自我效能感的结构、影响因素及培养策略研究》，载《电化教育研究》2011年第10期，第30-34页。

快速获得同伴的安慰、劝解、鼓励与建议，便于对自己做出正确而全面的评价。其三，树立多元智力观，坚持多元评价标准。传统教学中注重成绩、分数的单一评价标准，导致学生的学习自信心不强、自我效能感极低。教师应该努力去发现每个学生的闪光点，给予其积极的肯定与鼓励，让学生获得成功的体验。根据学生个人的学习风格，帮助其合理设定学习目标，运用优势策略，采取不同的锻炼措施，为学生创造自我体验的机会，磨炼其意志品质，并让学生感到成功的愉悦，建立起稳定的自我效能感。

4. 提高信息素养

信息素养（information literacy）是指人有效地检索、评价、使用信息的一种综合能力，它集信息意识、信息观念、信息道德、信息知识与技能于一体，是现代人的一种基本素质。培养学生的信息素养是开展素质教育、实现终身教育的需要。它不仅有助于拓展学生的知识面，还有利于增强学生的交往能力、个性品质、主体意识、创新精神和自我评价能力。信息素养的培养有利于拓展学习渠道，提高学生的学习能力和学习效率。在教育学意义上，信息素养对自主学习、终身教育有重大的积极影响，它由信息意识、信息知识、信息伦理、信息能力四个方面组成，能够创造性地、批判性地发挥信息效用，提高解决实际问题的能力；有利于高质量教育体系和教育现代化建设，与个体的成功和幸福相关，是大数据时代学生核心素养的重要方面。[①]

增强学生的信息素养，必须遵循学生的认知规律，使其提高信息意识，掌握信息技术，养成良好的信息道德修养。信息技术融入叙事教学使教学内容不断丰富、教学过程不断优化，学生的学习兴趣和求知欲得到增强，创新意识得以激发，活动天地更为广阔，教与学的操作变得更加简捷化。因此，一方面，我们要提高教师自身的信息素养水平。教师是课程实施的关键因素，只有教师本身具备良好的信息素养，才能在现实的学习生活中去影响他的学生，培养其信息意识。另一方面，还要培养学生掌握较系统的信息基础知识，加强学生对信息化社会的认识，培养其良好的信息

[①] 胡莉芳、龚丽鑫：《核心素养生成的知识逻辑：以大学生信息素养为例》，载《现代大学教育》2022年第3期，第95-101页。

态度和信息思维习惯，锻炼运用信息工具获取信息、处理信息的能力，对自己的信息行为能有效地进行自我认识和自我调控，培养学生信息表达能力和信息免疫能力等，使其具有良好的信息道德观和信息伦理道德修养。

5. 创设信息化学习环境

现代教学面临的最大挑战是为学生提供一个以学生为中心的、低焦虑的课堂环境。多媒体技术与网络功能有利于这种学习情境的建构。这种优越性可从在线学习中窥见一斑。在线学习（E-Learning）是在由计算机技术、通信技术、微电脑技术、人工智能、网络技术和多媒体技术等所构成的电子环境中进行的学习，是一种基于技术的学习，它充分尊重学生的个性、激发学习的动机，更容易实现一对一的教与学之间的有效交流。与传统学习环境比较，在线学习环境具有明显的优越性（见表4-2）。

表4-2 传统学习环境与在线学习环境的比较

学习环境	差异性	
	传统学习环境	在线学习环境
典型性	封闭性	开放性
倾向性	支持传统法	支持建构法
动态性	稳定不变	灵活可变
互动性	过滤现实	生成现实
结构性	线性排列	非线性/超文本模式
时间性	受时间限制	不受时间限制
空间性	高度结构化、组织化	去中心化、非结构化
自主性	监控的	非监控的
体验性	较弱	较强
效果性	较差	较好

由表4-2可看出，学习的发生及效率高低深受环境的影响。语言教学绝对不只是单纯的可理解性输入，而是要努力为学生创建类似生活化的真实语境，使其进行以任务和活动为基础的过程学习，身临其境。杨跃等

认为，社会临场感是影响网络自主学习的关键情感因素，具有多通道的媒体工具可以产生更强的社会临场感。而社会临场感的提高能有效提高网络外语学习者的学习积极性，从而提高学习质量和效果。① 因此，信息技术融入叙事教学可以通过电子邮件（E-mail）、新闻组（News）、聊天室（Chat Room）、公告板（BBS）、网上会议、网络电话、网络日志（Blog）等网络通信工具，建构信息化学习环境，从而不仅为自主学习提供丰富的学习资源和多样化的交互平台，还能为开展协作学习和自主学习的课程管理提供快捷、便利和优质的服务，建立起自主学习的共同体。通过信息技术与叙事教学的融合，为学习者提供图文并茂、声像俱全的便于人们发散思维和联想记忆的、大规模超文本结构的知识源与信息库。在叙事教学课堂上围绕故事的主线，通过信息集成的多媒体教学将视、听、说有效地结合起来，建构信息化学习环境，从而调动起学生的学习兴趣，发展思维能力，为其自主、合作、探索、发现学习创造有利条件，帮助其由被动学习变成主动学习，使其真正成为学习的主体。瞿莉莉和吕乐认为，在网络环境中，学生作为自主学习的主体，在决定学习内容和方式上体现出一定的独立性。同时，学生与教师、同伴以及网络之间的交互作用体现了自主学习的互赖性。②

学会求知、学会做事、学会共处、学会生存是 21 世纪教育的四大支柱。现代技术的飞速发展不断影响着个体的学习和行为方式，自主学习和终身学习已成为未来社会个体生存与发展的必然趋势。现代教学注重吸纳传统教学中的合理因素，积极倡导以学生为中心、以教师为主导的教学新理念。当前，面对面的课堂教学与网络自主学习相结合的混合式教学模式日益受到青睐。广大学生从网络技术的应用中不仅获得了大量的学习资源与技术支持，而且更加自主地参与知识的建构。诚然，使用教育技术并不意味着取代教师，自主学习也不等同于学生的自学，自主不等同于自由，否则自主就会成为无序的代名词。事实上，课堂上因对学生放任自流而导致的混乱现象充分说明学生的自主学习也时刻呼唤着教师的自主教学。即

---

① 杨跃、黄晓英、徐丹：《网络外语学习者的社会临场感探析》，载《外语电化教学》2016 年第 1 期，第 50 – 55 页。

② 瞿莉莉、吕乐：《网络环境下英语专业学生自主学习培养模式研究》，载《外语电化教学》2016 年第 4 期，第 9 – 14 页。

使是信息时代，教师的作用仍旧是计算机永远无法替代的，教师有义务担负起指导、监控的责任，使学生开展指导性自主学习。信息技术的多元角色为外语教学打开了便利之门，叙事教学通过叙述性话语，有利于发挥母语对外语学习的正迁移作用。信息技术融入叙事教学应为学生自主学习能力的培养保驾护航。

四、信息化叙事教学策略建构与英语自主学习能力培养

为积极推进新时代教育信息化发展，努力加快教育现代化和教育强国建设，培育创新驱动发展新引擎，结合大数据、"互联网+"、新一代人工智能等重大战略的任务安排以及《国家中长期教育改革和发展规划纲要（2010—2020年）》《教育信息化十年发展规划（2011—2020年）》《国家教育事业发展"十三五"规划》《教育信息化"十三五"规划》等文件要求，引领推动教育信息化转段升级。2018年4月13日，教育部正式发布《教育信息化2.0行动计划》，教育信息化从此进入2.0时代。教育信息化2.0行动计划是我国加快实现教育现代化的有效途径。教育信息化是教育现代化的基本内涵和显著特征，是"教育现代化2035"的重点内容与重要标志，没有信息化就没有现代化。随着信息技术在教育中的广泛应用，信息化教学日益成为一种重要的教学方法。信息技术与外语教育的深度融合有望创造教育新生态，自主学习就是其中的重要环节，不仅有利于学生开展"个性化学习"，而且有利于教师开展"差异性教学"。[①]基于对信息化时代自主学习能力培养重要性的认识，阐明英语信息化叙事教学的内涵及其策略，可为英语自主学习能力培养和叙事教学的研究开阔视野，并提供参考。

（一）教育信息化对自主学习的呼唤

党的十九大作出了中国特色社会主义已经进入新时代的重大判断，由

---

① 瞿莉莉、吕乐：《网络环境下英语专业学生自主学习培养模式研究》，载《外语电化教学》2016年第8期，第9-14页。

此开启了加快教育现代化和建设教育强国的伟大新征程。新时代赋予了教育信息化以新的使命，将教育信息化作为整个教育系统性变革的内生变量。信息化是指大力培育与发展以计算机为主的人工智能化工具为代表的新的生产力，并使之不断造福于人类社会的历史过程。信息化以数据库和现代网络通信技术为基础，为推动人类社会的不断进步提供各种重要的技术支持和条件，极大地提高了人们的工作效率。

教育信息化是在教育教学、教育科研及教育管理等教育领域全面深入地利用现代信息技术，促进教育改革及其发展的过程，具有数字化、智能化、网络化、开放性、交互性、共享性的基本特征，在信息传递、信息质量、信息成本和信息交流等方面具有巨大的优势。教育信息化坚持的理念是以教育信息化来促进教育现代化，利用信息技术去改变传统的教育模式。因此，教育信息化的不断发展，必然引起教育形式与学习方式也随之发生相应的重大变革，进而助推教育的改革。教育信息化一方面把提高全民信息素养纳入教育目标之中，努力培养适应信息社会需求的各类人才；另一方面注重倡导把日新月异的信息技术有效融入日常的教学与科研之中，注重教育信息资源的合理开发与有效利用。

教育信息化的核心是教学信息化。教学信息化就是要使教学手段科技化、教学方式现代化以及教育传播信息化。尤其是通过信息化教学，改变传统的以教师为主的单向教学方式，形成以学生为主体、教师为主导的双主体教学方式。积极利用信息技术开展交互式教学，实现人与机器之间的双向沟通以及人与人之间的远距离交互学习，从而促进教师与学生、学生与学生、学生与其他人之间的多向交流。信息时代，教学内容更为丰富，课堂学习时间相对有限，自主学习已成为终身学习的基础。建构主义学习理论认为，有效学习的前提之一在于学生能否获得良好的机会去主动建构意义，因为学习者的自主性是教育的最终目标已成为教育界的广泛共识。[①] 传统的课堂教学以教师为中心，被喻为"填鸭式"和"满堂灌"教学，把学生当作没有生命的知识的"容器"来对待，极大地束缚了广大学生的学习自主性，影响了学生学习的效果与质量。信息时代，面对难以穷尽的知识与信息源，学生必须转变学习方式，养成自主学习的良好习

---

① [英] A. Brookes, P. Grundy, *Individualization and Autonomy in Language Learning* (London: Modern English Publications in Association with the British Council, 1988), p. 65.

惯，变过去的"要我学"为现在的"我要学"。自主学习是学生愿意对自己的学习负责的一种能力①，可以在结构化的学习环境中培养，且应成为语言课程的一项教学目标②，理应受到关注。

（二）英语信息化叙事教学的内涵

外语学习不仅具有工具性动机，而且具有融合性动机③；不仅要学习语言知识，而且要提高人文素养。英语叙事教学主张通过叙事方式为学生创造一个真实的语言情境或可能世界，使学生在认知活动的参与及创造过程中能充分发挥其语言、情感、记忆、想象、创造等心智能力，在类似生活化的认知活动中"习得"语言④。知识经济时代，信息技术不能仅仅用来帮助"灌输"，还要促进技术在教与学中的有效应用，实现教学的最优化。

英语叙事教学主张吸收文学的某些要素，通过故事来完成教学，从而使认知活动生活化，使语言教学具有文学性和艺术性的特点。Turner 认为："人类的大部分经验、知识和思想通常是以故事的方式来组织的，因为它们难以通过抽象的命题表达出来，而故事却能极大地帮助人们建构各种经验，阐释各类事件。"⑤ 由于故事是叙事教学中的内容载体，学生知识与技能的获得同步于故事的完成，因此，这里的故事应具有趣味性，或真实，或虚拟，均与学生的生活实际及理解水平密切相关，且反映教学目标与教学内容，使学生能投入情感。叙事教学运用范围广泛，可以根据具体教学情境灵活实施。"叙事教学对学生而言，其主要意义在于能激发兴

---

① ［英］H. Holec, *Autonomy and Foreign Language Learning* (Oxford: Pergamon Press, 1981), p.3.

② ［英］C. A. Hafner, L. Miller, "Fostering Learner Autonomy in English for Science: A Collaborative Digital Video Project in a Technological Learning Environment", *Language Learning &Technology*, 2011 (3): 62.

③ ［英］Vivian Cook, *Second Language Learning and Language Teaching* (Beijing: Foreign Language Teaching and Research Press, 2000), p.97.

④ 熊沐清、邓达:《叙事教学法论纲》,载《外国语文》2010 年第6 期，第104 – 113 页。

⑤ ［美］M. Turner, *The Literary Mind: The Origins of Thought and Language* (New York: Oxford University Press, 1996), p.5.

趣、保持注意、投入情感、激活想象、增强叙述能力和促进创造。"①

大数据时代的学习呈现学习内容、学习时间以及学习方式碎片化的特点，需要采取整合的方式对碎片化知识进行创造性重构。② 英语信息化叙事教学就是信息技术与英语叙事教学的有机整合，即充分发掘和利用信息技术的优势，进行叙事教学设计，使信息技术融入英语叙事教学之中。具体说来，教师根据英语教学的需要，以现代全人教育思想为指导，以信息技术为支撑，以叙事教学为手段，利用互联网强大的共享资源优势，充分发挥多媒体网络设备及其他信息技术的工具性功能，使信息技术恰当、有效地融入英语叙事教学之中，建构起适合学生语言、情感、想象及创造等心智能力发展的便于学生参与互动的教学情境，进一步优化课堂教学结构，从而促进英语教学模式的根本性变革，使学生在生活化的认知活动中有效地"习得"语言。这种整合是知识、故事、工具、素养、情境等一体化的有机融合，便于发挥教师在教学中的主导作用和学生的学习自主性，这从根本上有利于改变传统的教师教学观，以及对学生的学习方法和学习效果的评价手段。对培养学生的情感、态度、价值观、自主学习能力以及创新意识和创新能力具有重要的理论意义和现实意义。一方面，信息技术为叙事教学提供高效的支撑手段，助推叙事教学的有效实施与不断完善和发展；另一方面，叙事教学为信息技术提供发挥其强大功能的实践平台和可靠载体，以彰显技术的巨大力量。由信息技术与叙事教学整合而成的英语信息化叙事教学强强联手，不仅具有"1+1>2"的优化效应，还能通过改进教学方式提高学生的学习兴趣，彰显其对培养学生认知能力与英语自主学习能力的人文关怀。

（三）英语信息化叙事教学策略建构

母语学习对外语学习具有迁移作用。直接法、听说法都强调母语对外语学习的负迁移，忽视母语习得对外语学习的正迁移，而英语叙事教学本身蕴含着理念、方式与方法，将语言学习与情感、想象、创造等有机结合

---

① ［美］拉塞尔·L. 阿克夫，丹尼尔·格林伯格：《翻转式学习：21世纪学习的革命》，杨彩霞译，中国人民大学出版社2015年版，第126页。
② 王竹立：《碎片与重构：互联网思维重塑大教育》，电子工业出版社2015年版，第89页。

起来，并尽量利用学习者较高的认知能力去促进外语学习。① 作为一种认知教学法，英语叙事教学在强大的信息技术支持下，通过故事引导、材料改编、情境创设和任务驱动等形式来激发兴趣、诱发情感、激活想象和促进创造，培养学生的英语自主学习能力。

1. 故事引导，激发兴趣

自主学习反映了学生对学习所持有的一种积极态度。有学者提出，自主学习受到学生内在动力的驱动，其意愿取决于学生的动机和兴趣的强弱，而激发、培养学生强烈的学习动机和兴趣是外语教学的目标之一②，因为近景的直接性动机就源于对学习内容或学习结果的兴趣。兴趣是最好的老师，是开启智慧之门的钥匙。而生活中的故事常常引起人们的浓厚兴趣，人们的经验与记忆常常借助故事、神话等叙事形式展现，通过故事投射、话语投射认识世界，提高认知能力。③ 英语叙事教学主要由故事构成，故事或叙事题材本身所具有的趣味性对学生始终具有新鲜感，符合学生的年龄特点，能充分激发学生的好奇心和想象力，也便于教师通过叙事手段"寓教于乐"，提高学生对英语教学的兴趣。叙事不只是内心的独白，还要尽量通过故事引入，让学生走向对话，使学生对未知世界的认知渴望及人际交流欲望得以激活④，使其自主学习意识得到加强。

导入是课堂教学的一个重要环节，犹如优美乐章的序曲，起着安定情绪、激发兴趣、吸引注意、营造氛围、启迪思维的作用。新课导入的好坏直接影响教学效果的优劣。在英语信息化叙事教学中，为提高学生的学习兴趣，培养其自主学习意识，在设计新课导入环节时，一方面教师要充分考虑课程目标、教材内容、教师能力、学生基础四个方面的关系，积极运用现代教育技术和信息手段，发挥视频、音频、幻灯片、图片等的综合效应，营造故事氛围，使学生的英语学习兴趣和学习动机得以激发，使学生主动地、尽快地进入学习情境，为接下来教学活动的开展做好充分的准

---

① 熊沐清、邓达：《叙事教学法论纲》，载《外国语文》2010年第6期，第104–113页。
② 束定芳：《外语课堂教学新模式刍议》，载《外语界》2006年第4期，第21–26页。
③ ［爱尔兰］D. Herman, "Narrative Theory and the Cognitive Sciences" (CSLI Publications: Center for the Study of Language and Information, 2003), p. 164.
④ 邓达、熊沐清：《外语教学的叙事表达：一种教学论视角》，载《外国语文》2010年第3期，第105–110页。

备;另一方面,教师要防止搞形式主义,"为导入而导入"。例如,因追求导入形式的新颖而偏离主要教学目标,因导入时间过长而未能突出整堂课的教学重点,因导入准备不足而导致课堂教学无序和失控等。这些均不利于启发学生思维、调动其学习积极性与主动性,从而影响课堂教学的有效性。因此,在英语信息化叙事教学中,教师应根据不同的教学内容采用不同的技术手段,利用讲故事的形式,使枯燥的教学内容变得更为生动有趣,使学生热爱英语学习,从而为其自主学习能力的培养夯实基础。

2. 材料改编,诱发情感

自主学习意识的激发深受情感的影响,因为情感是人类主体对于客观事物的价值关系的一种主观反映,具有个体性、倾向性、深刻性、稳固性等特点,它是人际交往的重要手段,有利于行为动机及心理活动的激发,对于个体有效适应环境和积极开展自主学习均具有重要的意义。艾森克、基恩就认为,忽略情绪对认知的影响,把两者割裂开来的理论是不充分的。[①] 事实上,情感控制是自主学习过程中影响学习效果的最大因素之一,犹如学习的发动机。它把大脑和身体联系起来,在情感状态与认知效果之间建立起一种联系,并影响大脑对语言信息的处理方式,从而调动学习的积极性。但是,在社会交往中,情感常常具有两极性。积极的情感状态能促进学生的认知,有利于学生自主学习的开展;而消极的情感状态则会阻碍学生的认知,从而影响学生自主学习能力的发展。

英语叙事教学主张通过提高学生的认知能力来促进学生的英语自主学习,注重将认知活动与情感紧密相连;通过叙事化手段,语言认知活动得以生活化、艺术化,从而为学生创造良好的学习氛围。在英语叙事教学中,借助信息技术手段,结合课文主题、作者信息及写作背景等,将教学内容或材料改编成不同形式的生动有趣的故事,或者将材料改编成叙述性话语,可以诱发学生积极参与学习的情感,使学生之间、师生之间形成和谐愉悦的氛围。建构主义理论认为,学生是学习的主体,教师则充当教学组织者、设计者、指导者、合作者和学习促进者的角色。学生不是知识的"容器",而是一个个有自己的思想和智慧的平等的人。建构主义认为,

---

① [英] M.W.艾森克、M.T.基恩:《认知心理学》,高定国、肖晓云译,华东师范大学出版社2004年版,第749页。

学习应该是学生在自身已有经历和知识的基础上去主动建构意义。因此，信息化叙事教学应充分发挥学生的学习自主性，鼓励其提出新的想法，尊重并欣赏其观点。尊重学生的个体差异，创造一个能够充分开发每个学生禀赋和潜能的和谐的英语课堂教学氛围，使学生心理更具安全感，思维更加活跃，想象力更加丰富，探索欲和创造欲更强，从而在情感、态度、价值观方面得到提升，使学生能够经常享受到英语自主学习的乐趣。

3. 情境创设，激活想象

自主学习是一个积极的建构过程，学生所处的环境会极大地影响学习目标的制定以及对认知、动机与行为的监控。学生的想象力非常重要，可以通过故事教学来培养，因为故事有利于各种学习情境的创设以及问题的有效解决，能启发人的思维，并使人意识到自身在思维上的诸多错误。建构主义理论认为学习环境由情境、会话、协作以及意义建构四个要素构成，教学过程是教师与学生基于教学情境的一种交往与互动。学生必须成为如同真实生活一样的语境中的参与者，是有效的语言学习的一个前提条件。[①] 教学情境是课堂教学的基本要素，具有生活性、形象性、学科性、问题性、情感性等特点。对于英语教师来说，创设情境是一项常规性的教学工作，目的在于通过良好的语言学习环境，为激活学生的思维和想象提供有效的平台。

英语叙事教学以叙事的形式设计和呈现教学过程或教学材料，用叙述句或叙述性语段营造语境，尽可能发掘或还原材料的事件性，使教学活动情景化、生活化，对培养学生的自主学习能力具有重要意义。由于故事并不直接告诉人们某个事实或道理，而是创造出一个可能世界，因此，需要充分调动人的想象力。[②] 在信息化叙事教学中，结合学生的特点、兴趣、现有知识、技能的掌握程度，教师可以巧用 Moodle 来创设真实、多样而有效的教学情境，切实提高学生的自主学习能力。Moodle 是一个课程和学习管理系统，其平台界面简单、精巧，可利用的资源非常丰富，具有较好的兼容性和易用性。管理者可根据自身的需要自由增加、删除内容，并

---

① [德] H. H. Stern, *Fundamental Concepts of Language Teaching* (Shanghai: Shanghai Foreign Language Education Press, 1999), p. 240.

② 熊沐清、邓达：《叙事教学法论纲》，载《外国语文》2010年第6期，第104–113页。

对软件界面进行自我调整。由于已有课程都有详细的列表描述和说明，访问者可根据自身的兴趣自主地学习各类相关课程。此外，教师还可以引导学生在课余时间利用 Moodle 平台上的作业模块、聊天模块、论坛模块、测验模块、资源模块、问卷调查模块和互动评价模块等进行拓展性的情境学习，从中获取知识，激发想象，引导学生开展有效的英语自主学习。

4. 任务驱动，促进创造

Carroll 认为，叙事是从会话中产生的，因此，叙事具有普遍性和社会性，适合于学生的分组活动、合作学习以及师生之间、学生之间的课堂互动，对提高学生的自主参与意识也有一定的促进作用。[1] 叙事化是一种信息加工与建构的过程，也是一种认知、创造的过程。在教学实践中它意味着教师要努力引导学生大胆使用创造力来解读、改写或创作故事，并同时运用形象思维和抽象思维两种能力，对故事或叙事中所描述的事件、感受和体验进行积极主动的再创造。[2]

创造是人类一种典型的自主行为，有意识地对未知世界进行探索发现是其最大特点之一。创造也是激发并保持学习兴趣的最好办法，还是学生自主学习能力的重要体现。因此，在英语信息化叙事教学中，教师可以通过富有故事特征的任务驱动来促进学生创造力的生成。任务驱动是基于建构主义学习理论的一种教学策略，在整个教学过程中以任务为主线，彻底改变了以知识传授为主的教学方式，发挥教师的主导作用，体现学生的主体地位，培养学生的英语自主学习意识和自主学习能力。任务驱动应与各种信息技术手段相结合，确保任务的设计、分配、执行、完成以及评价等环节不仅合理高效而且生动有趣。因此，在英语信息化叙事教学中，任务的设计是教师课前的最重要的工作，其关键在于要准确把握任务的难易程度。一方面，要尽力避免因课堂任务繁重而使学生"吃不了"，最终使任务难以顺利完成；另一方面，又要避免因任务缺乏挑战性而使学生"吃不饱"，最终使学生没有成就感，白白浪费课堂时间。因此，任务的规模应大小适宜，难易适度，具有层次性。任务主题应尽量与学生的现实生活

---

[1] [美] David W. Carroll, *Psychology of Language* (Beijing: Foreign Language Teaching and Research Press, 2000), p. 229.

[2] 熊沐清、邓达：《叙事教学法论纲》，载《外国语文》2010 年第 6 期，第 104 – 113 页。

相联系，具体可行，生动有趣，利于学生全面、深入地去展开联想，使他们乐于接受任务、善于思考任务并积极主动地去完成任务。此外，教师还需鼓励学生学会针对不同任务，利用不同的信息技术手段，采用不同的方法去解决学习中面临的不同问题，使学生的创造性思维能力得到发展的同时，其英语自主学习信心和自主学习能力也得到不断增强。

Egan 曾指出："心灵之于故事，犹如身体之于食物。"[1] 由此可见，故事对于人的心灵的重要性，这是因为构成故事的叙述性话语常常更能引发学生的注意和认知。人类学家格尔兹认为，叙事是呈现和理解经验最好的方法。[2] 叙事是适用于任何层次语言教学的一种相当有趣的任务。叙事思维也常被认为是一种有效的用来组织知觉、记忆、思想和行动的方法。叙事教学彰显学生的学习主体性，聚焦其认知能力的发展，关注学生的情感世界，尊重其个性差异，优化了学生的学习方式。在教育信息化时代，英语信息化叙事教学为学生自主学习的开展提供了良好的平台、丰富的资源和有效的策略。日常教学中，教师应努力将信息技术作为一种"学习的工具"有效融入英语叙事课堂之中，使自主学习成为学生的一种良好的习惯。

在英语信息化叙事教学中，借助信息技术的强大力量，以故事引导、材料改编、情境创设和任务驱动来激发兴趣、诱发情感、激活想象和促进创造，可使故事来源更加多元化、故事的表现形式更具多样性，从而为不同学习风格的学生发展认知能力提供可供选择的、个性化的学习指导。这是现代教育尊重学生个体差异的具体表现，对学生英语自主学习能力的培养具有重要的理论意义和实践价值。

---

[1] ［英］K. Egan, *Teaching as Story - telling*：*An Alternative Approach to Teaching and Curriculum in the Elementary School* (Chicago：The University of Chicago Press, 1986), p. 95.

[2] ［加］D. 简·克兰迪宁、F. 迈克尔·康纳利：《叙事探究——质的研究中的经验和故事》，张园译，北京大学出版社 2008 年版，第 3 页。

第五章 自媒体建设与英语自主学习能力培养

第一节 自媒体概述

一、自媒体的概念

著名的美国硅谷IT专栏作家丹·吉尔默（Dan Gillmor）于2002年率先提出"We Media"（自媒体）的概念。2003年7月，谢因·波曼（Shayne Bowman）与克里斯·威理斯（Chris Willis）联合撰写的 *We Media：How Audiences Are Shaping the Future of News and Information* 研究报告由美国新闻学会下属媒体中心出版。该研究报告明确给出了自媒体的定义：自媒体是普通大众经由数字科技强化、与全球知识体系相连之后，一种开始理解普通大众如何提供与分享他们本身的事实、他们本身的新闻的途径。

关于自媒体，在我国有以下两种代表性的定义：第一，汤雪梅认为，自媒体是"公众之间发布和共享自身新闻、事件的一种媒体，具有很强的传播性、交互性和舆论导向性等特性"[①]。第二，彭小毛认为，自媒体是"一种以个人为信息发布主体，以分享为信息发布目的，以互联网或移动互联网为信息传播平台，以个人电脑和手机作为信息发送和接收终端

---

① 汤雪梅：《Web2.0：自媒体范式研究》，中国人民大学硕士学位论文，2008年，第35页。

的新型数字媒体"①。自媒体的"自"可以理解为"自己""自主"以及"自由",即普通大众自己(不仅局限于个体)自主分享信息,且在分享过程中拥有以往任何一种媒体形式都无可比拟的话语空间自由度。由此,自媒体不同于为政府与他人发声的"他媒体",也不同于中立论坛性质的平台媒体,它的参与和使用主体是普通大众自己,所代表的观点立场也仅属于普通大众自己。② 从上面的定义我们可归纳出自媒体是一种提供和分享信息的新途径,具有媒体的特性,特别是其发布的主体是个人,而非组织机构。

博客是自媒体的最早表现形式之一。随着时代的发展,大众论坛、QQ、微信、微博等不同表现形式的自媒体蜂拥而至。陈琦认为"这些自媒体平台的出现标志着自媒体时代的到来以及对传统媒体信息传播模式的颠覆"③。彭小毛认为,"国内外最具有代表性的自媒体是美国的脸书、推特和中国的新浪微博"。④

作为一种数字网络技术发展背景下出现的新型媒体,自媒体具有大众化的传播主体,海量的信息内容,即时、碎片化、高速的传播形式。赵勇认为,随着"自媒体"时代的到来,个人成为独立的传播主体,同样拥有了发布和传播信息的权利。⑤ 徐骏和祝晓辉认为,互联网使用者的角色由以往的单一浏览者身份上升为浏览者、传播者、制造者、参与建设者等多重身份,构成了一批独具特色的大众传播者群体。⑥ 陈喻和徐君康认为,自媒体时代不仅拥有多样化的传播平台,还涌现了海量的信息,这些信息内容有消极与积极、低俗与高雅之分。⑦ 陈琦从不同角度归纳出自媒

---

① 彭小毛:《自媒体时代及其舆情应对》,载《中国广播电视学刊》2013年第8期,第59-62页。
② 杨小丁:《自媒体背景下大学生隐性思想政治教育路径研究》,西南科技大学硕士学位论文,2022年,第12页。
③ 陈琦:《自媒体时代我国公民新闻的建构》,载《新闻界》2014年第3期,第70-74页。
④ 彭小毛:《自媒体时代及其舆情应对》,载《中国广播电视学刊》2013年第8期,第59-62页。
⑤ 赵勇:《"自媒体"时代的共识引导》,载《中国行政管理》2011年第11期,第103-104页。
⑥ 徐骏、祝晓辉:《论自媒体时代高校网络媒介素养教育的发展》,载《中国广播电视学刊》2013年第12期,第56-58页。
⑦ 陈喻、徐君康:《自媒体时代网络谣言传播探析》,载《新闻界》2013年第7期,第50-53页。

体不同于传统媒体时代的特征,如互动速度快、成本低、信息碎片化等特征尤为显著。① 张晨阳认为,微博的"短、平、快"传播模式意味着信息表达的局限性,甚至不易营造对问题深究的氛围。② 自媒体必须具备两个特质:第一,传播主体是作为个人的普通大众;第二,传播途径必须借助于数字科技。与新闻媒介1.0的传统媒体和新闻媒介2.0的网络媒体相比,作为新闻媒介3.0的自媒体显然更为自由,也具有一些与前两者相迥异的传播特性③,具体对比见表5-1。

表5-1 传统媒体、网络媒体与自媒体的5W传播模式

媒体	5W				
	谁(who)	说了什么(say what)	通过什么渠道(in which channel)	对谁说(to whom)	有何效果(with what effect)
传统媒体	专业化的新闻媒介组织	新闻报道、评论、专题策划等	报纸、杂志、广播、电视等大众传媒	不确定的普通大众	权威、覆盖面广、效果强大,但单向传播速度较慢且缺乏反馈机制
网络媒体	传统媒体网络版、企业、社会团体、个体参与者等	多样化的新闻信息和娱乐产品	互联网、移动互联网	不确定的网络受众	开放、交互、多元,双向传播,受众参与度高

---

① 陈琦:《自媒体时代我国公民新闻的建构》,载《新闻界》2014年第3期,第70-74页。
② 张晨阳:《自媒体时代微博热的喜与忧》,载《中国出版》2011年第10期,第18-21页。
③ 张弥弭:《基于网络自媒体平台的品牌传播模式研究——以微信公众平台为例》,厦门大学硕士学位论文,2014年,第7-8页。

续上表

自媒体	网络中的个体	自己的所见、所闻、所感，包括文字、音视频等多种话语表达	自媒体工具本身	与传播者同质的个体	传播方便、快捷、个性化，交互性强大，真正的"点对点"传播

自媒体与其他媒体的传播对象都是社会一般大众，传播的信息都既有商品属性又有文化属性。"环境监视""社会协调""社会遗产传承"等传统媒体的社会功能在自媒体上同样可以找到。自媒体与媒体的不同表现在：从传播者上看，传统媒体强调专业化的媒介组织，但"专业化""组织化"并不是自媒体传播者必备的条件之一，自媒体更强调草根属性，其背后多为非专业人士的单个用户或社会团体；从传播过程来看，传统媒体属于单向性很强的传播活动，传受分离。而自媒体则可实现实时反馈、传受合一。与此同时，媒体属于一种制度化传播，为社会、政治、经济、文化服务，但自媒体则属于一定框架下的个性化传播。①

二、自媒体的特征

随着互联网信息技术的快速发展和手机移动客户端的广泛应用，社会已进入"人人都有麦克风"的自媒体时代。作为一种媒介概念，自媒体是普通大众经由数字科技强化，与全球知识体系相连之后，一种普通大众提供与分享他们本身的事实、他们本身的新闻的途径。以微信、微博、移动和PC客户端等为代表的自媒体是一种随时随地都在发生的点对点的网络传播形式，在传播模式、信度、速度、效度等方面都体现出自身的特质，逐渐形成了"短、平、快"的网络传播新生态。② 自媒体作为新时代信息传播的重要方式，已经逐渐成为社会舆论场的一股不可忽视的力量。

---

① 张骁：《自媒体的分类和发展路径研究》，北京印刷学院硕士学位论文，2014年，第7页。
② 闫研：《自媒体视域下高校"三全育人"工作策略研究》，载《思想教育研究》2021年第3期，第140－144页。

它的特征包括以下五个方面。

1. 平民化与个性化

平民化与个性化是自媒体最显著的特征。不同于传统媒体由专业人员控制信息的传播，自媒体使得每一个普通人都有机会成为信息的创造者和传播者。每个人都可以根据自己的喜好、专长和兴趣，在互联网上构建自己的平台，发表个性化的内容。这种个性化不仅体现在内容的多样性上，还体现在表达方式的自由性上，人们可以更加真实地展现自己的思想和情感。

2. 低门槛与易操作性

自媒体的另一个重要特征是低门槛与易操作性。不同于传统媒体需要投入大量资金和资源，自媒体的进入门槛相对较低，操作也更为简便。大多数自媒体平台提供了简单易懂的操作界面和丰富的模板选择，即便是没有专业技能的人也可以轻松地发布和管理自己的内容。

3. 交互性强与传播速度快

自媒体的交互性非常强，传播速度也很快。得益于数字技术的发展，自媒体用户可以实时与受众进行互动，信息传播的时效性也得到了极大的提升。从内容创作到发布，自媒体的流程迅速而高效，这一点是传统媒体难以比拟的。同时，自媒体的传播打破了传统的时间限制和空间限制，使信息可以在更广阔的范围内迅速传播。美国传播学家罗杰斯（Everett M. Rogers）把赋权界定为一种传播过程，认为赋权和交流沟通联系密切，自媒体传播的交互性与平等性可以很好地将这一赋权给予普通网民。

4. 多样化与普泛化

自媒体的传播主体来自各行各业，呈现多样化的特点。这种多样化使得自媒体在信息处理和传播上具有更广泛的视角和更丰富的知识储备。普泛化则体现在自媒体为广大草根阶层提供了发声的机会，使社会各阶层的声音都能得到一定的体现。

5. 内容的自由性和多样性

自媒体在内容创作上拥有较大的自由性，创作者可以根据自己的意愿和受众的需求，生产更加多元和深入的内容。这种内容的自由性和多样性，为用户提供了丰富的信息选择，也促使自媒体平台上的内容不断创新和提升。

综上所述，与传统媒体相比，自媒体的内容生产与传播更为便捷。自媒体平台仅仅需要用户使用智能手机下载相关应用，简单编辑图文后即可实时上传信息，具有门槛低、操作便捷、易上手等特点。自媒体平台用户可以随时自主发布信息，去中心化的特征使传统的信息传播模式发生改变。去中心化的特征也带来了把关人缺失的问题，致使自媒体传播的信息真假难辨，为舆情工作带来挑战。自媒体传播强调传受双方的互动，即信息发布者和受众之间可以通过信息反馈加强联系，进而通过受众个体与传播者的聚集，形成黏性极强的圈子。① 自媒体以其独特的平民化、低门槛、交互性强、传播速度快等特征，在当代社会发挥着越来越重要的作用。同时，它也面临着多样化、平民化和普泛化等方面的挑战，需要不断地进行创新和完善。目前，自媒体已经深入人心，在当今社会发挥着重要的作用，并逐渐成为人们获取和传播信息的重要途径。

三、自媒体的功能

习近平总书记指出："互联网是一个社会信息大平台，亿万网民在上面获得信息、交流信息，这会对他们的求知途径、思维方式、价值观念产生重要影响，特别是会对他们对国家、对社会、对工作、对人生的看法产生重要影响。"② 作为大众传播的一种新的发展形态，自媒体无疑具有大众传播的各项功能。1948 年，美国传播学先驱哈罗德·拉斯韦尔在《传

---

① 朱可嘉：《自媒体环境下高校舆情工作路径探析》，载《中国高等教育》2020 年第 11 期，第 50–51 页。
② 习近平：《在网络安全和信息化工作座谈会上的讲话》，《人民日报》2016 年 4 月 26 日，第 2 版。

播的社会结构与功能》一文中提出了传播的三种社会功能,即环境监视功能、社会协调功能以及文化传承功能。自媒体的功能可以从以下七个不同的角度进行说明。

1. 内容创作与发布

文章撰写:提供在线编辑器,创作者可以撰写和编辑文章内容。
图片上传:允许创作者上传图片,用于文章插图或独立图片分享。
视频制作与发布:支持视频上传,创作者可以制作并分享视频内容。
音频录制:提供音频录制功能,创作者可以制作播客或音频分享。

2. 传播与推广

社交分享:允许创作者将内容分享到社交媒体平台,如微博、微信、Facebook 等。
搜索引擎优化:提供搜索引擎优化工具,帮助创作者优化内容,提高在搜索引擎中的排名。
合作伙伴推广:创作者可以与其他平台或影响者合作,进行内容推广。

3. 社交互动

评论管理:创作者可以管理用户评论,进行回复或删除不当评论。
点赞与分享:用户可以对内容进行点赞和分享,增加内容的传播。
订阅与关注:用户可以订阅或关注创作者,及时获取最新内容更新。

4. 数据分析与反馈

浏览量统计:显示内容的浏览次数,帮助创作者了解内容的受欢迎程度。
用户分析:提供用户行为分析,包括用户来源、停留时间、跳出率等。
反馈收集:通过用户评论、调查问卷等方式收集用户反馈,帮助创作者改进内容。

5. 品牌建设与个人形象塑造

个人主页：创作者可以建立个人主页，展示自己的形象和作品。
品牌定制：提供品牌定制服务，帮助创作者打造个性化的品牌形象。
故事讲述：创作者可以通过文章、视频等形式讲述个人故事，增强个人品牌的吸引力。

6. 教育与培训

在线课程：创作者可以创建在线课程，传授知识和技能。
教学视频：提供视频录制功能，创作者可以制作教学视频。
互动研讨会：举办在线研讨会，提供实时互动和学习机会。

7. 舆论监督与公共参与

社会评论：创作者可以对时事、政策等进行评论，参与公共讨论。
舆论监督：创作者可以通过自媒体平台对社会事件进行监督和报道。
公众参与：创作者可以组织投票、调查等活动，鼓励公众参与。

自媒体的功能为创作者提供广泛的创作、传播、互动和收益的机会，也为公众提供参与、学习和娱乐的渠道。随着技术的发展和用户需求的变化，自媒体的功能也在不断演化和扩展。

四、自媒体的主要形式

自媒体时代用户生成内容（user generated content，UGC）承载着信息传播、思想碰撞、情感宣泄等多种功能，弹幕、评论等互动方式具有新颖性、即时性、交互性、简便性、风格化等特征，尤其深受青年群体的青睐，是用户表达诉求、态度和观点的重要方式。[①] 自媒体的主要形式可以分为以下六种。

（1）文字自媒体。这是自媒体形式中最基础的一种，主要通过文字

[①] 徐振国、王佳宁、王悦等：《基于深度学习的自媒体平台在线课程质量评价研究》，载《电化教育研究》2023年第8期，第42－48页。

来表达内容。文字自媒体的形式包括博客、微博、公众号文章等，它们能够详细地阐述观点和传递信息。

（2）图片自媒体。图片自媒体通过视觉元素来传递内容，包括静态图片和动态图片。这种形式在社交媒体中非常流行，图片可以迅速吸引用户的注意力，传递特定的信息。

（3）视频自媒体。随着网络技术的发展，视频自媒体成为非常受欢迎的形式，它包括短视频、直播、视频博客等。视频能够以更生动的方式传递内容和情感。

（4）语音自媒体。语音自媒体通过声音来传递信息，如音频节目、播客等。这种形式在某些方面比文字更有亲和力，更易于传播。

（5）漫画自媒体。漫画自媒体通过图形和文字结合的方式，以更生动有趣的形式来传递内容。这种形式通常需要一定的绘画技能，适合喜欢绘画的创作者。

（6）自媒体联盟。这是一种由多个自媒体人通过协议或其他形式联合起来，共同发展的形式。自媒体联盟可以针对综合或细分领域，目的是扩大影响力，实现共同发展。

这些自媒体形式各有特点，创作者可以根据自己的内容特点、技能和目标，选择合适的自媒体形式进行创作和传播。

1. 博客

博客（Blog）是一种在线日志或个人网站，由个人或团队撰写、编辑和发布文章、图片、视频等内容。博客通常按照时间顺序排列文章，最新的内容一般显示在最前面。博客的内容可以包括个人见解、日常生活、旅行日志、专业知识、产品评测、新闻评论等。

博客的起源可以追溯到20世纪90年代中期，最初是以网络日记的形式出现。随着互联网的普及和博客平台的兴起，越来越多的人开始使用博客来分享自己的观点和经验。博客不仅提供了一个个人表达和自我推广的平台，还成为企业营销和品牌建设的重要工具。

博客平台提供了博客的创建和管理功能，使得即使没有编程知识的用户也能轻松创建和发布自己的博客内容。此外，许多社交媒体平台（如微博、微信公众号）也提供了类似于博客的功能，使得内容的发布和分享变得更加便捷。

2. 播客

播客（Podcast）是一种通过互联网进行音频或视频传输的媒体形式，用户可以订阅并随时收听或观看。播客通常由一系列的节目组成，每个节目都是独立的单元，可以单独下载或播放。播客的内容多种多样，包括访谈、讨论、故事讲述、音乐表演、讲座等。

播客的名称来源于"iPod"和"broadcast"的组合，最初指的是通过苹果的iPod音乐播放器播放的音频节目。随着技术的发展，播客已经不再局限于特定的设备或平台，而可以通过各种设备（如智能手机、平板电脑、电脑）和在线服务进行访问和播放。播客的特点包括以下四点。

（1）可订阅性。用户可以订阅自己喜欢的播客，新的节目会自动更新并通知用户。

（2）可携带性。用户可以随时随地收听播客，不受时间和地点的限制。

（3）互动性。播客主持人经常与听众互动，听众也可以通过评论、评分或反馈与主持人进行交流。

（4）分享性。播客内容易于分享，用户可以将自己喜欢的节目通过社交媒体或邮件推荐给他人。

目前，播客已经成为一种流行的内容消费方式，尤其受到那些喜欢在通勤、锻炼或做家务时听故事的受众的喜爱。

3. 微博

微博（Microblog）是一个基于用户关系的社交媒体平台，它允许用户发布短文本消息、图片、视频和音频内容，并与其他用户进行互动。微博类似于Twitter，但在功能上有所区别，它更侧重于媒体内容的分享和社交网络的构建。微博的主要特点包括以下五点。

（1）信息发布。用户可以发布短文、图片、视频等内容，并实时分享自己的动态和观点。

（2）关注与粉丝。用户可以关注其他用户，成为他们的粉丝，并接收他们的更新。用户也可以拥有自己的粉丝。

（3）评论与转发。用户可以对其他用户的帖子进行评论和转发，这也是微博互动的重要方式。

（4）话题标签。用户可以使用话题标签参与公共话题讨论，关注相同兴趣的人。

（5）私信功能。用户之间可以通过私信进行私人交流。

微博不仅是一个个人表达和社交的平台，也是媒体、企业、政府机构等进行信息发布和公共关系管理的重要工具。微博上的热点事件和流行话题经常成为媒体报道的焦点，因此，微博在公众舆论场中扮演着重要角色。

随着社交媒体的发展，微博也在不断推出新功能和服务，以适应用户的需求和市场的变化。

4. QQ

QQ 是腾讯公司（Tencent）开发的一款即时通信软件，也是我国最早的社交网络之一。它最初作为一款简单的即时通信工具在 1999 年推出，随后迅速发展成为一个集成了即时消息、语音和视频通话、社交网络等多种功能的平台。QQ 的主要特点包括以下六点。

（1）即时通信。用户可以通过文字、图片、表情等多种方式发送即时消息，进行个人或群组沟通。

（2）语音和视频通话。除了文字消息，QQ 还支持语音和视频通话功能，用户可以进行远程沟通。

（3）社交网络。QQ 拥有自己的社交网络功能，用户可以在 QQ 空间发表动态、分享生活、查看好友更新等。

（4）多样化的应用。QQ 平台提供了丰富的应用程序，如 QQ 音乐、QQ 游戏、QQ 邮箱等，满足用户的不同需求。

（5）用户群体广泛。QQ 在我国拥有庞大的用户基础。

（6）安全性。腾讯公司为 QQ 提供了多种安全措施，包括账号保护、消息加密等，以保障用户隐私和安全。

随着移动互联网的发展，QQ 也推出了移动端应用，用户可以随时随地通过智能手机进行沟通和社交。QQ 在社交软件市场中占有重要地位，对很多人的日常生活产生了深远的影响。

5. 微信

微信（WeChat）是腾讯公司开发的一款多功能的社交通讯应用软件，

它最初作为一款即时通信工具在 2011 年推出，但随着时间的推移，微信已发展成为一个集成社交、支付、娱乐等多种服务的生态平台。微信的主要功能包括以下八个方面。

（1）文字和语音消息。用户可以发送实时文字和语音消息，进行个人或群组聊天。

（2）视频通话。支持一对一或多人视频通话。

（3）朋友圈。用户可以分享生活动态、图片和视频，类似于 Facebook 的"动态"。

（4）微信支付。一种安全的支付服务，允许用户进行在线支付和线下消费。

（5）微信小程序。一种不需要下载安装即可使用的应用，涵盖了各种服务，如购物、游戏、出行等。

（6）公众号。企业和个人可以创建公众号来发布内容和提供服务。

（7）企业微信。为企业提供的通讯和办公工具，支持高效的团队协作。

（8）搜一搜。微信内置的搜索功能，用于查找信息、公众号、小程序等。

微信在我国拥有庞大的用户群体，已经成为人们日常生活中不可或缺的一部分。它不仅改变了人们的沟通方式，还极大地推动了移动支付和电子商务的发展。微信的生态体系也在不断扩展，为用户提供了丰富多样的服务和体验。

6. SNS

SNS 是"social networking service"的缩写，中文翻译为"社交网络服务"。它指的是一类允许用户建立个人资料、分享内容、与其他用户互动和连接的在线服务。SNS 平台通常包括社交网络和社交媒体两种形式，它们在功能上有所重叠，但侧重点不同。社交网络（social networking）主要指的是用户之间建立和维护社交关系的在线平台，如 Facebook、LinkedIn 等，它们强调的是用户之间的连接和互动。社交媒体（social media）则更侧重于内容的分享和传播，如 Twitter、Instagram、YouTube 等，它们允许用户发布和分享信息、图片、视频等内容，并与其他用户进行互动。SNS 在功能上通常包括以下五个方面。

（1）创建个人资料。用户可以创建个人资料，包括个人基本信息、兴趣、工作经历等。

（2）内容分享。用户可以发布状态更新、图片、视频、日志等内容。

（3）互动与连接。用户可以通过评论、点赞、转发等方式与其他用户互动，并建立好友或关注关系。

（4）社群与讨论组。用户可以加入或创建兴趣小组、社区，与其他具有相同兴趣的人进行交流和讨论。

（5）私信功能。用户之间可以通过私信进行私人交流。

SNS已经成为人们日常生活中重要的组成部分，它不仅改变了人们的沟通方式，还对社会文化、商业活动和政治传播产生了深远的影响。随着技术的发展，SNS平台也在不断创新和演变，以满足用户的需求和市场的变化。

五、自媒体的影响因素

经过多年的发展，自媒体在不断满足人们对丰富信息生活需要的同时，也为现实生活提供了物质服务。自媒体平台的内容生产模式主要是用户生产内容。这种模式在丰富自媒体平台内容的同时，也带来了一定的隐患。例如，一些自媒体从业者为了吸引用户的注意力，发布、传播低俗内容。低俗内容是自媒体平台的毒瘤，严重污染网络环境，尤其对尚未形成良好辨识力的未成年人来说，这是重大隐患。[①] 自媒体的影响力取决于以下六个关键因素。

（1）内容质量。高质量的内容是自媒体成功的关键。内容应具有原创性、准确性、权威性，并能满足受众的需求。此外，内容还需要具有吸引力，能够激发受众的兴趣和情感。

（2）受众定位。了解目标受众并为其提供有价值的信息是至关重要的。了解受众的兴趣、需求、年龄、性别、职业等特征，可以帮助自媒体创作者更好地定制内容。

---

① 黄楚新：《我国自媒体发展现状、问题及对策》，载《人民论坛》2022年第22期，第104-107页。

（3）内容的传播和推广。即使内容再优秀，没有有效的传播和推广策略，也很难吸引到更多的受众。使用合适的推广渠道和方法，如社交媒体、合作伙伴、广告等，可以扩大自媒体的影响力。

（4）与受众的互动。与受众建立良好的互动关系可以增强受众的忠诚度。及时回应受众的评论、提问和建议，可以建立良好的互动氛围。

（5）自媒体的定位和品牌形象。自媒体的定位和品牌形象对受众的影响非常重要，一个清晰、独特的定位和积极、专业的品牌形象，可以帮助自媒体在竞争激烈的市场中脱颖而出。

（6）持续性和一致性。自媒体需要保持持续性和一致性。定期发布内容，并保持内容风格和质量的一致性，可以使受众保持期待并建立信任。

以上是影响自媒体影响力的关键因素，创作者可以根据自身情况对这些因素进行优化，以提升自媒体的影响力。

第二节 自媒体建设的意义与原则

一、自媒体建设的意义

自媒体在教育领域的蓬勃发展为终身学习方式带来了更多的选择。一方面，受教育程度大幅提升使得新时代成年群体在自媒体学习者中占比较大，尤其是移动智能终端的普及为学习者提供了更多的选择。另一方面，自媒体学习的灵活性与终身学习的理念相吻合。随着智能技术的快速发展，自媒体教学弥补了传统单一学习模式的不足，其传播内容的广度和深度都是其他载体无法比拟的，为终身学习创造了有利的条件，同时，自媒体迎合了大众的个性化学习需求，有利于激发个体学习的积极性。[①] 自媒

---

① 杨楠、任锦鸾：《自媒体时代学习者终身学习路径探索》，载《现代远距离教育》2022年第4期，第92-96页。

体建设的意义可以从多个维度进行详细说明,包括社会文化、经济发展、技术进步、个体成长等方面。

1. 社会文化维度

(1) 促进信息多元化。自媒体提供多样化的信息来源,有助于打破传统媒体的信息垄断,使信息供应更加丰富和多元。

(2) 增强公众参与。自媒体平台使公众能够更直接地参与到社会议题的讨论中,有助于增强公众对社会事务的参与感和影响力。

(3) 文化传播与交流。自媒体促进不同文化之间的传播和交流,有助于文化的多样性和包容性发展。

2. 经济发展维度

(1) 创造新的就业机会。自媒体的兴起带动相关产业链的发展,为内容创作、平台运营、技术支持等领域创造新的就业机会。

(2) 促进产业创新。自媒体的发展推动媒体产业的创新,促使传统媒体与新兴媒体融合,形成新的商业模式和盈利模式。

(3) 刺激消费增长。自媒体平台上的个性化内容吸引大量用户,带动广告、付费内容、周边产品等消费形式的增长。

3. 技术进步维度

(1) 推动技术革新。自媒体的发展推动相关技术的创新,如内容推荐算法、数据分析、人工智能等技术的应用和发展。

(2) 提升用户体验。自媒体平台通过不断的技术优化,提升用户的内容消费体验,如视频播放技术、互动功能的创新等。

4. 个体成长维度

(1) 个人品牌建设。自媒体为个人提供展示才华、建立个人品牌的平台,有助于个人职业发展和影响力扩张。

(2) 知识技能提升。通过自媒体平台的学习和交流,个人可以在专业知识、技能提升等方面获得成长。

(3) 情感表达与支持。自媒体平台上的用户可以通过内容创作与分享,表达自己的情感和经历,获得来自他人的支持和认同。

5. 社会管理维度

(1) 信息监督与自律。自媒体的发展促使社会对信息传播的监督和自律意识增强,有助于建立更加健康、有序的网络环境。

(2) 舆论引导与控制。政府和监管机构可以通过自媒体平台进行舆论引导和控制,传播正能量,维护社会稳定。

6. 国际影响力维度

(1) 提升国家软实力。自媒体平台上的优质内容传播到国际上,能够提升国家的文化软实力和国际影响力。

(2) 国际交流与合作。自媒体促进国际间的信息交流和文化合作,有助于建立更加紧密的国际关系。

综上所述,自媒体建设在促进信息传播的多元化、经济发展、技术进步、个体成长、社会管理以及提升国际影响力等方面都具有重要的意义。

二、自媒体建设的原则

自媒体建设需要遵循一定的原则,以确保其健康发展和有效传播。以下是自媒体建设应考虑的八个原则。

1. 科学发展原则

自媒体建设应以科学发展观为指导,注重内容的质量和传播的效果,遵循信息传播的客观规律,推动自媒体健康有序发展。

2. 积极利用原则

充分利用自媒体平台的特点和优势,创新传播方式,拓宽传播渠道,提高传播效率,提升自媒体的影响力和竞争力。

3. 加强管理原则

建立健全自媒体管理制度,明确责任分工,加强对自媒体内容的审核和监管,确保自媒体传播的信息安全、准确、权威。

4. 确保安全原则

强化自媒体平台的技术保障和安全防护措施,保障自媒体平台的稳定运行,防止信息泄露和网络攻击,确保自媒体用户的信息安全和隐私不被侵犯。

5. 依法合规原则

严格遵守国家法律法规和网络传播规范,坚守社会道德底线,不传播违法违规信息,不参与网络谣言和不良信息的传播。

6. 坚持正确导向原则

自媒体建设应坚持正确的政治方向、价值取向和舆论导向,积极传播正能量,弘扬社会主义核心价值观,引导公众形成正确的世界观、人生观和价值观。

7. 注重用户体验原则

自媒体内容应基于事实,传播真实、准确的信息,避免造谣传谣,确保信息的真实性和可靠性。尤其要关注用户需求,提供优质、个性化的内容和服务,提升用户体验,满足用户的需求和期待。

8. 创新驱动原则

积极探索自媒体发展的新技术、新业态、新模式,推动自媒体与人工智能、大数据、云计算等新技术的深度融合,提升自媒体的传播力和影响力。自媒体建设应鼓励创新,支持多样化的内容形式和表达方式,以满足不同用户群体的需求。

以上是自媒体建设应遵循的原则,旨在推动自媒体健康、有序发展,发挥自媒体在信息传播、舆论引导、文化娱乐等方面的积极作用。同时,遵循这些原则,也能够使自媒体更好地适应社会发展的需求,为社会的信息传播和文化繁荣做出贡献。

第三节　自媒体建设中培养英语自主学习能力的策略

一、自媒体环境下的自主学习

1969年，美国著名心理学家罗杰斯（Carl Rogers）在《学习的自由》一书中提出教育的目标应该是培养学生成为适应社会变化，知道如何学习的"自由"人。在罗杰斯看来，"自由"不是通常意义上"从外部可供选择的事物中做出自己的抉择"，而是指"能使人敢于涉猎未知的、不确定的领域，自己做出抉择的勇气"。让学生自由地学习实质就是让学生自主学习，它强调学生的主体作用，教师不能采用原有的权威式教学，否则学生无法真正学到真理与智慧。真理与智慧通常蕴藏于未被发现的知识背后，教师应与学生一道探索，这才是最理想的教学活动。人性善与人所具有的自我指导的能力乃是自由学习（自主学习）的理论基础。[①] 成功的外语学习需要大量的、持之以恒的语言输入、输出与互动，仅依靠有限的课堂学习不可能学好外语。因此，除了课堂学习，外语教学体系还应在课外为学生创造良好的语言学习环境及应用环境，培养学生的自主学习能力。[②]

（一）传统教学环境下自主学习的局限性

教师中心、课堂中心、教材中心（即"三中心"）是传统教学深受诟病之处。传统学习是指学生被动地接受式学习，强调的是知识的传递，包括概念、理论、方法等，从一个人传递给另一个人。不同于传统的接受式

---

① 化得福：《论罗杰斯的人本主义教育思想》，载《兰州大学学报（社会科学版）》2014年第4期，第152—155页。
② 范烨、彭华：《外语自主学习中心的构建及发展研究》，载《外语电化教学》2023年第1期，第32—39、109页。

学习,自主学习往往通过学生对问题进行自主独立的分析、思考、探究与实践来达到学习目标,是一种现代学习方式。"自主"是学习的本质,学习是"自主"的结果,"自主学习"体现着"主体"所具有的"能动"品质,学习是"主体"自己的事情,"自主性"是学习的本质属性,主要表现为"自为""自立""自律"。在传统教学环境下,学生的自主学习受到极大的束缚,学习效果比较有限,具体表现在如下四个方面。

1. 学习缺乏长远规划,学习目标有待明确

自主学习并不等同于自己学习,是学习者对学习内容和学习过程的一种批判性思考、决策以及独立执行的能力。过去,由于学生的心智能力发展速度较慢,再加上深受传统的"填鸭式"教学方式的影响,大多数学生缺乏独立思考的能力,习惯于被动接受式学习,甘当知识的"容器"。他们不知道为什么学,也不清楚学什么和怎么学,进入大学后一直感到迷茫无措,缺乏明确的学习计划,尤其是难以有效地制定适合自身实际情况的长远的学习目标。即使一些学生能够明确自身的学习目的,也很难有效地针对学习目的规划时间、设计可持续的学习方案。由于学习缺乏规划,目标不明,动力不足,学习效率特别低下。

2. 学习缺乏媒介,学习形式有待丰富

学习媒介是指学习过程中任何可以传递信息的事物,主要用来刺激学生的思想、感受、关注和学习兴趣。学习媒介可以帮助学生更深入地理解所传递的主题。教育工作者在向学生传授知识时应使用媒介或教学工具。教学中可以使用三种类型的学习媒介:听觉、视觉、视听觉。学习媒介在现代教育中起着重要的作用。通过选择和应用合适的学习媒介,可以提高学生的学习兴趣和积极性,帮助学生更好地理解和记忆知识。就传统的自主学习模式而言,学生接触的主要学习媒介为纸质书籍。由于印刷出版物的自身局限,其内容呈现方式相对死板,对学生吸引力不大,不能适应不同学习者的感官偏好。对于一些视觉敏感的学习者而言,通过纸质书籍能够高效地进行自主学习,但是对于其他感官敏感(如触觉敏感、听觉敏感)的学习者而言,书籍并非最理想的学习媒介。同时,由于更新周期长,书籍所包含的内容普遍较为陈旧。长期接收陈旧的信息,不利于学生及时掌握世界最新动态,从而严重影响学习的效果和学习兴趣,学生知识

面和视野狭窄,进而影响学生创新思维的养成。

3. 学习缺乏软硬件设施,学习场所有待拓展

学习离不开各种环境及场地等学习资源的支持。学习环境的重要性在于它直接影响学生的学习态度、行为和效果,一个良好的学习环境能够促进学生的认知发展,提高学习效率。学习资源的概念内容丰富,不仅包括教学材料、学习环境、支持系统,而且包括能帮助个人有效学习与操作的各种因素。根据表现形态的不同,学习资源一般分为硬件资源和软件资源两类,两者对学习都很重要。即使在"互联网+"时代,学生自主学习同样离不开网络设施的支持。但是,传统电脑由于笨重的机身,便携性极差,很难满足学生碎片化学习的要求。同时,传统状态下的大部分自主学习时间被社会的快节奏填充、分割,传统自主学习方式所要求的特定时间、地点越来越难以被学习者接受。此外,传统的自主学习室以及图书馆所带来的巨大资金投入,让很多农村学校感觉经济负担大,难以承受。这些状况均不利于学生自主学习的开展。

4. 学习缺乏策略指导,学习效率有待提高

学习策略是伴随着学习者的学习过程而发生的一种心理活动,是学习者内化第二语言或外语规则的主要手段,外语学习策略的作用之一就是提高学习者的自主性。一方面,学习策略本身就是自主学习概念的重要组成部分;另一方面,学习策略掌握的好坏常被认为是衡量学生自主学习能力强弱的重要标志,掌握并有效使用学习策略是学生自主学习能力形成的关键。但是,学习策略使用的有效性受到学生个体差异的影响,适合某些学生的策略可能并不适合另一些学生。因此,学习者需要不断探索寻找适合自身的学习策略。①

学习策略在很大程度上决定了学习效率,尤其是在自主学习方面。学生自主学习能力的高低主要体现在能否自主设定学习目标、确定学习内容、选择学习方法、监控学习过程,以及评估学习效果五个方面。在传统教学环境下,教师讲、学生听的教学方式相对枯燥,尤其是以教师为中

---

① 徐锦芬:《外语类专业学生自主学习能力的构成与培养》,载《外语界》2020年第6期,第26-32、62页。

心，"学"服从与"教"，忽视了学生的学习自主性；以语言知识教学为中心，缺乏情感性，忽视了学生学习兴趣的培养和学习能动性的发挥；以课堂为中心，缺乏开放性和挑战性，束缚了学生创造性思维的发展。当学生的学习自主性、能动性和创造性均受到极大压制，学习方法和策略又因为应试教育对机械化训练的极度青睐而遭到漠视时，自主学习就成为遥不可及的事情，其效果必然大打折扣。

（二）自媒体环境下自主学习的优势

传统的信息传播常常由专业媒体机构主导，属于"点到面"的传播，而自媒体则是一种由普通大众主导的"点到点"的信息传播。自媒体的主要表达渠道包括微博、博客、微信、论坛以及新兴的各种视频网站等。当前，个人门户类网站已成为自媒体的新兴载体。由于传播主体的多样化、平民化及普泛化，自媒体对传统媒体提出了巨大的挑战，自媒体环境下自主学习的优势体现在以下四个方面。

1. 知识服务商多，学习费用少

在自媒体时代，网络平台上大量知识服务商不断涌现出来，通过定期推送文章的方式赚取人气，进行营销。学生可以利用这些免费的网络资源，跟随其脚步，按章节进行较为系统的自主学习。与此同时，学生可以根据自身兴趣选择学习内容，开展有针对性的系统学习。虽然学生难以通过此方式进行较为深入的学习，但是，它却提供了一种免费、高效的整体把握相关知识的途径。尤其是对于家庭经济不宽裕的学生来说，这些免费获取的学习资源对其学习具有重要的现实意义，既降低了学习费用，减轻了经济压力，又便于其安排时间，有条不紊地开展自主学习，从而提高学习效率。

2. 学习资源丰富，形式多样

自媒体载体多样，大到电脑，小到手机，都能成为信息传播的工具。自媒体平台包括个人微博、个人主页以及个人日志等，其中以美国的Facebook与Twitter以及我国的微信公众平台、微信朋友圈、百度贴吧、腾讯微博、新浪微博、QQ空间等最有代表性。通过自媒体进行学习，学生能够在较短的时间内接触海量的信息。因此，基于自媒体的自主学习能够在很大程度上弥补传统课程教学容量有限的不足，增强学生学习的实效性。

3. 硬件要求低，灵活性高

随着信息技术的不断发展，各种品牌的智能手机如雨后春笋般地涌现。相较于电脑而言，智能手机在普通家庭中的普及率更高，学生通过智能手机接触自媒体的门槛较低，自媒体潜在受众数量巨大。与投资图书馆、建立自主学习室相比，通过运营一种优秀的自媒体可以为学生自主学习提供优质学习资源的成本更低。学生通过智能手机，也可以随时随地开展自主学习，不仅可以做到高效利用碎片时间，还可以培养学生终身学习的意识。尤其是微信平台带来的微学习，让学生在各种时间、地点都可以接触和接受碎片化的知识，使自主学习、在线学习等成为可能。

4. 师生关系紧密，角色转换灵活

师生关系不仅是教育活动中的重要因素之一，也是影响教育效果的最为重要的能动性因素。这是因为师生关系不仅会影响教育活动的效果，如影响学生对教师所教课程的兴趣、影响学生学习的情绪、影响师生交往频率，还会影响学生的个性发展与心理状况，如满足学生的基本心理需求、影响学生的自尊心和学习动机、影响学生的创造性。"良好的师生关系是最大的教育力量。"① 良好的师生关系也是学习的催化剂。通过自媒体进行自主学习，教师与学生可以进行双向互动，师生角色平等，相互尊重，相互包容，形成学习共同体。学生通过观看文章获取学习资源，进行自主学习。当遇到疑问时，可以及时通过回复的方式请求教师解答。另外，学生在学习过程中获得的心得体会也能快速地通过自媒体进行分享，进而接受其他学生或教师的提问。如此一来，学生与教师的角色能够快速地转换，只要就某一问题有所见解，无论谁都能够畅所欲言，实现真正意义上的教学相长。

---

① 林德全：《三主体师生关系引论（中英文）》，载《中国教育科学》2023年第5期，第103–114页。

（三）自媒体环境下英语自主学习的"四个融合"

1. 学习与娱乐的融合

自媒体时代，人人都是信息源。学生的学习资源选择余地较大，可以按照自身的兴趣有选择地进行英语自主学习。另外，自媒体时代，大多数传播者希望最大化地提高自身曝光度，因此，将授课过程趣味化是自媒体的一大特点。通过观看趣味十足的教学内容，学生能够在接近娱乐消遣的过程中潜移默化地接受英语的熏陶。随着自媒体时代的到来，学生可以充分利用空余的碎片化时间进行有效的自主学习，进而使学生认识到终身学习、碎片学习的重要性。

2. 师生角色的融合

与传统自学不同，自媒体使英语自主学习成为一种双向的互动。教师与学生的角色在自媒体环境下可以互换。在自媒体时代，传统师生关系发生改变，教师不再是权威，而是学生学习过程中的学习顾问。学生不再是单纯的接受者，其在自学过程中所收获的心得体会也可以借助自媒体快速分享，从而成为其他同学甚至教师的参考和借鉴。

3. 专业与生活的融合

通过自媒体接触英语世界，学生可以感受到更为原生态的英语用法。许多自媒体内容运用的是生活化的语言，对语法的要求较低。接触一些非专业但是常用的英语表达方式，能够提高学生所学英语的实用性。自媒体所提供的口语化的英语表达方式能够作为教科书英语的补充。学生自学不再是仅为获得更高的分数，而是为了切实地提高自身的英语表达能力。

4. 个别式与协作式的融合

通过自媒体，学生可以在个别式与协作式的学习状态中自由切换。在接受新知识的时候，可以暂时屏蔽外来评论以及反馈，从而做到专心致志。而在遇到问题需要讨论时，则可以借助评论和反馈功能快速地实现与同学的互动交流，或及时向教师请教，以便在英语自主学习过程中真正做到灵活快速的切换，从而提高自主学习效率。

（四）自媒体环境下的教师与学生

习近平总书记指出："一种价值观要真正发挥作用，必须融入社会生活，让人们在实践中感知它、领悟它。"① 因此，我们要将社会主义核心价值观教育融入学生的日常生活学习之中，注重学生的感受和体验，从而达到修心、修身、内化的效果。自媒体时代，在开展社会主义核心价值观教育时，教育理念要从"宣教"转为"传播"。教育者要转变单向的灌输思想，采用双向交流、平等对话的形式，让思想引导更接地气、价值引领更合实际、心理疏导更有温度，促使教育目标具体化、教育内容大众化、教育方式生活化、教育手段现代化，引起学生的思想共振、情感共鸣。②

在传统媒体时代，教师是知识和价值观的主要来源，在与学生的关系中具有较高的话语权威，承担着传播价值观、施加教育影响的重要任务。自媒体时代，各类网络平台和媒体平台广泛运用，信息来源和价值选择多元，信息获取方式方便快捷，教师不再是教授知识、传播主流价值观的主要来源，教师的教育引导作用与话语权威不断弱化。与此同时，学生的信息来源和价值选择更加多元，主体性进一步强化，这势必与教师不断弱化的主导作用产生冲突，造成师生关系异化。③ 自媒体时代，学生自主学习能力的生成需要坚持良好的学习习惯，创新意识的培养需要突破常规思维的界限，如何充分发挥自媒体的功效，做到"为我所用"而"不受其限"，需要教师和学生的共同努力。

1. 教师方面

需要指出的是，教师在学生自主学习能力培养中起着不可替代的作用——由原来的"教"变为"引"，而在"引"的过程中如何把握好"度"，对教师素质提出了新的更高要求。教师自身的自主性，以及教师对学生、自主学习环境、自主学习资源等的了解都会影响学生自主学习能

---

① 习近平：《习近平谈治国理政》（第一卷），外文出版社2018年版，第165页。
② 徐金超：《自媒体环境下大学生社会主义核心价值观教育探析》，载《学校党建与思想教育》2022年第6期，第61-63页。
③ 韩凯辉、张英魁：《自媒体时代大学生意识形态教育的异化问题研究》，载《高教发展与评估》2019年第6期，第97-105、112页。

力的培养效果。① 教师是教学过程中"教"的主体，常被喻为"春蚕"、"蜡烛"、慈母及人类灵魂的工程师等，在新时代担负着立德树人的重要职责，在自媒体应用中应努力扮演好学生学习的引导者和指导者的角色。

（1）遵循学生的身心发展规律和个性特点，建立自媒体与自主学习的有效关联。学生身心发展的规律体现在其随着年龄的增长，认知、情感、社交和身体等方面会经历一系列有序的变化，这些变化具有阶段性、稳定性、不平衡性和个别差异性。社会认知学派认为自主学习先后经历观察、模仿、自我控制与自主阶段，是一个将外部学习技能内化为自身能力的过程。在培养学生自主学习的过程中，首先，教师要结合学生发展过程的顺序性，使其接触自媒体时遵循由易到难的原则，一开始应使学生感受到自媒体的趣味性，进而一步步地发挥自媒体的教学功效。其次，教师应顺应学生心智发展的阶段性，把握好学生对新事物的好奇心理，通过有趣的方式介绍自媒体，让学生对自媒体产生浓厚的兴趣，进而引导其运用自媒体进行有效的自主学习。再次，教师应该深入了解每位学生的个性特点，对于玩心较重的学生应该做好防范措施，避免其在接触自媒体后可能出现的不端行为；对于自觉好学的学生，可以通过推荐各种优质自媒体资源的方式，帮助其更好地发展。最后，在日常教学活动中，教师应本着启发性原则进行教学，适时地抛出探究性问题，引导学生自行通过自媒体寻找答案，从而将自媒体与自主学习更紧密地结合起来。

（2）通过传授学习策略，促进运用自媒体娱乐与开展自媒体学习二者良性互动。学习策略是学习者制订的有关整个学习过程的复杂方案，其目的是提高学习效率。学习策略一般可分为认知策略、元认知策略及资源管理策略三类，是影响学生自主学习效果的重要因素。通过认知策略的传授，学生能够有效地通过自媒体获取资源并进行有效的信息筛选；通过元认知策略的培养，学生能够明确自主学习的意义及自媒体的重要性，从而自觉地加以运用，提高自身能力；通过资源管理策略的传授，学生逐步培养良好的时间观念，提高自律能力。有效的时间管理，可以使学生利用碎片时间进行学习，并自觉地吸收自媒体上有价值的信息，杜绝不良信息的诱惑。教师向学生传授以上学习策略，可使学生在使用自媒体进行娱乐消

---

① 徐锦芬：《外语类专业学生自主学习能力的构成与培养》，载《外语界》2020 年第 6 期，第 26 – 32、62 页。

遣的过程中潜移默化地接受教育熏陶，达到"玩中学"的学习效果，使其获得学习成就感，进而提高自主学习的兴趣。通过娱乐与学习的良性互动，不断促进学生的发展与进步。

（3）借助信息化教学手段，实现教师角色由传授者向引导者的适时转变。思想政治工作从根本上说是做人的工作，必须围绕学生、关照学生、服务学生，不断提高学生思想水平、政治觉悟、道德品质、文化素养，让学生成为德才兼备、全面发展的人才。因此，如何因势利导，充分运用自媒体做好新时代学生思想政治教育工作，尤其对研究"00后"大学生思想政治教育困境和路径，具有重大的理论和现实意义。[1] 随着信息技术的飞速发展，自媒体作为一种新兴媒体在不断地发展与更新，其对社会生活和人们思想行为的影响也处于动态的变化之中。传统的以教师讲为主、学生听为辅的课堂教学模式极大地限制了学生对信息的"输入"。学生单纯接受课堂上40～45分钟的"输入"是远远不够的，还需发挥自主性，做学习的"自主者"。为此，教师需借助信息技术，通过建立班级交流群，拉近教师与学生之间的距离，进而更深入地了解每位学生，以便因材施教。借鉴网络直播的成功范例，通过网络直播平台进行教学，可以使学生产生一对一、面对面辅导的感觉，增强教学效果。同时，由于自媒体本身所存在的不足之处，如信息良莠不齐、可信度低、法律不规范等问题，如何在使用过程中趋利避害，需要教师正确、有效的引导。自主学习的初衷并非否定教师的作用，而是强调在教学活动中树立以学生为中心的理念，在学生的学习生活中，教师由传统的知识传授者向学生学习引导者、指导者转变。

2. 学生方面

学生是学习的主体，学生的主体性体现在学习的自主性、能动性和创造性上。建构主义学习论认为，学习是学生在自身已有知识、经验的基础上去主动建构意义的过程。不同的学习观必然产生不同的学习效果，"要我学"事倍而功半，而"我要学"则事半而功倍。信息时代，自媒体对学生来说是一把双刃剑，学生既要用好它，又要避免受其害。必须指出，

---

[1] 梁钦：《自媒体对"00后"大学生思想政治教育的影响及对策》，载《学校党建与思想教育》2020年第8期，第94-96页。

未来的学习必将越来越趋向于碎片化和终身化。专职的学生时期只占人生的十几二十年，而接下来的工作阶段同样不能停下学习的脚步。但是，传统的教学方式并不能满足社会发展的需求。随着网络信息技术的迅速发展，以微博、微信、抖音为主要代表的自媒体以传播速度快、受众范围广、动员能力强等特点，深刻地影响着学生的生活和交流方式，也为其参与社会活动提供了新的途径。然而，相较于传统媒体，自媒体携带着紊乱驳杂的信息和多元冲突的价值观念。一旦学校教育者缺位，学生难以甄别信息价值，极容易产生彷徨的心态。① 因此，学生只有积极主动地转变自身的学习方式，提高自主学习能力，才能不断满足社会进步的要求，完成终身学习的目标。

（1）深化对自媒体的认识，激发自主学习动机。首先，学生要有意识地对自身进行适时的积极暗示，提高自身的自我效能感，确信自己能够通过自媒体进行高效的自主学习。自我效能感的作用在于它能够激励个体面对挑战，影响个体的选择、努力水平和坚持程度，从而决定个体能否成功完成任务和达到目标。其次，学生应该在学习过程中树立正确的价值观，只有在正确价值观的指引下，才能正确地运用自媒体进行有益的学习活动，自觉杜绝不良信息的诱惑。再次，学生应树立终身学习的目标，改变以往学习阶段与工作阶段二分的错误观念，及早培养自身利用资源自主学习、终身学习的习惯，清楚地认识自媒体对于今后碎片化学习的重要意义。最后，学生应在借助自媒体进行自主学习的过程中发现自身的学习兴趣点，通过兴趣培养提高自身的综合素质与能力。因为自主学习关键在于自主，而兴趣是增强学习动机的基础，也是影响自主学习效果的重要因素。

（2）掌握必要的学习策略，增强自主学习意识。学习策略是学习技能的组合，是有效提升学习效果和效率的特定程序、规则、方法和技巧。② Oxford 和 Nyikos 认为，合适的学习策略能够加强学习者自主、独立

---

① 耿中华、丁三青：《自媒体环境下大学生社会认同的培育路径研究》，载《江苏高教》2021 年第 7 期，第 93 - 97 页。
② 牛端、张杰锋、方瑞芬：《学习策略与人际交往能力对大学新生学校适应的影响》，载《复旦教育论坛》2017 年第 5 期，第 50 - 55、70 页。

性和自我指导，从而使学生对自己的学习负责。[①] 学习策略是影响学生自主学习效果的重要因素，一般可分为元认知策略、认知策略与资源管理策略三类。"互联网+"时代是利用信息技术使互联网与传统行业进行深度融合、创造新的发展生态的时代。"互联网+"时代需要互联网思维，也呼唤着新的学习方式。传统的教学方式并不能满足社会发展的需求。基于此，首先，新时代的学生应该了解通过哪些自媒体可以获得自己想要的信息，并且分辨出其中有用的信息和无用的信息。其次，学生需要明确如何有效地运用那些有用的信息，从而真正提高自身的综合能力。最后，学生需要在运用自媒体的过程中把握好时间，合理安排时间，高效地进行自主学习，为终身学习和未来创新创业打下坚实基础，为社会进步做出自己应有的贡献。

（3）培养自主学习习惯，确保自主学习效果。学生自主学习能力的培养源于其主体性的发挥。自媒体拓展了学生作为自主学习主体的主体性，增强了其能动性，激发了其创造性，丰富了其交互性。"互联网+"时代，自媒体是一把双刃剑，良莠不齐。学生应该懂得取其精华、去其糟粕，并持之以恒地进行碎片化学习，最终形成一种习惯，才能真正发挥自媒体在自主学习中的强大功能。只有自觉地杜绝自媒体上存在的诱惑，避免沉溺于网络游戏，正确利用自媒体的信息传播和获取功能，自主学习、终身学习才能成为现实。量变是质变的基础，学生只有持之以恒地自主学习，才能使得自主学习的效果得到保障，以便更好地服务于以后的深度学习，从而真正提高自身创新创业、服务社会的综合能力。

总之，"互联网+"时代，自媒体的广泛运用为学生的自主学习提供了极大便利。自媒体内容丰富多彩，如能正确运用可以为学生的英语自主学习提供有效的课程资源和实践平台，极大地弥补课堂教学容量有限的缺陷，能满足不同水平的学生对英语学习的个性需求。同时，自媒体也具有信息的非真化、信息的碎片化、信息的娱乐化、信息的低俗化、信息的无序化等负面功能。如果使用不当，也可能使学生的主体性丧失、主体能力退化、主体意志迷失等。

自主学习能力的形成并非一蹴而就，而是具有渐进性、动态性和长期

---

① ［英］R. Oxford, M. Nyikos, "Variables Affecting Choice of Language Learning Strategies by University Students", *The Modern Language Journal*, 1989（3）, pp. 291 – 300.

性的特征。除了强化学生的自主学习意识和鼓励学生的自主学习行为之外,教师还需提供能力展示的平台和机会以增强学生自主学习的信心和动机,并促使学生相互学习、取长补短。① 因此,日常教学中教师应积极转变角色,身体力行,为学生有效使用自媒体开展自主学习提供有效的帮助与指导。学生要充分认识自主学习的艰巨性,掌握必要的自主学习策略,合理规划和管理时间,坚持自主学习,学会独立学习,做一个优秀的自主学习者、终身学习者和创新创业者。

二、自媒体建设与自主学习能力培养

"互联网+"时代,"大众创业,万众创新"的理念响彻学界,深入人心,创新创业教育已成为高等教育的重要组成部分。国务院办公厅在2015年印发的《关于深化高等学校创新创业教育改革的实施意见》中指出,要建立健全课堂教学、自主学习、结合实践、指导帮扶、文化引领融为一体的高校创新创业教育体系。创新创业教育面向全体学生,以促进学生终身可持续发展为根本,对大学生的自主学习提出了更高的要求。自主学习要求学习者对自己的学习负责,自己确定学习目标,自主选择学习内容、进度与方法,自我监控学习过程,自我评价学习效果。因此,它不仅是一种学习能力,还是一种学习态度,在"互联网+"时代受到越来越多的关注。作为当前一种时尚流行的能广泛提供信息共享的平台,自媒体为自主学习的开展提供了良好的契机。将自媒体和自主学习关联研究,呼应了"大众创业,万众创新"的时代主题,对开展创新创业教育具有重要的理论意义和实践价值。

"互联网+"时代,是一个"人人都有麦克风"的自媒体时代。学生自主学习能力的养成需要具备良好的学习条件,创新意识的培养需要突破常规思维的界限。因此,如何充分发挥自媒体的功效,培养学生自主学习能力,做到既"为我所用"而又"不受其害",需要从自媒体的平台主体、使用主体、监管主体和评价主体四个方面入手,不断加强和完善自媒

---

① 徐锦芬:《外语类专业学生自主学习能力的构成与培养》,载《外语界》2020年第6期,第26-32、62页。

体建设。

（一）自媒体平台主体的文化建设与学生自主学习网络环境建构

自媒体平台主体的文化建设是指通过自媒体平台，培育和弘扬社会主义核心价值观，传播积极健康的文化内容，促进社会主义文化繁荣发展的过程。自媒体平台作为新媒体的一种形式，包括但不限于微博、微信、抖音等，它们在信息传播、文化塑造、社会互动等方面发挥着重要作用。自媒体平台主体的文化建设应关注以下五个方面。

1. 内容创新与多样性

自媒体平台应注重内容的创新和多样性，提供丰富、新颖的文化产品，以满足不同用户的需求。内容应积极传播中华优秀传统文化，展现时代精神，倡导文明风尚。

2. 平台管理与规范

自媒体平台需要加强管理和规范，建立健全内容审核机制，防止传播不良的信息，保障清朗的网络空间。同时，平台应严格遵守国家法律法规，坚守社会责任，推动形成积极健康的网络环境。

3. 互动性与用户参与

鼓励用户参与和互动，通过评论、分享、投票等方式，让用户参与到文化内容的创作和传播过程中，增强用户的文化体验和认同感。

4. 技术应用与融合

自媒体平台应积极拥抱新技术，如人工智能、大数据、云计算等，通过技术创新提升内容的生产和分发效率，实现传统媒体与新媒体的深度融合。

5. 品牌建设与推广

通过品牌建设提升自媒体平台的影响力，扩大文化内容的传播范围，增强文化自信。同时，通过多渠道推广，提高平台及内容的知名度。

在全球化背景下，自媒体平台应积极参与国际传播与交流，展示中华文化的魅力，增强文化软实力。通过上述五个方面的努力，自媒体平台可以在企事业文化建设中发挥重要作用，为其提供持续的文化滋养和动力支持，促进企业的健康发展和社会责任的实现。

"互联网+"时代，作为新媒体最具代表性的自媒体既具有即时快捷的传播速度，又具备开放交融的传播方式。学生可以通过自媒体平台即时获取最新的信息。学生的学习可以不受地点的限制，诸如微信、微博、博客等传播平台，为学生在闲暇时间进行课程学习提供了有效的资源和现实的可能性。自媒体信息量大，且具有即时性和交互性的优势，非常切合学生思维活跃、勇于探索的心理年龄特征。

自媒体虽然具有自主性特点，但并不是自己的媒体和纯粹的私人空间，它同时具有典型的公共传播属性。因此，尽管自媒体家喻户晓，人人触手可及，但它从来都不应该是"法外之地"，绝不允许通过自媒体平台以谣传谣、非法盈利，应当时刻保持自律自净的文化底蕴。自媒体所传播的信息，不能突破道德底线，践踏法律红线。当前，以微信、QQ和微博为主的自媒体不仅走进了每一个学生的学习和生活之中，而且占据了学生很大一部分课余时间。因此，加强自媒体平台自身的文化建设，对营造有利于学生自主学习的良好环境具有重要现实意义。

健康、贴近学生生活的自媒体平台成为学生网络学习和日常交际的重要平台，对学生的自主学习起到了重要的促进作用。学生通过自媒体平台方便快捷地开展在线学习、移动学习和泛在化学习，通过平台与老师和同学进行互动交流，分享学习资源和学习感受，不仅便于实施个性化的自主学习，而且提高了人际交往的效果。然而，自媒体毕竟是一把双刃剑，利弊兼有。一些自媒体平台在发文转载时肆意妄为，不断突破法律法规底线。一些自媒体平台传播的信息缺乏真实性，尤其是带有暴力性质的网络游戏及黄赌毒的信息充斥网络，严重侵袭了学生的思想，消弭了学生的学习积极性。因此，有必要筑牢自媒体平台的思想之堤、文化之魂，强化自媒体平台主体的文化自律意识，深化对平台违法违规行为必将受到严惩的统一认识。在对违规自媒体平台主体进行批评教育的同时，给予严厉的惩罚，加强自媒体平台文化建设，使其做到自律自净，让自媒体空间始终保持健康有序，为学生的自主学习营造一个风清气正的网络学习环境。

目前，校园新媒体已经成为服务广大师生，传递校园信息的重要载体,起着维护校园安全稳定、教育广大学生的作用。做大做强校园主流新媒体是自媒体时代牢牢占领意识形态主阵地的客观要求。一是要发挥校园新媒体联盟的作用,形成以官方微博为龙头,校属各单位、各学院新媒体平台百花齐放的新媒体矩阵工作格局,充分发挥合力,实现叠加放大的传播效果。二是要将新媒体平台建设与课程思政建设相结合,通过发掘师生身边感人小事,树立宣传典型,通过诉诸情感的方式与受众产生共鸣,弘扬社会主义核心价值观,通过集赞、打卡的形式增加趣味性和互动性,增强受众的校园新媒体平台使用黏性,贯彻"三全育人"的教育理念。①

(二)自媒体使用主体的信息素养教育与学生自主学习动机激发

自媒体使用主体的信息素养教育是指通过一系列的教育活动和实践,提高自媒体用户在信息获取、分析、评估、创造和交流等方面的能力。这种教育旨在帮助用户更好地理解和使用自媒体,提高用户在数字时代的生存和发展能力。自媒体使用主体信息素养教育的主要内容包括以下四个方面。

1. 媒介认知与信息检索及评估

教育用户了解自媒体的基本特征、运作机制和传播规律,包括自媒体的类型、特点和优劣势。教授用户如何有效地在自媒体平台上检索信息,包括使用关键词搜索、利用平台提供的搜索工具和算法等。教育用户如何判断信息的真实性、准确性和可靠性,包括识别虚假信息、辨别偏见和立场、评估信息的来源和背景等。

2. 批判性思维与信息创造

培养用户在面对信息时能够进行批判性思考,包括分析信息的逻辑、评估信息的价值和影响、提出自己的见解和结论。指导用户如何创造和分享有价值的信息,包括内容的策划、撰写、编辑和发布等。

---

① 朱可嘉:《自媒体环境下高校舆情工作路径探析》,载《中国高等教育》2020年第11期,第50–51页。

3. 网络礼仪与隐私保护

教育用户遵守网络空间的社交礼仪，包括尊重他人、合理表达观点、避免网络暴力等。提醒用户保护个人隐私，包括设置隐私权限、谨慎分享个人信息、防范网络诈骗等。

4. 法律法规与伦理道德

告知用户相关的法律法规，包括版权法、隐私法、网络安全法等，以及如何在自媒体上合法合规地行事。引导用户树立正确的伦理道德观念，包括尊重知识产权、抵制不良信息、维护网络秩序等。

通过这些教育内容的实施，可以帮助自媒体用户提高其信息素养，更好地利用自媒体进行学习、工作和生活，也有助于构建一个更加健康、有序的网络环境。我国网民规模庞大，其媒介素养（即用户使用媒介应该具备的素质和能力）却参差不齐。对此，可以尝试将媒介素养作为一种通识教育进行普及，如在大、中、小学教育中纳入媒介素养的课程，也可以成立专门的媒介素养培训机构。[1]

"互联网+"时代，毫无疑问，学生才是自媒体最广泛的使用主体。因此，要特别强化学生作为自媒体使用主体对信息的价值判断，使其具备有效辨别、快捷获取并高效使用各种信息的能力，以激发学生的自主学习动机。为此，有必要加强学生的信息素养教育，提高学生的伦理道德和信息素养水平，让学生明白在使用自媒体时坚持以诚信守法为基本，坚守道德底线，决不能让金钱及负面信息蒙蔽了心智。信息素养教育可使学生养成和践行富强、民主、文明、和谐、自由、平等、公正、法治、爱国、敬业、诚信、友善的社会主义核心价值观，追求真、善、美，摒弃假、恶、丑，成为能担当民族复兴大任的时代新人。

（三）自媒体监管主体的责任意识与学生自主学习效果生成

迪尔凯姆认为，社会在一定意义上完全是由理念和情感组成的，特别是在匿名的网络环境中，人们更加容易丧失或放弃抑制个人情感的努力，

---

[1] 黄楚新：《我国自媒体发展现状、问题及对策》，载《人民论坛》2022年第22期，第104－107页。

而可以不考虑他人的感受或评论,甚至产生一些对他人讥讽、仇视的异化话语,从而引发网络舆情。① 自媒体监管主体的责任意识是指监管机构和个人在执行自媒体监管职责时,对所承担责任的认知和自觉。这种责任意识是确保自媒体健康发展、维护网络空间秩序、保护用户权益、有效应对网络舆情的重要保障。自媒体监管主体的责任意识主要包括以下三个方面。

1. 法律意识与公正意识

监管主体应当熟悉并遵守相关的法律法规,包括网络安全法、信息内容管理相关规定、版权法等,以确保监管行为的合法性。在执行监管职责时,应当保持公正无私,不偏袒任何一方,确保监管的公平性和正义。

2. 服务意识与合作创新意识

监管主体应当以为用户提供优质服务为宗旨,保护用户权益,促进自媒体内容的健康发展。随着自媒体的发展,监管主体需要不断创新监管手段和方式,以适应新的传播形态和趋势。监管主体应当与自媒体平台、行业协会、用户等各方建立良好的合作关系,共同推动自媒体行业的健康发展。

3. 自律意识与风险意识

监管主体应当自觉遵守职业道德和行为规范,树立良好的职业形象。监管主体应当具备风险防控意识,能够识别和预防自媒体领域可能出现的各种风险。

监管主体应当不断学习新的知识和技术,提高自身的专业能力,以适应自媒体监管的新要求。通过强化这些责任意识,自媒体监管主体能够更有效地履行职责,推动自媒体行业的良性发展,也能够更好地保护公众利益和网络空间的秩序。

随着信息技术的飞速发展,自媒体作为一种新兴媒体在不断地发展与更新,其对社会生活和人们思想行为的影响也处于动态的变化之中。由于

---

① 禹菲:《自媒体传播中的道德情感:舆情动员与治理逻辑》,载《河南师范大学学报(哲学社会科学版)》2022年第6期,第150–156页。

自媒体本身存在诸多不足之处，如信息良莠不齐、可信度低等问题，如何在使用过程中让学生做到趋利避害，不仅需要教师正确有效的引导，更要从源头上落实自媒体监管主体的责任和担当。

（1）要不断完善与自媒体相关的法律法规，夯实法律监管基础。进一步明确公安、工商、经济、教育、文化等监管部门的职责，努力构建监管协同的有效机制，加强科技攻关，建立科学的监督体系。加强网络监管，坚决打击扰乱信息传播和互联网秩序的行为，维护网络使用者的正当合法权益，加大对虚假信息、虚假广告、暴力游戏、淫秽视频、邪教等的打击力度，依法追究责任，营造公平、文明、和谐、稳定、安全的网络环境。

（2）可通过建立网络派出所和设立网络卫士志愿者等形式，丰富自媒体监管主体。通过大力宣传网络派出所和网络卫士志愿者功能，引导网民通过电话、微信和 QQ 进行网络报警，提高自媒体监管的主动性和及时性，充分发挥广大网民的监督管理作用。加大对非法网络行为的威慑力度，使那些通过互联网制作、发布、传播虚假信息和组织非法活动的行为无处遁形，使学生在使用自媒体学习的过程中免受不必要的干扰，为其提高自主学习的效果创造良好的氛围和条件。

（3）通过完善舆情监管机制，把握社会主义核心价值观教育的主动权。一要建立舆情监控机制，充分运用智能云、大数据等技术手段，对自媒体发布的信息进行全天候监测，精准掌握网络舆情，全面了解大学生的思想动态和心理状态，为处置舆情、引导舆论创造条件。二要建立舆情处理机制，采取问卷调查以及重点访谈的方式，了解大学生对热点事件和重大问题的看法和评价，把握舆论主动权，抢占舆论引导制高点。三要着力构建自媒体传播平台，加强多渠道、多层次的互动交流，将学校、院系的微信公众号与思政工作者、学生党员、学生干部的微博、微信作为教育的主要载体并进行统一规划，构建教育、实践、服务"一体化"传播体系，占领思想政治教育主阵地，牢牢掌握社会主义核心价值观教育的主导权、主动权。[1]

---

[1] 徐金超：《自媒体环境下大学生社会主义核心价值观教育探析》，载《学校党建与思想教育》2022 年第 6 期，第 61－63 页。

（四）自媒体评价主体的激励机制建设与学生自主学习方向引领

自媒体评价主体的激励机制建设是指为了促进自媒体内容质量和传播效果的提升，对自媒体的评价主体（如用户、评论家、专业机构等）进行激励的一系列措施和制度建设。这种激励机制的建设旨在鼓励评价主体更加公正、专业、深入地评价自媒体内容，从而促进自媒体行业的健康发展。自媒体评价主体的激励机制建设一般从以下四个方面进行。

1. 建立评价标准

明确自媒体内容评价的标准和指标，包括内容的质量、创新性、社会责任感、用户满意度等，为评价主体提供明确的评价依据。

2. 提供专业培训

为评价主体提供专业的培训，提高其评价自媒体内容的能力和水平，确保评价的客观性和专业性。

3. 建立激励和反馈机制

通过物质奖励、荣誉表彰等方式，对积极、公正、深入评价自媒体内容的评价主体给予激励。鼓励评价主体提供反馈和建议，对自媒体内容进行监督，促进自媒体行业的自我完善和提升。

4. 建立评价监督机制

对评价过程进行监督，确保评价的公正性和透明度，防止评价过程中的不正之风。确保评价主体在评价过程中不受不当干预和压力，保护其独立性和公正性。

通过这些措施，可以有效激励评价主体更加负责任和专业地评价自媒体内容，从而推动自媒体行业整体水平和质量的提升。

"互联网+"时代是利用信息技术使互联网与传统行业进行深度融合、创造新的发展生态的时代。在"互联网+"时代，对自媒体的科学评价需要互联网思维，需要融入新的激励机制，引领学生的自主学习方向。在对微信公众账号、微博、聊吧等自媒体进行评价时，不能只关注流量、粉丝以及观众的阅读率、点击量等外在指标，而应建立和完善科学合理的内容和质量评价体系，坚持正确的舆论导向，将奖励和惩罚措施嵌入内容和质量的评估系统中。例如，自媒体运营公司、政府职能部门、各种社会团体以及其他主体可定期选择和推送高质量的自媒体运营平台及高质量的自媒体文章，还可定期开展"十佳"自媒体文章评选活动等，并给予一定的物质和精神奖励，激发媒体内容创作者的热情，确保信息源具有优质内容和较高质量。

必须指出，未来的学习将越来越趋向于碎片化和终身化，掌握有效的自主学习策略，不断为自身"充电"，已经成为大学生紧跟时代步伐必不可少的要求。学习策略是伴随着学习者的学习过程而发生的一种心理活动。

学习是一种心理过程，也是一种能力提升的过程。有效的学习和学习能力的形成必须建立在自我意识发展基础上的"能学"，建立在具有内在学习动机基础上的"想学"，建立在掌握一定学习策略基础上的"会学"，建立在意志努力基础上的"坚持学"。因此，教师要掌握学习理论，用科学的学习理论指导自己的教学、指导学生的学习，并有意识地提升学生的自主学习能力。[①] 自主学习的初衷并非否定教师的作用，而是强调在教学活动中树立以学生为中心的理念。因此，作为自媒体评价主体之一的教师，在教学过程中要由传统的知识传授者向学生学习的引导者、指导者的角色转变，当好学生自主学习的引路人。良好的师生关系是学习的催化剂。通过自媒体进行自主学习，学生与教师可以进行双向互动，师生角色平等，相互尊重，相互包容，形成学习共同体。

传统的信息传播常常由专业媒体机构主导，属于"点到面"的传播，而自媒体是一种由普通大众主导的"点到点"的信息传播。自媒体的主要表达渠道包括微博、博客、微信、论坛以及新兴的各种视频网站等。当前个人门户类网站已成为自媒体的新兴载体。由于传播主体的多样化、平民化及普泛化，自媒体对传统媒体提出了巨大的挑战，自媒体环境下的自主学习也需要有效地引领。

总之，自媒体的快速发展使信息的传播生态发生了前所未有的转变，

---

① 银海强：《大学生学习"缺位"分析与自主学习能力培养》，载《中国大学教学》2020年第7期，第61-66页。

也给学生的社会主义核心价值观认同培育带来了冲击和挑战。自媒体的个体化、去中心化及信息多元化，在一定意义上削弱了社会主义核心价值观的引领作用；自媒体的互动参与性，使社会主义核心价值观认同教育中的单向输出模式受到一定的挑战；自媒体信息的流动性和碎片化，在一定程度上对传统宏大叙事的解释框架造成了冲击。因此，自媒体时代有必要加强学生的社会主义核心价值观认同教育，增强学生对社会主义核心价值观的认同。为此，需要灵活利用自媒体的个体化特征，增强社会主义核心价值观的吸引力，引导学生对社会主义核心价值观进行自主选择；需要充分利用自媒体的互动参与性，提升学生对社会主义核心价值观的认知认同、情感认同和实践认同；需要增强社会主义核心价值观解释宣传中的现代性和高度性，提高学生对社会主义核心价值观的获得感；需要在自媒体平台构建尽可能多的社会主义核心价值观的相关细节，提高主流媒体、主流平台的宣传技巧，以亲民细化的方式以小见大，以润物无声的方式培育学生对社会主义核心价值观的认同。[①]

---

① 李晓丹：《自媒体视域下的大学生社会主义核心价值观认同培育》，载《学校党建与思想教育》2020年第4期，第74－75页。

第六章　信息素养教育与英语自主学习能力培养

第一节　信息素养概述

一、信息素养的内涵及特点

在信息千变万化的21世纪，信息技术的广泛运用，为教育和学习带来了深刻的变革。传统的教学模式不利于充分调动学生的积极性，不利于学生创新能力的培养。教育技术专家南国农认为："现代教育是'三化'教育，即信息化、多媒化、多元化；现代教育是'三高'教育，即高效率、高效益、高质量；现代教育是终生教育。"① 现代教育所呈现的这些新特征必然要求教师用现代化的信息工具作为教学手段，培养学生良好的信息素养。教育部在《教育信息化十年发展规划（2011—2020年）》中提出："教育信息化充分发挥现代信息技术优势，注重信息技术与教育的全面深度融合……是实现我国教育现代化宏伟目标不可或缺的动力与支撑。"②

诚然，技术是教育中的工具性要素，技术只有为人所用才能转化为现

---

① 南国农：《电化教育与学校教育现代化建设》，载《电化教育研究》1997年第1期，第3—8页。
② 秦美娟、何广铿：《大学英语教师信息素养内涵探讨》，载《外语界》2009年第5期，第18—26页。

实的"教育生产力"。① 信息技术不仅提供获得学习资源的途径，还能为自主学习提供更多的给养。"从技术中学习"到"用技术来学习"的转变体现了技术是为人服务的现代教育理念，符合教育的人文本质，彰显了信息技术的多重角色。信息技术丰富多彩的演示功能有利于吸引学生的注意力、启发学生的思维，当然，也可能分散学生的注意力并淡化教师与学生的直接交流。用技术作为交流工具是课堂讲授和师生面对面交流的延续，适应了不同个性学生的需要。适当地应用这种交流工具既可以促进不同性格学生的学习与发展，也有利于为学生提供多种学习途径，但是这种交流不能代替面对面的交流。信息技术作为个别辅导工具，在一定程度上，可以顾及学生的个体差异，促进学生学习的积极性，实现个性化学习。信息技术作为信息加工工具，能够对信息进行重整、加工和再应用，是内化知识、形成创新能力的先决条件。以信息技术作为信息加工工具强调学生对学习方法的掌握、学习能力的提高，而不是单纯对知识死记硬背。以信息技术作为信息加工工具，来培养学生处理信息、协作学习的能力，进而培养学生的探索能力、发现问题和解决问题的能力以及创造性思维，有利于把学习从"接受"提升至"创造"。

信息素养（information literacy）这一概念最早于1974年由美国信息产业协会主席保罗·泽考斯基提出，意为一种适应信息化社会的综合能力。1989年，美国图书馆协会认为，信息素养是指那些知道如何学习的人意识到何时需要信息，并具备有效查找、评估和使用所需信息的能力。1999年，英国国家和大学图书馆协会将信息素养界定为一种意识认知，即利用合法方式和有效技能来收集、评估、使用、管理、整合和创造信息与数据。2013年，联合国教科文组织发布了《全球媒体与信息素养评估框架》，强调具有信息素养的个体应具备：了解自身的信息需求、有效地获取信息并评估信息质量、提取和存储信息、道德地使用和传播信息、应用信息创造和传播知识五个维度的知识。② 构成信息素养的信息意识、信息知识、信息能力和信息道德诸要素之间紧密联系，相辅相成。其中，

---

① 余丽、王建武、曾小珊：《教师的信息素养——信息技术与外语课程整合的关键因素》，载《外语电化教学》2009年第5期，第70-74页。

② 于杨、赫明侠：《新信息技术环境下高校教师信息素养的内涵要素及其提升路径》，载《情报科学》2021年第12期，第32-38页。

"信息意识在信息素养结构中起着先导作用,信息知识是基础,信息能力是核心,信息道德是保证信息素养发展方向的指导器与调节器"①。王吉庆在《信息素养论》一书中认为,信息素养是一种可以通过教育培训获得信息、利用信息、开发信息的修养与能力,信息素养具有以下三种属性:①信息素养作为一种素养,它是社会共同的判断;②信息素养是以社会实践效果来衡量的;③信息素养不是先天就有的,而是后天培育而成的。② 信息素养包含信息意识与情感、信息伦理道德、信息常识及信息能力四个方面,是一种综合性的、社会共同的评价。③

信息素养是一个多维度的概念,它包括对信息的理解、获取、评估、使用和创造的能力。具体来说,信息素养的内容主要包括信息意识、信息知识、信息能力、信息道德。随着信息技术的不断进步和社会对信息素养要求的提高,信息素养的内容也在不断更新和扩展。美国大学与研究图书馆协会(ACRL)将信息素养定义为一组综合能力,包括反思性发现信息、理解信息的产生和评价、利用信息创造新知识以及合理参与学习社区等能力。④ 美国图书馆协会(ALA)和美国教育传播与技术协会(AECT)基于学生的角度,将信息素养的标准分为信息素养、独立学习、社会责任三大板块(见表6-1)。⑤

---

① 金华宝:《高等师范院校信息素养教育的研究》,西南师范大学硕士学位论文,2002年,第23页。

② 王吉庆:《信息素养论》,上海教育出版社2001年版,第44-47页。

③ 蔡学佳:《初中英语教师信息素养的现状分析及对策探究》,东北师范大学硕士学位论文,2013年,第2页。

④ 郭劲赤、刘秀霞、向双秋:《高校移动信息素养现状分析及教育实践探究——以华东师范大学为例》,载《图书馆学研究》2021年第5期,第10-18页。

⑤ 罗艺:《大学生信息素养及其教育支持研究》,华东师范大学硕士学位论文,2021年,第45页。

表 6-1 信息素养的标准

主要板块	具体标准
信息素养	标准一：具有信息素养的学生能够有效、高效地获取信息； 标准二：具有信息素养的学生能够熟练、批判性地评价信息； 标准三：具有信息素养的学生能够精确、创造性地使用信息
独立学习	标准四：作为一个独立学习者的学生具有信息素养，并能探求与个人兴趣有关的信息； 标准五：作为一个独立学习者的学生具有信息素养，并能欣赏作品和其他对信息进行创造性表达的内容； 标准六：作为一个独立学习者的学生具有信息素养，并能力争在信息查询和知识创新中做到最好
社会责任	标准七：对学习社区和社会有积极贡献的学生具有信息素养，并能认识信息对民主化社会的重要性； 标准八：对学习社区和社会有积极贡献的学生具有信息素养，并能实行与信息和信息技术相关的符合伦理道德的行为； 标准九：作为一个独立学习者的学生具有信息素养，并能积极参与小组的活动来探求和创建信息

《中共中央国务院关于深化教育改革全面推进素质教育的决定》明确规定：高中学校和有条件的初中以及小学地区，需要把计算机等网络课程纳入常规的教学课程当中。文件对于如何让学生养成良好的信息素养也有相关的规定，提出了六个标准：标准一，对信息的关注；标准二，能够判别信息的优劣性以及可行性；标准三，能对信息源做出选择，熟悉使用各种信息工具获取信息；标准四，能对某一课题的相关信息、现状和发展趋势做出阐述；标准五，获得继续自我教育的基础能力；标准六，发挥独立性和主动性。《中小学信息技术课程指导纲要》对信息素养教育和信息素养培养提出六种能力，即信息的获取、分析、加工、创新、利用和交流能力。[①]

信息素养概念自产生以来大致经历了三个阶段：第一阶段将信息素养

[①] 戚航宇：《大学生信息素养现状调查与分析》，黑龙江大学硕士学位论文，2016 年，第 20-21 页。

理解为信息技术、计算机技术或图书馆技能,认为信息素养是利用这些技术获取各种信息的能力;第二阶段将信息素养理解为信息意识、信息检索和信息管理能力,认为信息素养是各种技术能力和认知能力的综合体;第三阶段将信息素养作为数字学习和终身学习的必备能力。信息素养并非一个静止和有限的概念,而是一个动态和不断发展的概念,它除了包括各种能力外,还包括一定的态度和价值观,使得学习者在各个领域都能够有效发挥作用。[①] 信息素养是一种对信息社会的适应能力,也是一种综合能力,一般具有普遍性、层次性、实践性和发展性四个特点。

信息素养的普遍性是指信息素养作为一种现代人基本的素养和必备的能力,已然成为当今社会不可或缺的一部分,对于每一个人来说都是很普遍的。首先,使用和处理信息是现代人必备的素养。信息社会,人们越来越注重利用信息技术来寻求解决各种问题的方法。其次,信息技术无处不在,人们可以通过自主学习来获取,因而,信息素养没有绝对权威。由于年轻人更容易接受新事物,也更容易掌握使用和处理信息的方法,因此,许多年轻人更容易成为信息领域的精英。在高速发展的社会,信息素养已成为人们尤其是在校学生应普遍具备的基本素质。

信息素养的层次性是指每个人信息素养的高低具有不同的层次之分。虽说信息素养是信息时代的人们必备的基本素养,但是,就每个人与信息技术的密切程度来说还是各不相同的。通常,我们可以将信息素养分为基本信息素养、专业信息素养以及实践与创新信息素养三个由低到高的不断发展的层次。起初每个人的信息意识都不强,对信息技术和信息道德的认识也很肤浅,后来出于本身爱好或工作、生活的需要,一些人需要经常接触信息技术,其信息意识、信息能力和信息道德就会得到不断的提升,从而达到更高的信息素养水平。

信息素养的实践性是指信息素养水平的提高只有通过大量的信息实践活动才能获得。"听其言,观其行。"一个人信息素养的高低主要看其实践,也就是操作能力。信息理论水平只有接受了实践检验,才能体现其意义与价值。21世纪所需要的人才是能够使用信息手段查找、获取、分析、处理、评价和利用信息的人,而不是一个只背诵了一些信息知识的人。

---

① 李彦昭、陈朝晖:《面向新信息环境的信息素养教育变革》,载《现代情报》2011年第6期,第144-147页。

信息素养的发展性是指信息素养是开放的、不断发展的，对所有人来说都是一项终身教育。信息技术是科学技术的集成技术，信息技术的不断发展推动科技进步和社会发展，从而使信息素养本身也得到不断发展。信息社会，人们必须不断学习新的信息知识、掌握新的信息技能，使自身得到不断的发展。

二、信息素养的结构与意义

作为一个多维概念，信息素养涵盖了信息技术的理解、使用以及与之相关的伦理和社会责任。信息素养的结构可以从以下七个方面进行阐述。

（1）信息意识。信息意识是指个体在信息活动中形成的认识和需求的总和。一个人只有了解了信息的价值，才可能形成信息意识，进而内化为自觉行动。一般而言，信息意识主要包括：①理解信息在信息时代的重要作用，树立新信息观，如终身学习等；②主动的信息内在需求，且积极地将社会对个体的要求转化为自身对信息的需求；③具有敏锐的信息洞察力，善于将信息现象与实际工作、生活、学习建立相关联系，并从信息中找到解决问题的"钥匙"。信息意识是信息素养的基础，指的是对信息的敏感性和认识，能够意识到信息的重要性以及信息在解决问题中的价值。

（2）信息知识。在信息时代，个体除了要求具有一定的传统的文化素养能力（如听、说、读、写等）之外，还需要具有现代信息技术特征的信息基本知识。比如，对信息、信息化基本属性、信息化对个人和社会影响的认识和理解，掌握某一方面或领域的信息设计、开发、利用、管理和评价的知识。此外，还需要熟练掌握语言知识。信息社会是全球性的，要相互沟通，就要了解国外的信息，表达我们的思想观念，除了掌握母语之外，还需要精通外语。①

（3）信息技能。信息技能包括基本的信息使用与实践操作能力，能够对信息进行加工处理和实际应用，并且能对必要的信息进行创造和传输，以及对信息系统的应用与评价。此外，信息技能还包括信息检索、评

---

① 肖新祥：《信息素养的理论缘起、内涵及构成要素略论——兼论信息素养教育国际经验》，载《电化教育研究》2021年第8期，第116－121、128页。

估、处理、传播和创造的能力。

（4）信息伦理。当今社会是一个重视道德和法治的社会，信息伦理同样是道德中的一种。信息伦理让人们具有正确的伦理道德观念，让人们学会对所接触的信息进行判断和选择，对不健康的信息内容进行抵制，不做违反法律的事情，共同营造一个健康的网络环境。在信息社会中，个体需要理解并遵守与信息相关的法律和伦理规范，这包括尊重版权、保护隐私、避免信息滥用和欺诈等。

（5）信息社会与文化。了解信息如何在不同的社会和文化背景下被生产和被消费，包括信息传播的多样性、信息的影响以及信息如何塑造社会和文化。

（6）信息交流和合作。它是指在团队环境中有效沟通和协作的能力，包括使用信息技术进行沟通和协作的策略。

（7）信息创新与创造。这是信息素养的高阶部分，即使用信息技术创造新知识和解决问题的能力，包括批判性思维、创新思维等。

McClure指出，信息素养即利用信息解决问题的能力，认为信息素养包含传统素养、媒体素养、计算机素养及网络素养，如图6-1所示。Shapiro认为，信息素养包括工具素养、资源素养、社会结构素养、研究素养、出版素养、新兴技术素养、批判素养，如图6-2所示。①

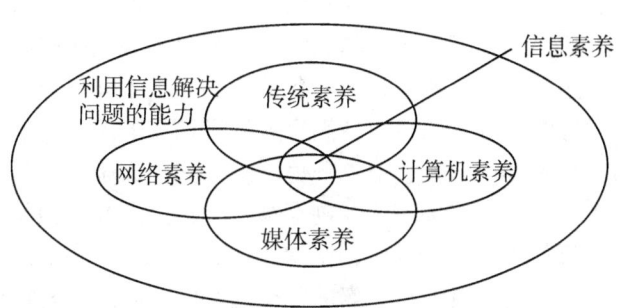

图6-1 McClure信息素养分类

---

① 贡元菲：《大学生信息素养现状调查研究——以ZZ学院为例》，山东大学硕士学位论文，2013年，第10-11页。

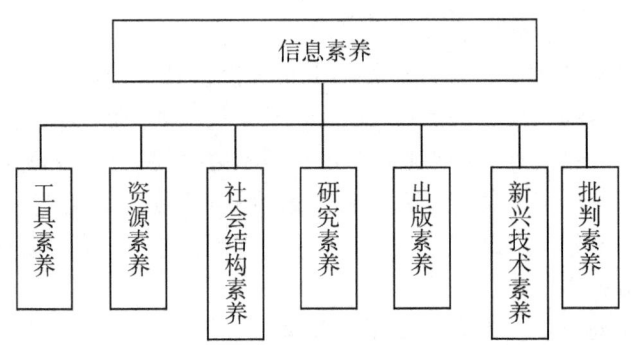

图 6-2　Shapiro 信息素养分类

信息素养的每个方面都是相互关联的,共同构成了个体在信息社会中有效生活、学习和工作的综合能力。随着信息技术的发展和社会的变化,信息素养的内涵也在不断扩展和深化。

信息素养是指通过明确自身的信息需求,检索、评估、组织、有效生产、使用和交流信息以解决所面临问题的能力,是个体在当前社会取得成功的关键能力,也是个体适应未来社会发展的先决条件。[①]

2003 年,联合国教科文组织发布《布拉格宣言》,指出信息素养是人们有效进入信息社会的前提条件,是"终身学习"的重要组成部分。[②] 在数字化时代,信息素养是个人生存和发展的重要技能,它关系到个人在信息社会中的适应能力和竞争力。信息素养有助于个人快速获取新知识,促进终身学习,这对于个人适应快速变化的社会和技术环境至关重要。信息素养培养的批判性思维能力可以帮助个人辨别信息的真伪,对抗虚假信息和网络谣言,维护健康的社会信息环境。信息素养鼓励个人对信息进行创造性的思考和利用,这有助于培养创新精神和创造新知识的能力。信息素养还包括对信息伦理和法律责任的认识,这有助于个人在信息活动中遵守规则,尊重他人权益。具备信息素养的个人能够更好地参与社会活动,如公民投票、社区服务等,因为其能够获取和评估相关信息,做出明智的选

---

① 余亮、张媛媛、赵笃庆:《"互联网+"教学环境下初中生信息素养影响因素跟踪研究》,载《现代远距离教育》2022 年第 1 期,第 64-74 页。
② 蒋广学、马丽晨:《互联网时代信息素养及教育内涵新解读》,载《中国高等教育》2019 年第 10 期,第 46-47 页。

择。在职场中，信息素养是许多职业的基本要求，它关系到个人的职业发展和工作表现。信息素养有助于个人跨越文化和国界，获取不同文化背景下的信息，增进国际理解和尊重多元文化。

总之，在信息爆炸的时代，能够有效获取、评估、使用和创造信息的能力对于个人适应社会和发展至关重要。信息素养是终身学习的基础，对于个人的职业发展和知识更新具有重要作用。信息素养促进跨学科学习和综合能力的提升，为创新提供多元化的视角和知识基础。信息素养教育有助于培养具有社会责任感和公民意识的公民，对社会发展具有积极影响。信息素养的提升有助于促进社会的信息化进程，提高整个社会的信息利用水平和竞争力。因此，信息素养在个人发展、职业成就、社会进步以及全球竞争力等方面都占据着极其重要的地位。随着信息技术的不断普及和发展，信息素养的重要性将逐渐被社会认识和重视。新时代信息素养的重要意义在于它不仅关系到个人的发展，还关系到社会的进步和国家的竞争力。在新时代，信息素养已成为衡量个人能力和素养的重要标准之一。

三、信息素养的影响因素

信息素养涵盖信息意识、信息知识、信息能力和信息道德四个方面的内容。信息素养的影响因素可以从教育环境、个人背景、技术支持以及社会文化四个层面进行分析。

（1）教育环境。教育环境是影响信息素养形成的重要因素之一。从幼儿园到高等教育，各个阶段的教育都应注重信息素养的培养。教育内容应涵盖信息知识、信息技能和信息道德等方面，教育方式应注重实践和探究，以激发学生的信息意识，提高其信息素养。事实上，教育体系中信息素养教育的普及和深度，教师的信息素养水平，以及教育过程中对信息技能和信息道德的培育，都是影响信息素养的重要因素。作为学生信息素养培养直接的外在影响因素以及人类灵魂工程师的教师，在教学过程中扮演着组织者、引导者和心理辅导者等角色，教师的心理倾向、思想道德水平、人格魅力以及知识的渊博程度都会对学生产生耳濡目染的影响，其信息素养高低直接决定了学生的信息素养高低。此外，建立科学合理的信息素养课程体系，有助于培养学生信息意识、信息知识、信息能力以及信息道德四个中心要素，其中首要的是通过学生信息素养教育课程辅助学生构筑系统的信息知识体系，提升学生的信息道德水准以及信息能力，为其之后步入社会打下坚实的基础。

（2）个人背景。包括个人的教育背景、知识水平、信息意识、学习态度和使用信息技术的习惯等。这些因素直接影响个人获取、理解、评估和利用信息的能力。个人背景包括家庭、学校、社会等多方面因素。家庭是信息素养教育的第一课堂，家长的信息素养水平、家庭教育观念以及家庭氛围等都会对孩子产生重要影响。学校教育同样至关重要，教师的信息素养水平、教育教学方式以及学校文化等均会影响学生的信息素养发展。此外，社会环境也会对个人信息素养产生影响，如社会信息氛围、公共信息资源等。

（3）技术支持。信息素养的提高离不开现代信息技术的支持。计算机、互联网、移动设备等硬件设施以及各种信息软件、在线平台等都是信息素养培养的重要工具。技术支持可以帮助人们更便捷地获取、处理和传播信息，提高信息素养。信息技术的普及程度、信息技术工具的易用性和功能性以及信息技术支持服务的质量等，都是影响信息素养的技术层面因素。

（4）社会文化。社会文化因素对信息素养的影响不容忽视。信息素养不仅是一种技能，更是一种文化素养。一个国家或地区的文化传统、价值观念、社会制度等都会影响人们的信息观念和行为。例如，有的社会对信息的开放性和自由度较高，有利于信息素养的提高；而有的社会则可能对信息传播进行严格管控，从而影响信息素养的发展。工作或学习环境中对信息素养的重视程度，以及组织文化中对信息共享、知识创新的鼓励程度，都会影响个人和群体的信息素养水平。

有学者认为学生信息素养的影响因素主要集中在学生个体、家庭、教师和学校四个层面。学生个体层面包括性别、年级、信息技术自我效能、信息技术使用经验等因素；家庭层面包括家庭社会经济地位、家长信息技术自我效能、家长信息技术态度、家长使用信息设备时间等因素；教师层面包括教师信息素养、教师信息技术态度、教师课堂教学行为等因素；学校层面包括硬件设施条件、学校管理制度、学校环境、学校领导者态度等因素。①

综上所述，信息素养的影响因素是多方面的，需要从教育、个人、技术和社会多个层面进行综合考虑。此外，政府对信息素养的重视程度，相关政策和法规的制定与实施，如信息自由、隐私保护、知识产权保护等，对信息素养的培养和提升也有重要影响。在我国，提高全民信息素养已成为教育改革和社会发展的重要任务，需要各方共同努力，为信息素养的培养创造良好的条件。

四、信息素养缺失的表现与原因

（一）信息素养缺失的表现

信息素养水平不高将影响学生的学习效率和个人发展，已引起教育界广泛的关注。概括起来，信息知识匮乏、信息意识淡薄、信息能力不强以及信息道德淡化是其主要表现。

1. 信息知识匮乏

信息知识是关于信息本身的特性和规律、信息处理的方法和技术，以及信息的社会文化意义的理论知识和实践技能。信息知识的作用在于帮助个体理解信息的本质、掌握信息处理技巧，从而有效地获取、评估、利用和传播信息。21世纪，信息基本知识、信息技术知识和信息伦理知识已成为社会生活的重要资源，对信息与信息文明本质的科学认识应成为信息时代学生知识结构的重要组成部分。一些学生不了解信息论的具体内容，缺乏信息检索知识，对于知识产权、隐私权、计算机病毒、信息犯罪和信息污染等社会问题缺乏关注。一些学生语言能力较差，只能阅读简单的外文资料，难以理解专业性较强的外文文献。还有些学生缺乏与信息检索相关的理论和系统知识，在信息技术知识方面，缺乏对专业术语的理解，虽然能使用常见的办公和网络软件，但对其基本原理与规律的了解很肤浅。

---

① 余亮、张媛媛、赵笃庆：《"互联网+"教学环境下初中生信息素养影响因素跟踪研究》，载《现代远距离教育》2022年第1期，第64-74页。

2. 信息意识淡薄

信息意识是个体对信息的价值、获取、处理和应用的认识与敏感性，以及在使用信息时所表现出的积极态度和能力。信息意识的重要性在于它决定了个人和组织在信息时代能否有效地利用信息资源，从而影响其在竞争力和创新能力上的优劣。在日常学习中，一些学生对信息的价值认识不够，对信息的反应很迟钝，对信息的内在需求不旺盛。即使认识到信息是一种重要的生产要素，一些学生也并没有将其与自己的生活、学习实际联系起来。学生主动获取相关信息的积极性普遍不高，不善于发现和敏锐地捕捉学习所需要的有价值的信息。学生阅读课外读物主要为了消遣，而较少运用信息技术手段来学习专业知识和拓宽知识面，在学习中不能有意识和有效地利用图书馆。"找一个安静的学习环境"成为去图书馆的主要目的，除了写毕业论文外，一些学生缺乏有计划、自觉地去图书馆查阅相关资料的良好习惯。学生信息意识薄弱，还表现在其获取信息的渠道单一。对图书馆的利用多集中在中文阅览室，对外文期刊（图书）的阅读和使用比例偏低，学生通过阅读外文资料获取专业知识、了解学科前沿的意识较差。

3. 信息能力不强

信息能力是指个体在信息时代背景下，运用各种方法和技能高效地获取、处理、应用和创造信息的能力。信息能力的作用在于使个体能够有效地识别、检索、评估、利用和创造信息，从而提高决策质量，增强创新能力，提升工作效率，适应信息社会的需求。自媒体时代，学生需要较好地掌握如何获取信息、处理信息、生成信息以及使用信息的技能。然而，在面对海量的信息时，一些学生经常不知所措，不会使用检索策略，上网的主要目的只是聊天、玩游戏、收发邮件，通过互联网查找学习资料的比例不高。信息技能距离社会的期望和要求较大，一些学生缺乏信息筛选和识别能力，尤其不善于从多种信息源中分辨虚假及无效信息，对信息缺乏比较分析和科学评价。尤其是在对信息的组织管理和整合创新方面，一些学生缺乏科学的方法和创新的思维，大多停留在对原始信息的直接使用阶段和水平，难以融会贯通于日常的学习与生活之中，这些都不利于自主学习的有效开展。

4. 信息道德淡化

信息道德是指在信息活动的各个环节中，用以规范人们行为的一套道德原则、规范和价值观，旨在指导人们在信息采集、处理、存储、传播和利用过程中的伦理行为。信息道德的作用在于确保信息活动中个体的权利和隐私得到尊重，维护信息真实性、安全性和公正性，促进健康的信息环境和社会秩序。培养学生的责任感与使命感是信息素养教育的一项重要内容。无论是信息的生产者，还是消费者，都必须遵循一定的行为规范去开发与利用信息资源。网络文化通常具有互动性、平等性、异质性和开放性等特点，其中也隐藏着诸多的不良因素，容易给学生的道德观念和道德行为带来巨大冲击，易造成其道德人格的缺失，如计算机网络犯罪和不诚实的网上交友。信息技术在给学生带来了极大的便利的同时，也带来了诸多的侵扰。在信息安全方面，学生对信息相关的知识产权、个人隐私、法律法规、道德规范及信息共享等了解较少。有的学生不尊重他人利益，泄露他人隐私，违背起码的道德准则和法律法规，为了达到自己的目的不惜采取欺骗、造假、诋毁他人等手段。这种种现象都说明学生的信息道德水平亟待提升。

（二）信息素养缺失的原因

1. 思想上重视不够

伴随着信息时代的到来，信息素养在人才培养中的地位日益显著。许多学校感受到了来自社会的压力，虽然加大了对信息技术的投入，但思想上仍旧缺乏足够的重视，在具体措施上缺乏应有的力度。其一，信息素养教育简单化，用计算机教育来替代信息素养教育，对信息素养的理解比较狭隘。其二，信息素养教育形式化，未把信息素养纳入学校的评价体系，有其名而无其实。其三，学校的现代化信息设施，如多媒体、网络教室等，没有得到充分的运用，设备闲置率高，没有发挥应有的作用。其四，教师在课堂教学中仍然采用传统的教学方式，不愿意也不善于运用新的信息化教学手段去改变课堂教学行为，提高课堂教学质量。

2. 信息基础设施不足

随着办学条件的日益改善，信息基础建设也不断得到加强。大多数学校建立了自己的网络中心和多媒体教室，但各学校之间，尤其是我国中西部地区学校之间的信息基础设施差距很大。虽然学校普遍开设了计算机课程，但由于该课程实践操作环节的不足，学生对信息技术的掌握没有落到实处。尤其在西部农村地区，由于电脑、网络等相关资源设施的缺乏，Powerpoint、Dreamweaver、Flash等软件的使用率较低，教师的课堂教学缺乏信息技术的支撑，信息素养教育难以取得实际成效。作为提高学生信息素养的重要场所的图书馆，也因为条件简陋、馆藏资源不足以及服务手段和服务水平不高，而未能很好地发挥其应有的教育职能。

3. 课程体系单薄且比例失调

大多数学校的课程体系主要由公共课程、学科课程、专业课程、博雅课程等组成。这种模式的弊端是忽视了学生和社会发展的需要，过于强调学科特别是各专业知识本位。其一，专业色彩过于浓厚，专业基础课与专业课比例偏高，教育科学课程比例偏低，文、理科缺乏交叉，尤其是在专业课与公共课之间以及基础知识课与基本技能课之间广泛存在课程比例失调的现象。同时，有利于学生综合素质培养的通识课程占比太少，且不合规范，难以适应信息社会发展的需要。其二，教学内容陈旧且多有重复。专业口径偏窄，课程内容缺乏整合与更新，没有及时吸纳新兴、边缘与交叉等学科知识及反映现实生活变化的新观点、新理论和新技术，知识序列单一，理论脱离实际，导致课程内容滞后于时代需求。

4. 教师信息素养不高

教师的信息素养是信息时代影响外语教学质量的重要因素之一。"信息社会的文盲不再是不识字的人，而是不会信息技术的人。"[①] 借助于现代信息技术力量，教师可以为学生创造一个尽可能真实的类似于现实生活的语言环境，使教学过程不仅呈现师生互动、生生互动，还有人机互动的生动场面。教师作为大学生信息素养培养直接的外在影响因素，在教学过

---

① 谢徐萍：《E时代英语教师信息素养探论》，载《外语界》2005年第4期，第9-12页。

程中担当组织者、引导者、启发者和心理辅导者等角色,教师的思想道德水平、人格魅力以及学识程度都会对学生的信息素养产生重要影响。学生对于教师的网络行为具有极高的关注度及效仿心理,这对于学生信息道德培养会产生直接效果。学生获取的知识很大一部分来源于课堂教学,包括来自教师、同学及课本等。多数教师期望教育技术给自己的教学带来变化,但却不知道如何把信息技术整合、渗透到专业教学过程之中。

随着教育信息化水平的不断提高,很多学校在教育信息化建设上取得了一定的成效,但教师队伍的信息化水平不高,教师利用信息技术、资源进行课堂教学的能力有待提高。一方面,教师信息技术应用能力不足,未能将信息技术应用到教学实践过程中。一些教师缺乏专业、系统的信息技术现代化培训,导致其信息素养结构不成体系,信息技术融入课堂教学的理论知识和实践操作能力匮乏。另一方面,一些教师对信息技术缺乏足够的认知,简单运用数字学习资源和课件进行课堂教学,把信息技术当作方便教学的工具和手段,没有充分重视信息技术创新课堂教学模式、变革传统教学生态的作用。[1]

第二节 信息素养教育的意义与原则

一、教育信息化

区别于传统信息技术,以大数据、物联网和人工智能技术为代表的新信息技术改变了社会形态及其运行机制。在教育领域,新信息技术催生了新型教育生态,改变了教学模式、教学环境、教学对象和教学内容。我国出台了多项政策文件强调教育信息化的重要作用并提出切实可行的计划、

---

[1] 于杨、赫明侠:《新信息技术环境下高校教师信息素养的内涵要素及其提升路径》,载《情报科学》2021年第12期,第32-38页。

措施,以加快教育信息化进程,实现培养新型智慧化人才的目的。[①]

(一) 教育信息化的内涵

教育信息化是指应用现代信息技术,如互联网、大数据、人工智能等,来优化教育过程和资源,提高教育教学的质量和效率,促进教育公平和个性化学习。在教育信息化进程中,有五个关键问题需要特别关注。

(1) 信息化教学资源的建设。建设丰富多样的数字化教学资源是教育信息化的基础。这包括开发多媒体教学内容、在线课程、虚拟实验室、仿真教学等,这些资源可为学生提供更加生动、直观的学习体验。

(2) 信息技术与课程的融合。这是指将信息技术融合到学科教学中,实现教学方法的创新。比如,利用在线平台进行协作学习,利用教育软件进行个性化学习路径的规划,以及利用数据分析了解学生的学习情况并改进教学策略。

(3) 教师信息素养的提升。教师信息素养的提升是教育信息化成败的关键。通过培训和学习,教师应有效利用信息技术进行教学,同时创新教学方法,以适应信息化教学的需求。

(4) 教育管理信息化。教育管理信息化指的是利用信息技术优化教育管理流程,提高管理效率和决策质量。例如,通过教育管理信息系统进行课程安排、学生管理、教学质量监控等。

(5) 信息化环境下的学习创新。探索和实践基于信息技术的新的教学模式,如混合式教学、翻转课堂等,以促进学生的主动学习和创新思维能力的培养。

教育信息化不是简单的技术应用,它涉及教育思想、教学方法、管理模式的根本变革。实现教育信息化有助于推动教育现代化,培养适应21世纪要求的创新型人才。

(二) 教育信息化2.0行动计划

党的十九大作出中国特色社会主义进入新时代的重大判断,开启了加快教育现代化、建设教育强国的新征程。站在新的历史起点,必须聚焦新

---

① 于杨、赫明侠:《新信息技术环境下高校教师信息素养的内涵要素及其提升路径》,载《情报科学》2021年第12期,第32-38页。

时代对人才培养的新需求，强化以能力为先的人才培养理念，将教育信息化作为教育系统性变革的内生变量，支撑引领教育现代化发展，推动教育理念更新、模式变革、体系重构，使我国教育信息化发展水平走在世界前列，发挥全球引领作用，为国际教育信息化发展提供中国智慧和中国方案。新时代赋予了教育信息化新的使命，也必然带动教育信息化从 1.0 时代进入 2.0 时代，引领推动教育信息化转段升级。2018 年 4 月 13 日，中华人民共和国教育部印发《教育信息化 2.0 行动计划》，正式提出信息素养全面提升行动。

（1）教育信息化 2.0 行动计划是在历史成就基础上实现新跨越的内在需求。党的十八大以来，我国教育信息化事业实现了前所未有的快速发展，取得了全方位、历史性成就，实现了以"三通两平台"建设与应用快速推进、教师信息技术应用能力明显提升、信息化技术水平显著提高、信息化对教育改革发展的推动作用大幅提升、国际影响力显著增强为代表的"五大进展"，在构建教育信息化应用模式、建立全社会参与的推进机制、探索符合国情的教育信息化发展路子上实现了"三大突破"，为新时代教育信息化的进一步发展奠定了坚实的基础。

（2）教育信息化 2.0 行动计划是顺应智能环境下教育发展的必然选择。教育信息化 2.0 行动计划是推进"互联网＋教育"的具体实施计划。人工智能、大数据、区块链等技术迅猛发展，深刻改变了人才需求和教育形态。智能环境不仅改变教与学的方式，而且开始深入影响教育的理念、文化和生态。主要发达国家均已意识到新形势下教育变革势在必行，从国家层面发布教育创新战略，设计教育改革发展蓝图，积极探索新模式、开发新产品、推进新技术支持下的教育教学创新。我国于 2017 年 7 月颁布《新一代人工智能发展规划》，强调发展智能教育，主动应对新技术浪潮带来的新机遇和新挑战。

（3）教育信息化 2.0 行动计划是充分激发信息技术革命性影响的关键举措。经过多年来的探索实践，信息技术对教育的革命性影响已初步显现，但与新时代的要求仍存在较大差距：数字教育资源开发与服务能力不强；信息化学习环境建设与应用水平不高；教师信息技术应用能力基本具备，但信息化教学创新能力尚显不足；信息技术与学科教学深度融合不够；高端研究和实践人才依然短缺。要充分激发信息技术对教育的革命性影响，推动教育观念更新、模式变革、体系重构，需要针对问题举起新旗帜、提出新目标、运用新手段、制定新举措。

（4）教育信息化2.0行动计划是加快实现教育现代化的有效途径。没有信息化就没有现代化，教育信息化是教育现代化的基本内涵和显著特征，是"教育现代化2035"的重点内容和重要标志。教育信息化具有突破时空限制、快速复制传播、呈现手段丰富的独特优势，必将成为促进教育公平、提高教育质量的有效手段，必将成为构建泛在学习环境、实现全民终身学习的有力支撑，必将带来教育科学决策和综合治理能力的大幅提高。以教育信息化支撑引领教育现代化，是新时代我国教育改革发展的战略选择，对于构建教育强国和人力资源强国具有重要意义。

教育信息化2.0行动计划旨在推动中国教育现代化和教育强国建设，加快信息技术与教育教学的深度融合，全面实现信息化学习环境建设、信息化教学应用、教育资源共享的全方位覆盖，提高师生信息素养和教育教学质量，以及建设大型教育信息化平台，实现教育信息化从融合应用向创新发展转变，推动教育理念和模式的更新，促进教育公平和质量提升，培养适应新时代需求的创新人才。

二、信息素养教育的内涵

信息素养教育一般指在信息时代下，基于学生的可持续发展，以终身教育思想为指导，为适应信息化社会的需要而对学生进行的信息知识传授、信息意识和信息能力培养以及信息行为引导与规范的一种教育。信息素养教育是一种培养学生有效获取、评估、使用和创造信息的能力的教育。它涵盖一系列技能和知识，包括信息意识、信息检索、信息评估、信息处理、信息道德和信息技术应用。信息素养教育的内涵可以从以下六个方面来理解。

（1）信息意识。培养学生意识到信息的重要性和价值，以及信息在社会、学习和职业发展中的作用。

（2）信息检索能力。培养学生运用各种信息检索工具的方法和技巧，有效地查找和获取所需信息的能力。

（3）信息评估能力。培养学生对获取的信息进行分析和评估，辨别信息真伪、价值和使用价值的能力。

(4) 信息处理能力。培养学生整合、处理和创造信息的能力,以便在学习和实践中解决问题和创造新知识。

(5) 信息道德。培养学生遵循信息伦理和道德规范,尊重知识产权,负责任地使用信息的能力。

(6) 信息技术应用。培养学生掌握基本的信息技术工具,运用现代信息技术进行信息检索、处理和交流的能力。

从纵向发展来看,信息素养教育可以分为两个层次,即一般信息素养教育和专业信息素养教育。随着信息素养教育的开展,学生自身素质将不断提高,将向更加专深的学习和研究领域发展,因而其信息需求也将更加专业和深入。可以预见,专业信息素养教育将成为未来教育的重要内容,并将呈现向学科纵深发展的态势。因而,与现有的学科化服务相融合,针对不同学科学生进行深层次学科信息素养教育和学科知识服务将成为未来信息素养教育的一个重要发展趋势。[①]

三、信息素养教育的意义

在信息化时代,博客、微博、微信、论坛等悄然走进学生的日常生活,这虽便于发挥学生主体性开展自主学习,但是因为学生的价值观、人生观和审美观尚未定型,尤其是道德品质尚处于正在形成的重要阶段,因而必须加强信息素养教育,使学生具有强烈的批判性思维、社会责任感以及参与意识,才能"培养其独立自主的学习态度和有效的学习策略,并具备在信息社会中全面发展的基本能力"[②]。信息素养教育可以引导学生正确认识信息技术与网络的本质,提高识别并抵制负面信息的能力,指导其学会选择、获取、运用信息,以养成良好的道德自律习惯,为自主学习、自我教育以及终身教育做好准备。信息素养教育的开展对学生自主学习能力的培养具有提高学习兴趣、培养创新能力和促进全面发展的重要

[①] 李彦昭、陈朝晖:《面向新信息环境的信息素养教育变革》,载《现代情报》2011年第6期,第144-147页。

[②] 张志华:《论大学生信息能力的培养与提高》,南京师范大学硕士学位论文,2007年,第45页。

意义。

（一）信息素养教育有利于提高学生的英语学习兴趣

信息素养教育可以帮助学生认识到英语在国际交流中的重要性，以及掌握英语对个人发展带来的机遇。通过这种教育，学生能够明确学习英语的目标和意义，从而激发其学习动机，帮助学生了解和运用多种学习方式和工具，如在线课程、学习软件、社交媒体等。这些丰富多样的学习形式能够激发学生的学习兴趣，使其在轻松愉快的氛围中学习英语。信息素养教育也有助于培养学生的跨文化交际能力。通过学习英语，学生可以了解不同国家和地区的文化，拓展国际视野，从而提高学生与外国人进行交流的兴趣和自信心。

素质教育的重要目标之一就是培养学生自主学习的能力。因此，不但要关注教师角色的转变，更要注重学生自主性和能动性的发挥，努力使学生从"要我学"转变为"我要学"。自媒体时代，随着社会信息化进程的加快，大量新知识的获得主要依靠学生自学。良好的信息素养成为培养自学能力的重要基础。学生对信息工具的应用具有浓厚的兴趣，这为英语自主学习的有效开展提供了良好的条件。学生乐于将信息和自己所关心的问题以及所要完成的学习任务紧密联系起来，应用信息技术去做更有趣、更富有想象力的事情，更能体现其个人的能力，更容易获得成就感。英语教学中，教师在做课程设计以及听、说、读、写、译的学习指导时，要充分利用网络和多媒体技术，培养学生自主学习的意识，使学生乐于开展自主学习和合作学习，真正成为学习的主人。

（二）信息素养教育有利于培养学生的创新能力

信息素养教育教会学生如何有效地检索和评估信息。这种能力可以帮助学生找到解决问题的新思路和创新灵感，进而在学习和研究中提出新的观点和解决方案。信息素养教育鼓励学生发展批判性思维能力，学会从多个角度分析问题，识别信息的真实性和可靠性，以及理解信息的潜在偏见。这种批判性思维是创新思维的基础。信息素养教育通常包括对各种信息技术的学习和应用，如计算机软件、互联网工具等。掌握这些技术工具可以帮助学生在解决问题时采取更高效、更创新的方法。

创新能力与信息素养息息相关，相辅相成。良好的信息素养是培养创新能力的前提与基础,而随着信息素养的提高,学生的创新能力也会得到相应的加强,成为创新型人才。随着教育改革的不断深入,对学生的要求已由重视对知识的识记向重视对创造力的培养方面转变。创新需要学生积累足够的知识,需要自由探索和批判性思维,需要在正确的信息观指导下,具备敏锐的信息意识以及较强的信息能力才能完成,还需遵守信息道德。可见,信息素养教育在学生创造力培养方面具有举足轻重的作用。

(三) 信息素养教育有利于促进学生的全面发展

信息素养教育有助于培养学生的团队协作精神和沟通能力。在信息素养教育过程中,学生需要与他人合作,共同完成项目,这有助于培养学生的团队协作精神和沟通能力,提高学生的人际交往能力。此外,信息素养教育还有助于培养学生的创新思维和创造力。信息素养教育鼓励学生运用信息技术进行创新实践,激发学生的创造力,培养学生的创新思维和解决问题的能力。同时,信息素养教育有助于提高学生的信息伦理素养。信息素养教育不仅教授学生有关信息技术应用的知识,还强调信息伦理的重要性,教育学生遵守法律法规,尊重他人隐私和知识产权,培养学生成为负责任的网络公民。

信息时代,随着科学技术的发展与信息产业的兴起,知识更新的速度越来越快,信息素养的重要性日益凸显。信息素养教育可以引导、帮助学生学会获取信息、选择信息和利用信息,提高其识别和抵制负面信息的能力,正确认清网络的本质,养成良好的道德自律。在信息社会,造成信息差距不断扩大的重要原因就是信息不对称。因此,培养学生的信息素养有利于学生按照自己的兴趣、专业等及时制定自己的学习与人生规划,并适时地进行有效调整,这对其将来及时抓住就业机会,或者自主创业都是非常有帮助的。

总之,21世纪教育质量的提升有必要明确信息素养教育的重要意义和对学生信息素养的基本要求,坚守终身教育的理念,培养学生的自主学习能力。要充分认识提升信息素养对于落实立德树人目标、培养创新人才的重要作用,制定学生信息素养评价指标体系,开展规模化测评,实施有针对性的培养和培训。加强学生信息素养教育,尤其要加强学生课内外一体化的信息技术知识、技能、应用能力以及信息意识、信息伦理等方面的培育,将学生信息素养纳入学生综合素质评价。完善课程方案和课程标准，充实适应信息时代、智能时代发展所需要的人工智能和编程课程内容。推动落实各级各类学校的信息技术课程，并将信息技术纳入初、高中学业水平考试。继续办好各类应用交流与推广活动，创新活动的内容和形式，全面提升学生信息素养。

四、信息素养教育的原则

开展信息素养教育应坚持以下九个原则。

（1）面向全体学生。信息素养教育应该覆盖所有学生，教育者需要根据不同年龄段和学习背景为学生设计合适的教育内容和教学方法。

（2）融入多学科教学。信息素养教育不仅仅是技能培训，它还涉及批判性思维、伦理道德、社会责任等多个方面。因此，信息素养教育应该融合多元学科与领域，涵盖计算机科学、信息科学、心理学、教育学等多个学科的知识与方法，而不仅仅作为独立的课程存在。这要求教育者要具备跨学科的知识结构和教学能力，以便为学生提供全面、综合的信息素养教育。

（3）注重实践与应用。信息素养教育应该强调实践操作，鼓励学生通过实际操作来掌握信息检索、评估和应用的技能。鼓励学生将所学知识应用于实际情境中，以提高其信息素养和实践能力。例如，通过项目式学习、问题解决等方式，让学生在实际情境中应用信息技能。这要求教育者设计各种实践活动，使学生在实践中学习和掌握信息素养技能。

（4）强调伦理道德。在信息素养教育中，教育者需要强调信息伦理和道德，培养学生的信息伦理意识和行为规范，包括尊重知识产权、保护个人隐私、避免网络欺诈和滥用信息，以及如何在网络环境中保持良好的沟通与合作态度等。这有助于学生形成正确的信息行为习惯和价值观。

（5）培养自主学习能力。信息素养教育应该帮助学生培养自主学习的能力，使其学会独立地寻找、评估和应用信息。这包括教授学生如何使用搜索引擎、数据库和其他信息资源，以及如何筛选和评估找到的信息。

（6）更新教育内容和方法。随着信息技术的发展，信息素养教育的内容和教学方法也需要不断更新。教育者应该关注最新的信息技术发展，及时调整教学内容和方法，确保学生学到的是最新的信息技能。

（7）关注个体差异。每个学生的背景、兴趣和能力都有所不同，信息素养教育应该考虑到这些个体差异，制定合适的教学策略和方法，提供个性化的教学和支持，以便更好地促进其学习和发展。这包括提供不同难度的教学材料、不同的学习路径或者个性化的辅导。

（8）坚持合作与共享。信息素养教育应鼓励学生之间合作和共享，使学生学会如何与他人合作完成项目，如何共享信息资源。这有助于培养学生的团队协作能力和社交技能。

（9）注重评估与反馈。信息素养教育需要定期进行评估，以了解学生的学习进度和教学效果。教育者应该提供及时的反馈，帮助学生了解自己的强项和需要改进的地方，同时也为教育者提供调整教学策略的依据。

坚持这些原则，可以更有效地培养学生的信息素养，帮助学生成为能够适应信息社会、具备终身学习能力的人才。

第三节　信息素养教育中培养英语自主学习能力的策略

随着信息技术的飞速发展，社会对个人的信息素养要求也在不断提高。良好的信息素养教育环境能够帮助学生适应信息社会的需求，提升其在未来社会中的竞争力和适应力。信息素养不仅包括信息技术的应用能力，还包括信息检索、评估、利用和创新的能力。通过信息素养教育环境的培养，学生能够全面提升这些综合能力。在信息素养教育环境中，学生能够培养出自我学习和终身学习的意识，这对于学生未来的学术发展和职业生涯都是非常重要的。尤其是在面对海量的信息资源时，如何正确选择和评估信息，如何遵守信息伦理和道德，是信息素养教育环境中需要重点培养的。信息素养教育环境通常具备个性化学习的支持功能，可以根据学生的兴趣、能力和需求提供个性化的学习资源和辅导。良好的信息素养教育环境有助于加强教师与学生之间的互动，促进教学相长，提升教学质量。

一、信息化时代对自主学习方式的呼唤

21世纪，人类已经进入信息化时代。一般来说，信息化是指培养、发展以计算机为主的智能化工具为代表的新生产力，并使之造福于社会的历史过程。从某种意义上说，信息化也就是计算机、通信和网络技术的现代化。当今，信息技术正被广泛、深入地应用到每一个方面，正深刻地改变着人们的学习、工作和生活。现代信息技术既向教育提出了严峻的挑战，也为教育创造了无限的机遇。信息技术正以惊人的速度改变着人们的生活方式，进而影响教育并引发教育方式和学习方式的改变。

教育过程在本质上已成为一种选择过程，电脑和网络以及其他多媒体设备成为教育的中介。教师通过信息技术发送信息，学生通过信息技术接收信息。信息技术在社会中的广泛应用，改变了信息的分布形态，从而改变了人们之间的教育关系，进而全面地改变教育模式。应该说，教育的信息化从根本上改变了课程的概念、教学的概念、学习的概念。计算机不断扩展应用范围，从根本上引发了阅读、写作、计算方式的历史性变革。尤其是知识的爆炸和阅读方式的变革，这要求教育最终必须落实到学生的主动学习之上。可见，信息时代对自主学习这一现代学习方式发出了深情的呼唤。

自主学习是一种以人本主义哲学和心理学为基础的现代学习理论。自主学习是相对于"被动学习"和"他主学习"而言的，是指一个学习者对自己的学习负责，有明确的学习目的，制订了符合自己实际情况的学习计划并实时监控和评估自己的学习过程。[①] 可以说，自主学习从产生之日起便广受青睐，可谓风靡全球，尤其是对成人学习者来说，具有重要的意义。

---

① [美] 齐默尔曼，邦纳，科瓦齐:《自我调节学习：实现自我效能的超越》，姚梅林、徐守森译，中国轻工业出版社2001年版，第26页。

二、信息化时代成人自主学习策略建构

在网络化、信息化的 21 世纪，以因特网为核心的信息革命给人类的生产、生活、科技、教育带来了史无前例的变化。美国未来学家阿尔温·托夫勒说过："谁掌握了信息，控制了网络，谁就拥有整个世界。"[①] 信息化时代的来临要求人的总体素质与之相适应，对教师的教学方式和学生的学习方式提出了严峻的挑战。面对风起云涌的信息浪潮，成人应成为知识意义的主动建构者，有效建构自主学习策略，以不断提升获取信息、传输信息、处理信息和应用信息的能力。

（一）发挥成人自主学习的优势，激发成人开展自主学习的意识

成人的学习是一种特殊形式的学习活动，带有明显的自主性特点，主要表现在三个方面。①主动的特点：成人学习者具有明确的学习目的和较强的学习动力；②选择的特点：成人学习者处在学习环境、内容、方式等方面的选择者的位置；③自学的特点：成人学习者主要通过自学活动完成学习任务，以应对现代社会的激烈竞争。因此，我们应针对成人的特点，激发成人开展自主学习的意识。

社会建构主义理论认为，知识是由学习者自己建构的，而不是由他人传递的。该理论强调学习者个人从自身经验背景出发，建构对客观事物的主观理解和意义，重视学习过程而反对现成知识的简单传授。因此，学生个人的发展是教学的核心，而自主学习意识的激发就显得尤为重要。与非成人学习比较，成人的自我意识更加强烈。自我意识是个体对自己本身，以及自己与客观世界关系的一种意识。伴随着个体的成熟，自我意识也有其发展的规律。"成人心理学研究结果表明，人的自我意识大体上沿着一条依赖→独立、他律→自律、外控→内控的路线发展，使自我意识不断增

---

① 顾璟、范苏：《新媒体环境下高校学生信息素养的培育》，载《南通大学学报（社会科学版）》2013 年第 2 期，第 135 - 140 页。

强。"① 因此，在成人教学中，激发学生的自主学习意识意义重大。

（二）突出成人学生的主体地位，提高他们的课堂参与度

1998年，联合国教科文组织提出"高等教育需要转向'以学生为中心'的新视角和新模式"，并提出了具体要求，即国际高等教育决策者应把学生及其需要作为关注的重点，把学生视为教育改革的主要参与者。② 该要求有两层含义：一是关注学生的需求，这代表了教育理念从供给导向转向需求导向；二是如何关注学生的需求，让学生成为教育改革的主要参与者。所谓参与，并非简单地听取学生的意见或以学生的个人喜好来改造教育模式，而是要让学生以主角身份整体、全程地参与教育改革，包括教育目标设置、教育过程实践和教育结果评价，目的是使学生明白其将获得什么、如何有效达成教育目标以及如何衡量学校教育的成效。人本主义教育家认为，人是各不相同的独立个体，教育工作就是要帮助人认识自我，实现自我，从而培养出各具特色的活生生的人。波尔诺夫提出了"非连续性教育"的见解，认为传统的教育学从本质上讲是一种"工艺教育学"，它把人看成是可以任意加工的对象，是可以通过教育连续地"造就""培养"的生物有机体。这种教育无视人的个性，是不人道的。罗杰斯提出了以学生为中心的非指导性教学（nondirective education）。他认为教学活动的开展应当围绕"以学习者为中心"这个焦点展开，促进学生自主学习、自我实现。教学的最终目的在于培养全面发展的人（fully functioning person）。③ 他认为人的大多数行为是围绕着"自我"组织起来的，在心理咨询或教育过程中应该营造一种独特的心理氛围，使人认识自我，增强自信，发展主动性和创造性。马斯洛自我实现理论在教育上的运用，更突出了人的主体价值。总之，人本主义教育家普遍关心人的主体个性，他们追求的教育目标不是知识渊博的人，而是具有独立个性的人。

因此，教师要意识到学生是教学活动中的主体，是教学服务的对象。为提高学生的课堂参与度，教师可以事先选取多个学生感兴趣的主题，鼓

---

① 孙世路：《外国成人教育》，东北师范大学出版社1982年版，第56页。
② 刘振天、吴秋怡：《"'以'学生为中心"抑或"学生为中心"：一个本体论的新认知》，载《教育发展研究》2023年第9期，第1-9页。
③ 化得福：《论罗杰斯的人本主义教育思想》，载《兰州大学学报（社会科学版）》2014年第4期，第152-155页。

励学生走上讲台，参与教学。一旦确定了感兴趣的内容，所有小组成员都应乐于在这个领域进行深入探究，通过检索网络、查询书刊等方式，获取大量的信息。课前，教师应与主讲学生进行深入沟通，严格筛选内容，同时将自己把握课堂的心得与学生分享。这种开放参与的氛围必将激发更多的同学走上讲台，而讲台下的同学会对他们报以热烈的掌声。通过这样的互动和参与，学生不再是简单的观众，而成为课堂的主角。教师通过引导学生独立思考、发现问题、解决问题，让课堂真正"活"起来。

（三）尊重成人学习者人格，营造融洽的情感氛围

传统教育注重人的认知领域的发展，强调知识的传授和能力的培养，而人本主义教育则强调情感、意志的教育价值，强调情感与知识的协调发展。人本主义教育者认为，情感、意志是人生存和发展的重要组成部分，教学认知目标的达成也有赖于情感与意志的发展。因此，他们强调教师要创设一种无拘无束、融洽、友善的团体气氛，使学生在这个集体中自由地表达和沟通情感，建立相互信任的关系，接纳别人，完善自我。心理学家罗杰斯认为，要激发学生自主学习的潜力，教学的任务就要创设一种有利于学生发挥学习潜力的情境，这种情境应该是自由、宽松的，在这样的情境中，学生学习的精神压力小，能够更加有效地学习。教师不再是知识传授的"权威者"，而是想方设法为学生提供更多的学习机会，使每位学生能够自由、充分地发挥自己的优势，从而减少教学中威胁、压抑等不和谐因素，推动学生的自主学习。①

成人学生不同于一般学生，他们具有较为丰富的经验。对成人学习者来说，经验的意义不仅反映在知识意义的建构上，还反映在学习的基础上。他们在职前学校形成的知识结构，已经在几年、几十年的生活消磨下支离破碎了，并形成了适应本职工作需要的、新的知识结构和能力结构。让他们再回过头来走学校教育的道路，一定十分艰难。因此，在成人教学中，教师要充分尊重成人学习者人格，倡导民主的作风。师生关系民主化是以双方人格的平等为前提的，没有教师与学生在人格上的完全平等，就没有民主教育可言。只有当学生把教师看作是与自己平等的一员时，学生

---

① 化得福：《论罗杰斯的人本主义教育思想》，载《兰州大学学报（社会科学版）》2014年第4期，第152-155页。

才有可能心悦诚服地接受教师的合理要求,并将其内化为对自己的要求。大量的课堂教学实践表明:只有在一个民主、平等、和谐、活跃的教学环境和气氛中,教师才会赢得学生的尊重和信任;只有倡导民主型的师生交往方式,教学才能取得最佳的效果。

(四) 关注个性差异,促进成人自主学习的个性发展

不确定性取向和确定性取向在教育心理学中被视为个性差异,它描述了人们在不可预知情况下应对策略的差异。不确定取向的人偏爱模糊的情况,在不清晰的情况下,其动机反而被强化,并尽可能获取关于自我及环境的新信息,以解决问题;而确定性取向的人则正相反,他们回避不清晰的情况,对可预测的情况具有积极性,并尽可能保持关于自我和环境的已有认知。社会互动在教育学领域的反射,反映了人们对合作学习、竞争学习和自主学习的不同的个体优势和偏好。[1] 学生的个性差异是指学生与学生之间存在稳定的特征上的差异。学生个性差异现象从身心各方面来看,其表现也是多方面的,这在个体的性别、年龄、容貌、体能、能力、兴趣、爱好、态度、观念等方面都有不同程度的表现。如有的学生思维更敏捷,有的学生思维稍显迟钝;有的学生擅长于形象的直观记忆,有的学生则擅长于抽象的语言记忆;有的学生肯动脑筋,碰到不懂的地方喜欢自己钻研,接受能力明显好于其他同学;有的学生学习兴趣浓厚,爱好广泛,求知欲强,有扎实的基础知识,学习成绩稳定;有的学生智力因素虽好,但缺乏刻苦精神,学习兴趣有偏差,成绩不稳,但有潜力可挖;有的学生智力或非智力因素相对差些,学习非常用功,但成绩不理想。总之,只有了解了学生存在的这些差异,并分析形成的原因,对学生做到心中有数,教学中才能做到因材施教。

正由于差异是客观存在的,也是不可避免的,因此,教师要高度关注学生的个体差异,让学生的学习更加自主和有效,促进学生有特色地发展。事实上,学生的需要、兴趣、爱好和现有的能力等都是教师在教学中必须考虑的。在成人教学中,教师应最大限度地为学生提供互动和交流的机会,充分发挥其已有的经验,在自主学习中扬长避短,使其个性得到充

---

[1] 王志扬、杨海艳:《个性差异与学习优先——中国和德国大学生的实证性比较研究》,载《比较教育研究》2010年第2期,第23–28页。

分的发展。

（五）利用多媒体和网络信息技术，创造良好的成人自主学习环境

信息技术具有扩展人类知觉、视觉、听觉、触觉等各种器官的功能，其应用不仅有助于提升人们搜集、加工、处理、分析各种信息的能力，还可以为学生发展提供新的视角。[①] 现代信息技术是培养学生自主学习能力的重要推手，学校要抓住国家实施教育信息化2.0行动计划这个契机，推进"互联网＋教育"的具体实施，为学生自主学习创造良好的环境和条件。一是加强网络学习空间建设与应用，保障全体师生"人人有空间""人人用空间""一人一空间"，以支撑学生在线自主学习；二是加强线上教学与学习资源建设，为学生自主学习提供丰富优质的学习内容；三是充分利用云计算、大数据、人工智能等新技术，建立智慧化的管理服务平台，助力学生自主学习。[②]

一般而言，学习在很大程度上依赖于个体和与之发生相互作用的环境。因此，只有具备个性化的环境，自主学习才能取得理想的效果。在信息化时代，获取资料和信息的能力，成为学生自主学习的前提和基础，成为决定和衡量学生学习能力与水平高低的一个重要标志，因而给学生创造最有利的信息资源环境，在教学过程中培养和不断提高学生获取、加工信息的能力，是教师教学工作的基本任务。信息技术的发展，使教育传播媒介已不再仅限于纸质书本上的单一文字，还有融文字、声音、图形、动画、影像为一体的电子教科书、多媒体软件，以及网上传输的影视节目、卫星节目和虚拟现实的学习环境等。对于学习者来说，所有的信息都是开放的，不受时空的限制，也不受年龄、职业和条件的限制。在电脑和互联网的支持下，学习时间、地点和进度的控制权将交给学生，彻底改变传统课堂教学形式及教师讲学生听的教学方法。在信息化时代，学生只需轻轻点击鼠标，就可以"畅游"世界，并可自由进入校园网进行自学。学生

---

① 代玉、连心睿：《学生信息素养培育的困境及优化路径》，载《教学与管理》2020年第12期，第69－72页。

② 银海强：《大学生学习"缺位"分析与自主学习能力培养》，载《中国大学教学》2020年第7期，第61－66页。

如果有疑问,可进入网上的聊天室与同学或教师进行讨论。在线讨论既可让那些性格较外向的同学更加活跃,也可让那些较腼腆、性格比较内向的同学敢于踊跃发表自己的观点。总之,在信息化时代,阅读网上文章,发送 E-mail 及参与网上讨论、网上聊天等形式,不仅可激发学生的学习兴趣,为其学习提供必要的技术手段和丰富的资源,还可帮助学生由被动学习变成主动学习,真正成为学习的主体。

三、信息素养教育与英语自主学习能力培养

(一) 信息素养教育环境建设

信息素养教育环境建设是指创造一个有利于学生提高信息素养的学习环境,这个环境应该能够支持学生获取、分析、创造和交流信息,并培养学生的批判性思维和解决问题的能力。信息素养教育环境建设是一个多维度、系统化的工程,受以下七个因素的影响。

(1) 政策支持与引导。国家和地方的教育政策对信息素养教育的支持力度,如相关文件的颁布、资金投入和政策倾斜等,对教育环境的建设具有决定性作用。课程设置与教学大纲的制定,以及与信息素养相关的教育标准和评估体系,这些都会对教育环境的构建产生重要影响。

(2) 技术基础设施。学校和教育机构的信息技术基础设施,如网络覆盖、硬件设备、软件资源等,是信息素养教育环境建设的基础。新技术(如云计算、大数据、物联网、人工智能)的应用程度和整合能力,对教育环境的现代化也具有重要影响。

(3) 师资力量。教师的信息素养水平和专业能力,直接影响到教育环境的质量和教学效果。教师培训和继续教育机会可得性,关系到教师能否不断提升自身的教育教学能力和信息素养。

(4) 教育资源。教育资源的丰富性和适用性,包括数字化教学资源的建设、共享和更新机制,对教育环境的可持续发展至关重要。教育资源获取的公平性,尤其是在城乡、区域之间的均衡配置,对教育环境的整体提升具有重要作用。

(5) 社会文化环境。社会对信息素养的重视程度和需求状况,将影

响教育环境建设的方向和重点。家长、学生和社会公众对信息素养教育的认知和参与度，对教育环境的形成和优化具有不可忽视的影响。

（6）经济条件。教育经费的投入和利用效率，尤其是对与信息素养教育相关的经济支持，直接影响教育环境的建设和改善。教育经费的分配，将决定教育环境建设的速度和质量。

（7）法规与伦理。信息安全、隐私保护等相关法律法规的制定和执行情况，对教育环境的健康运行至关重要。信息道德和网络伦理的教育，对培养具有良好信息素养的公民具有基础性作用。

综上所述，信息素养教育环境的建设是一个系统工程，需要政策、技术、教育资源、社会文化、经济以及法规伦理多方面因素的共同支持和协同推进。

自主学习是一个积极的建构过程，学习者所处的环境极大地影响学习目标的制定以及对认知、动机与行为的监控。信息化环境是指利用信息技术和信息资源构建的促进学习者自主创新学习的一切外部条件，包括技术环境和人文环境。技术环境是指具备教育信息存储、处理和传递功能的，能适应学生信息化学习需要的物理设施和教学支持平台，如校园网、多媒体计算机演示教室、电子网络教室、电子阅览室、普通电教室、远程教学信息网络系统、用于教和学的各种支持系统及用于各种教育资源、教育设施管理的管理信息系统。人文环境则是指学习者、教师和家长，以及学习者与学习者、教师、支持系统等之间在交流过程中所形成的整体氛围，尤其是信息素养教育环境。21 世纪教育质量的提升必须明确信息素养教育的重要意义和对学生信息素养的基本要求，坚守终身教育的理念，培养学生的自主学习能力，把信息素养教育融入人才培养全过程，需要从个体心理教育、学校教育、家庭教育、社会教育等方面多管齐下，齐心协力，才能取得实效。

（二）通过信息素养教育培养英语自主学习能力的策略

1. 创设有效的信息素养教育心理环境，激发英语自主学习动机

心理环境是指对人的心理产生影响的自然、社会、政治、经济、历史和文化等各种环境因素被反映到人的心理世界，又以某种观念形态出现的环境。心理环境对于个体来说非常重要，它主要包括社会认知心理环境、

人际关系心理环境和伦理道德心理环境。有学者提出，只有当学习者在元认知、动机和行为三个方面都积极参与时，其学习才是自主的。自主学习受到学习者内在动力的驱动，其意愿取决于学习者的动机和兴趣的强弱。[1] 学习动机起着引发与维持学生的学习行为，并使之指向学习目标的激励功能，它包含学习需要和学习期待两个成分，深受心理环境的影响。与之相关的自我效能感是个体对特定环境做出反应的一种心理态度，它直接影响个体在执行某项活动的心理过程中的功能发挥。

其一，良好的社会认知心理环境有利于激发学生的学习热情，引导其社会认知心理与追求，充分体现人生价值，并向着健康的社会认知方向发展。这是一种非常有利于学习的生动活泼的文化氛围，既有民主又有纪律，既有集体主义又有个人发展，既有公平竞争又有互帮互助。学生在这种心理氛围下更容易刻苦学习，快乐学习。其二，良好的人际关系心理环境应是团队所有成员之间形成的一种良性互动，志同道合。信任与爱心是这种人际关系最核心的"催化剂"。要营造一个良好的校园人际关系心理环境，需要学校领导、教师和学生齐心协力。领导和教师要以身作则，彼此信任、尊重、理解与支持，消除猜忌，合作共事。教师与学生之间要建立和谐、民主的师生关系，教学相长，互敬互爱，共同发展。其三，良好的伦理道德心理环境对学生的道德形成起着重要的促进作用，它以公民的基本道德规范为基础，弘扬社会主义真、善、美，倡导辨善恶、知廉耻、讲道德、明是非，从道德理想、道德修养、道德品质、道德行为以及道德评价多方面调节人际关系，营造一种同心同德、合作共赢的心理氛围。

2. 创设有效的信息素养教育课堂环境，培养英语自主学习意识

课堂是一个动态、复杂的环境，为教与学提供交流实践和文化活动等重要的中介资源，是学生实现社会化的重要场所。[2] 课堂环境指在教育教学活动中课堂内外的物理、心理、社会环境，包括教师与学生互动、学生之间的交往、课堂气氛等。积极、愉悦的课堂环境可以激发学生的情绪、

---

[1] ［美］拉塞尔·L. 阿克夫，丹尼尔·格林伯格：《翻转式学习：21世纪学习的革命》，杨彩霞译，中国人民大学出版社2015年版，第126页。

[2] 苏芳、杨鲁新：《〈课堂环境下的语言社会化：文化、互动与语言发展〉评介》，载《外语教育研究前沿》2021年第2期，第85–88页。

提高学生的动机,从而对学业成绩产生积极影响。① 课堂环境包括教学环境和文化环境。教学环境包括物理环境和虚拟环境,为交互式课堂活动的开展提供物质基础;文化环境是指具有自由民主、平等和谐的课堂氛围的内部教学环境,包括学风作风、管理考核制度等。② 现代外语教学面临的最大挑战是难以给学生提供一个以学生为中心的、低焦虑的课堂环境。多媒体技术与网络功能有利于这种学习情境的建构。在自媒体时代,自主学习是提高信息能力水平的前提条件之一。一般来说,自主学习性较强的学生对于信息的敏感度也相应较高,善于发现问题、分析问题并提出解决问题的各种方案。教师是教育变革的动力,教师的信息素养状况对于激发学生的信息意识和学习热情具有直接的重要影响,关系到学生的素质培养。意识是一种认识,也是一种习惯。课堂上,教师要有针对性地去培养学生的信息意识,树立积极的信息需求意识,引导学生利用互联网的强大交互功能、开放的空间和广泛的信息来源,进行信息的加工、分析、综合、归纳与分享。在整个教学过程中,教师不仅是知识的传授者,更是学生在信息世界中遨游的导航者。同时,教师还要鼓励学生积极参与社会实践和社团活动,加强对信息的敏感性和洞察力,善于从看似不重要的信息中发现潜在的价值,并将获取的信息资源整合与应用到实际生活中。

在日常教学中,教师要加强信息技术与外语学科的整合,积极创设信息化课堂教学环境(见表6-2),教师不仅需要掌握学科教学知识(pedagogical content knowledge,PCK)体系,还应具备将信息技术整合到PCK体系中的能力,凸显信息技术在教学环境中的重要作用和得到合理的使用,并将它作为衡量现代教师知识结构和教师专业素养的新标准,实现教学方式的根本变革。③ 为此,教师要努力把信息技术作为学习的对象,把信息技术作为教学工具,把信息技术作为学生学习的工具,强化用信息技术支持终身学习的意识。

---

① 韦晓保、彭剑娥、秦丽莉等:《课堂环境、二语坚毅与英语学业成绩的关系——学业情绪的中介作用》,载《现代外语》2024年第1期,第89-100页。
② 黄志芳、周瑞婕、万力勇:《混合学习环境下交互式课堂生态系统设计及实证研究》,载《电化教育研究》2020年第4期,第78-85页。
③ 吴玉玲、邱思莲、李沐阳:《英语师范生学科素养测量研究》,载《外语教学》2018年第5期,第61-65页。

表6-2 传统课堂环境与信息素养教育课堂环境的比较

差异性	课堂环境	
	传统课堂环境	信息素养教育课堂环境
教学观	教师中心	学生中心
教师地位	教师主体	教师主导
学习方式	被动、接受式	合作、探究式
学生发展	单方向发展	多方面发展
教学媒体	单一媒体	多媒体、信息化
教学背景	孤立的人工背景	仿真的、现实生活中的情景
信息传递	单向传递	多向交换（人—人、人—机）
典型性	封闭性	开放性
倾向性	支持传统法	支持建构法
动态性	稳定不变	创新、求变
互动性	过滤现实	生成现实
结构性	线性排列模式	非线性/超文本模式

教师的信息素养水平与学生的信息素养能力息息相关。为创设有效的信息素养教育课堂环境，我们有必要对教师进行完善的信息素养教育培训，使教师掌握最新的信息素养教育技能。只有教师的信息素养提升了，才能把信息素养教育应用在课堂教学中。通过培训，可以转变教师的教育观念，进而从根本上引导学生的信息素养教育，全面为学生服务，为学生信息素养的提高创设有利的环境。

在职培训是提升教师信息素养水平的关键环节，要注重培训的丰富性、针对性、时效性和应用性。首先，教师培训应考虑培训对象的年龄、学科门类、学历层次、信息技术水平等个体差异性，采取分层分类培训并有针对性地确定各层培训的目标、框架、内容和难度，力争让处在不同水平的教师都能有所收获。其次，教师培训应增加信息技术应用于课堂教学的实操课程，利用微课、慕课、虚拟图书馆、移动图书馆等在线信息素养培训方式充分开发教师的碎片化时间，加深教师对信息技术本质特征的再认识。最后，学校应紧跟信息技术发展步伐，洞悉信息化社会发展的趋势和要求并结合教师信息素养发展现状,不断更新与拓展教师信息素养培训内容,逐层逐级设置培训目标,动态且持续地提升教师信息素养。此外,宽松开放的校园文化环境是教师信息素养水平提升的文化土壤。学校应充分发挥数字化图书馆的作用,大力建设图书馆的大数据分析软件、学习管理系统和云资源平台等信息资源储备库,为创设良好的数字化环境、提升教师信息素养提供硬件基础;学校应组建一支优秀的人才队伍,及时解决教师在教学过程中出现的技术问题,激发教师将信息技术和教学相融合的热情,进而在全校形成良好的信息技术学习氛围,为教师信息化教学保驾护航。①

3. 创设有效的信息素养教育校园环境,营造英语自主学习氛围

信息素养是一种高级的现代化素质,其培养包括技术、道德、人文等多个方面。信息素养的培养不能只在计算机课程中实施,还应该渗透到其他各门学科的教育中。学生的信息意识、信息情感以及信息道德不是一门课程就能培养的,而是整个学校教育与环境陶冶所造就的。② 作为学校主要的信息资源中心,图书馆一直是课堂教学的重要延伸。数字图书与电子阅览室的出现打破了时空限制,使图书馆成为学生信息素养培养的主要场所。在这里学生只要拥有访问权限,运用检索技术就可快捷地浏览和下载众多的书籍、期刊类文章以及优秀的论文。

一方面,学校要加强校园网络建设与共享。学校配置信息化所需的基本硬件的目的是方便教师进行教学设计、教学实施,并提升教师自身的信息素养水平。多媒体网络教室,为学生掌握信息技能提供了多样化的学习环境。学校除了图书馆这一信息资源外,还存在校园广播、校园论坛、视听多媒体教室以及宣传栏等众多的信息资源。这些信息资源更加多样化、灵活化,更能吸引学生进行信息的获取。社会信息资源及网络资源的共享,既增加了学生获取信息的方式,也培养了其合作意识,真正起到了提升综合信息素质的作用。

---

① 于杨、赫明侠:《新信息技术环境下高校教师信息素养的内涵要素及其提升路径》,载《情报科学》2021年第12期,第32-38页。

② 顾璟、范苏:《新媒体环境下高校学生信息素养的培育》,载《南通大学学报(社会科学版)》2013年第2期,第135-140页。

另一方面，计算机和网络环境作为学生学习的重要平台，需要及时得到更新，尤其是要加强软件资源建设，因为其数量和质量直接影响教学效果。学校要配合教育技术中心加强软件资源的开发和管理，不断更新和扩充精品网络课程、教学案例资源以及课件开发实例与教程，充实数字图书资源，使学生掌握利用资料库下载数据资料的技巧，以及使用浏览器和引擎工具参加网上讨论等。校园信息环境建设为学生营造良好的自主学习氛围。通过网络技术的应用，学生可以获得大量的学习资源和技术支持，同时，学生也可以更加自主地参与知识的建构。

4. 创设有效的信息素养教育家庭环境，加强英语自主学习引导

家庭是学生接受教育的重要场所，潜移默化地影响学生成长，家庭背景和家长观念直接影响学生信息素养发展。充分发挥家长和家庭环境作用是提升学生信息素养的重要途径。① 家长的信息理念和信息水平对孩子影响巨大，因此发挥好家长的表率作用尤为重要。为此，必须明确家庭在信息教育中的重要地位。家庭是学生成长的第一课堂，是学生接触网络的主要场所。可是，由于对电脑和互联网缺乏了解，很多父母对孩子接触网络感到忧心忡忡、进退两难，想管却不知道该如何管。这使得父母言传身教的表率作用难以得到有效的发挥。其一，家长要摆正心态，克服畏难情绪，加强对子女信息素养培育的重视，通过对网络的接触和学习，充分发挥家庭教育及时性与连续性的作用，对子女的信息素养教育进行积极、有效的引导。其二，家长尤其要加强孩子对自身信息能力的学习自主性引导。自主学习能够使学生掌握独立探索、独立研究的能力，独立自主学习的学生也能更敏感地把握信息，更善于发现别人不能发现的问题，从而解决问题。从最初的需要教师的引导，逐渐走向独立自主，锻炼学生独立自主应用信息的能力。

同时，应通过培训提升家长信息素养的水平。家庭教育是每个学生启蒙教育的开端，家长的教育方法与水平直接决定家庭教育的效果。为提高家庭教育水平，家长应该积极主动地加强学习，提高自身的信息素养。

总之，家长要不断提高自身的信息素养，应树立正确的互联网观念，

---

① 余亮、张媛媛、赵笃庆：《"互联网+"教学环境下初中生信息素养影响因素跟踪研究——基于学生个体和家庭层面的视角》，载《现代远距离教育》2022年第1期，第64-74页。

明确互联网对孩子未来发展的积极作用,创设优质的信息环境,营造良好的学习氛围,鼓励孩子利用互联网大胆探索与实践。同时,家长也应当扮演好监督者角色,防止孩子上网成瘾。此外,学校应当重视与家长的合作,借助互联网拓宽家校沟通渠道,积极建设家校互联平台,推进家校协同育人。①

5. 创设有效的信息素养教育社会环境,倡导英语自主学习理念

著名教育家陶行知曾指出:社会即学校,生活即教育。社会教育的特殊性决定了社会对学生信息素养的提高有着重要的作用。社会对学生进行信息素养教育的内容更为丰富、全面和具体。因此,教师要积极搭建有利于学生健康成长的平台,为学生的信息素养教育提供良好的社会媒介环境。

(1) 需要加大关于信息素养教育的宣传力度。开展学生信息素养教育,不仅应具备相对广泛的群众性基础,还离不开社会的认同和支持,而在我国由于缺乏对学生信息素养的科学认知,再加上信息素养水平不高,不利于形成有助于学生信息素养教育的社会氛围,信息素养教育的观念难以深入人心。这是我国开展学生信息素养创新教育所要面对的重要工作。

(2) 需要净化"互联网"媒介环境。包括完善"互联网"监管的法律和规范,强化大众传媒与网络文化的导向作用,加强网络文化市场的技术监管力度,大力改善农村地区的网络相关基础设施,加强对网络信息素养教育的支持力度,为网络信息素养教育创造健康成长的"绿色文化"空间。

(3) 充分发挥民间机构,尤其是非政府组织和一些民间团体在学生信息素养教育中的积极作用,让他们发动并带动全社会都来关注学生信息素养教育的工作,从而在全社会营造良好的信息素养教育氛围和树立自主学习理念。

当前,我国的信息素养教育理念有待深化。信息素养教育普遍是以通识教育、基础性教育为主,尤其是与学科结合的学科信息素养教育的实践偏少,缺乏良好的师资力量,教学内容没有针对性,教学方式缺乏吸引

---

① 余亮、张媛媛、赵笃庆:《"互联网+"教学环境下初中生信息素养影响因素跟踪研究——基于学生个体和家庭层面的视角》,载《现代远距离教育》2022年第1期,第64—74页。

力。信息素养教育实质上是要教会学生学习，使学生真正成为学习的主人。对于英语教学来说，培养学生的信息素养就是在提高学生的语言学习和运用的能力，培养学生自主学习的能力。发展性教学论倡导"学生为主体、教师为主导"的自主学习模式，让学生通过主体性学习，自主建构知识，自主地对信息进行搜集、筛选、分析、批判、处理和生成，并使自身素养得到全面发展。在培养学生信息素养的同时，我们也要关注与之密切相关的视觉素养、媒体素养、计算机素养、数字素养以及艺术素养，充分发挥学生的主观能动性，全面提高学生适应信息时代所需要的综合素质。

因此，必须高度重视并大力提升教师的信息素养。培养信息素养，首先要养成对信息的"质疑"能力；其次是对信息的"审辩"（或批判）能力。在信息社会，当人们面对特定信息时，需要每个人都有能力进行理智的判别、审辩的思考，能够以科学精神识别媒体信息。一方面，应认识到网络上人云亦云、迅速传播的信息的可疑性，学会对不确定信息保持质疑的态度；另一方面，应养成实事求是、事事求真的习惯，运用实证方法去检验信息的真实性。培养质疑和审辩能力，应养成反思习惯，进而养成运用科学方法寻求科学验证以辨别真假是非的习惯，并通过反思建立理解复杂、多元社会信息的逻辑，不断提升信息技能、信息意识和信息文化素养。[1]

要坚决贯彻落实《中共中央国务院关于全面深化新时代教师队伍建设改革的意见》，推动教师主动适应信息化、人工智能等新技术变革，积极有效地开展教育教学。启动"人工智能+教师队伍建设行动"，推动人工智能支持教师治理、教师教育、教育教学的新路径，推动教师更新观念、重塑角色、提升素养、增强能力。创新师范生培养方案，完善师范教育课程体系，加强师范生信息素养培育和信息化教学能力培养。实施新周期中小学教师信息技术应用能力提升工程，以学校信息化教育教学改革引领教师信息技术应用能力提升培训，通过示范性培训项目带动各地因地制宜开展教师信息化全员培训，加强精准测评，提高培训实效性。继续开展职业院校、高等学校教师信息化教学能力提升培训。深入开展校长信息化领导力培训，全面提升各级各类学校管理者的信息素养。

---

[1] 令仪：《以科学精神培养信息素养》，载《教育科学研究》2022年第10期，第1页。

总之，自主学习是与传统的接受式学习相对应的一种现代化的学习方式，以学生作为学习的主体，通过学生独立的分析、探索、实践、质疑、创造等方法来实现学习目标。现今，随着信息时代不断发展，网络已经成为学生获取信息的重要途径，其高度的共享性和内容的广泛性赋予了它相对传统信息工具不可比拟的先天优势，网络自主学习已成为大势所趋。一些主要用于娱乐的网络工具，如论坛、QQ、博客等也成为学生进行自主学习的选择。它们虽然不同于传统意义上的 web 2.0 学习平台那样拥有明显的学习功能，但是其使用的广泛性已经赋予了它们成为学生网络自主学习重要平台的潜力，学生在课外使用这些平台进行自主学习的情况在很大程度上反映了学生信息素养的高低。相对于"正式的"，即通过各种形式课程所提供的信息素养教育，网络自主学习拓展了学生的信息素养能力。①

---

① 张晓娟、张寒露、范玉珊等：《Web 2.0 环境中大学生信息素养能力的拓展——基于网络自主学习与创新的调查与分析》，载《现代情报》2011 年第 4 期，第 35－39 页。

结　　语

　　新时代背景下，英语作为国际交流的通用语言，其重要性日益凸显。自主学习能力已成为21世纪关键的技能之一。

　　自主学习允许学生根据自己的需求和兴趣来设定学习目标，有针对性地进行学习。它不仅有助于提高学生学习英语的积极性，也有助于培养学生的批判性思维和解决问题的能力。这对于学生在现代职场中应对复杂情境和适应多元化环境至关重要。自主学习还有助于培养学生的终身学习习惯和社会适应能力。尤其是在知识不断更新的时代，随着信息技术的不断发展以及人工智能的广泛应用，具备自主学习能力的学生在未来将更有竞争优势和发展优势。他们能够更好地适应日新月异的社会环境，持续拓展知识边界，为未来的发展奠定坚实的基础。

　　兴趣是最好的老师。当学生对某个领域或课题产生浓厚的兴趣时，便会更愿意投入时间和精力去学习，从而提高学习效率。教育者应该关注学生的学习兴趣，激发和引导其学习热情。自主学习过程中虽然会遇到困难和挫折，但是兴趣可以让学生在面对困难时保持积极的心态，增强学习毅力，这有利于其克服困难。兴趣可以使学生更加专注地学习，使人产生愉悦感，进而促进学习。兴趣可以激发学生的好奇心和探究欲望，有利于培养学生的创新思维和解决问题的能力。同时，学生也要善于发现自己的兴趣，将兴趣与学习相结合，从而提升学习效果。

　　学生应意识到自己的学习目标和动机是自主学习的第一步。学生需要明确自己想要学习什么，以及为什么想要学习它。这有助于学生制订学习计划并保持专注。自主学习需要学生能够监控自己的学习过程，这意味着其需要意识到自己的学习习惯、时间管理、注意力集中程度以及学习效果。自我监控能力可以帮助学生及时调整学习策略，以更有效地达到目标。当学生理解学习的重要性和对个人成长的影响时，才更有可能进行自我激励，坚持学习。意识在自主学习能力的培养中帮助学生设定目标，监控进度，自我激励，反思和调整学习策略，以及进行自我评价和引导学习。通过提高自主学习意识，学生可以更有效地掌握学习过程，成为独立、自主的学习者。

良好的学习习惯可以帮助学生更加高效地学习，提升学习效果。良好的时间管理习惯可以帮助学生合理安排学习时间，更好地掌握自己的学习进度。自主学习需要学生具备自我激励的能力，而良好的习惯可以帮助学生形成积极的自我激励机制。例如，定期进行复习、预习，掌握记忆技巧，定期总结学习成果，为自己设定小目标，都可以激发和提升学生的学习兴趣、动力和效果。良好的学习习惯可以帮助学生培养自律意识，如遵守学校纪律、按时完成作业、不拖延等。良好的学习习惯可以帮助学生更好地与同学进行合作与交流。通过分享学习心得，互相讨论问题，学生之间可以取长补短，提高自己的学习能力。良好的学习习惯可以帮助学生形成持续进步的意识。自主学习不仅仅追求短期效果，更重要的是使学生保持长期的学习热情，为未来的学习和职业生涯打下坚实的基础。

当学生在学习过程中取得成就时，会增强信心，相信自己有能力独立完成学习任务，这种自信心是自主学习的重要基础。成就可以激发学生对学习的兴趣，使其更愿意投入时间和精力去探索新知识。学生在取得成就后，往往会设定更高的目标，这种目标导向可以引导学生不断向前，自主学习能力在这个过程中便得到了锻炼和提升。学生在取得成就的过程中，会不断尝试和优化适合自己的学习策略，这些策略的积累和优化有助于提升自主学习效果。同时，成就感能够促使学生进行自我反思、分析成功原因、总结经验教训，这种自我反思能力是自主学习能力的重要组成部分。成就不仅是对学生学习成果的肯定，还是提升自主学习能力的重要驱动力。通过不断追求和实现成就，学生可以更好地培养自主学习能力。

兴趣是基础，意识是导向，习惯是关键，成就是助推剂。在日常教学中，教师要努力激发学生的自主学习兴趣，培养学生的自主学习意识，使之养成良好的自主学习习惯，在日积月累的成就感的支持下，"兴趣—意识—习惯—成就"四位一体，有助于变"要我学"为"我要学"，让自主学习成为每一个学习者的新常态，让自主学习能力成为赢得未来竞争的关键能力之一。

总之，正如心理学家罗杰斯所言，真正有效的自主学习应当是学生主动积极和全神贯注的学习，这种不以强迫为手段的学习是以自由为基础的学习，学生有权利自由地选择他们的学习方向，探索发现感兴趣的学习内容；教师以辅助者、促进者的角色尽量减少学生自主学习的阻力与挫折。

这种主动积极、全神贯注、师生合作的自主学习，会使得学生更容易发现自身存在的问题，而后全身心投入去克服困难、寻求答案。这样教师在有效地培养学生自主学习能力的同时，也会促进学生知、情、意、行以及德、智、体、美、劳各方面健康地、和谐地、全面地发展。

当然，学生自主学习能力的培养是一个长期而艰苦的过程，也是一个复杂而值得研究的领域。本书从语感教学、情商教学、任务型教学、叙事教学、自媒体建设以及信息素养教育六个方面对英语自主学习能力培养进行了多维的观察与分析，但本书所言犹如蜻蜓点水，只希望能起到抛砖引玉的作用，在中华民族走向伟大复兴的征途上，让更多的人关注新时代英语自主学习能力培养的重要意义，为人们适应终身学习社会、树立英语学习自信提供些许参考与启示。让更多学生学好英语，学会用英语讲好中国故事，向世界传递中国的声音！

参考文献

[1] 蔡帼芬,张开,刘笑盈. 媒介素养[M]. 北京:中国传媒大学出版社,2005.

[2] 陈春梅. 自主学习视域下教师信念比较研究:基于高中和大学英语教师的调查[M]. 武汉:武汉大学出版社,2022.

[3] 陈光海,汪应,杨雪平. 信息化教学理论、方法与途径[M]. 重庆:重庆大学出版社,2018.

[4] 陈坚林. 计算机网络与外语课程的整合:一项基于大学英语教学改革的研究[M]. 上海:上海外语教育出版社,2010.

[5] 陈晶. 自媒体2.0:网络直播"星"力量[M]. 北京:清华大学出版社,2018.

[6] 陈申. 外语教育中的文化教学[M]. 北京:北京语言文化大学出版社,1999.

[7] 陈玉琨. 课程改革与课程评价[M]. 北京:教育科学出版社,2001.

[8] 程可拉,刘津开. 中学英语任务型教学理念与教学示例[M]. 广州:华南理工大学出版社,2003.

[9] 程晓堂. 任务型语言教学[M]. 北京:高等教育出版社,2004.

[10] 崔小清. 影响大学生英语自主学习的课程因素[M]. 北京:光明日报出版社,2020.

[11] 戴炜栋. 外语教育求索集[M]. 上海:上海外语教育出版社,2006.

[12] 戴卫·赫尔曼. 新叙事学[M]. 马海良,译. 北京:北京大学出版社,2002.

[13] 丹尼尔·戈尔曼. 情商:为什么情商比智商更重要[M]. 杨春晓,译. 北京:中信出版社,2010.

[14] 丁钢. 声音与经验:教育叙事探究[M]. 北京:教育科学出版社,2008.

[15] 杜晓新,冯震. 元认知与学习策略 [M]. 北京:人民教育出版社,2009.

[16] 范春林. 课堂环境与自主学习 [M]. 北京:国家行政学院出版社,2013.

[17] 高凌飚,庄兆声. 基础教育课程改革研究 [M]. 广州:广东教育出版社,2002.

[18] 龚亚夫,罗少茜. 任务型语言教学 [M]. 2版. 北京:人民教育出版社,2006.

[19] 桂诗春. 新编心理语言学 [M]. 上海:上海外语教育出版社,2000.

[20] 郭湛. 主体性哲学:人的存在及其意义 [M]. 昆明:云南人民出版社,2002.

[21] 韩冬,傅兵. 信息素养教育论 [M]. 北京:北京理工大学出版社,2017.

[22] 韩静娴,赵曼娟. 信息素养教育理论与实践 [M]. 广州:世界图书出版广东有限公司,2014.

[23] 何基生. 自主学习能力论 [M]. 哈尔滨:黑龙江教育出版社,2009.

[24] 何克抗,吴娟. 信息技术与课程整合 [M]. 北京:高等教育出版社,2007.

[25] 洪镇涛. 开拓与坚守:语感教学二十年 [M]. 北京:开明出版社,2015.

[26] 胡文仲. 跨文化交际与英语学习 [M]. 上海:上海译文出版社,1988.

[27] 胡文仲. 英语的教与学 [M]. 北京:外语教学与研究出版社,1989.

[28] 胡亚敏. 叙事学 [M]. 武汉:华中师范大学出版社,2004.

[29] 黄甫全. 课程与教学论 [M]. 北京:高等教育出版社,2002.

[30] 黄国营. 英语教育学 [M]. 南昌:江西教育出版社,1997.

[31] 黄远振. 新课程英语教与学 [M]. 福州:福建教育出版社,2003.

[32] 霍华德·加德纳. 多元智能 [M]. 2版. 沈致隆,译. 北京:新华出版社,2004.

[33] 加涅. 学习的条件和教学论 [M]. 皮连生,译. 上海:华东师范大学出版社,2000.

[34] 贾冠杰. 外语教育心理学 [M]. 南宁:广西教育出版社,1996.

[35] 贾国栋. 计算机辅助语言教学:理论与实践 [M]. 北京:高等教育出版社,2007.

[36] 金延风,吴希红. 自主与引导:基于自主学习的课堂教学引导策略研究 [M]. 上海:华东师范大学出版社,2004.

[37] 课程教材研究所. 课程改革整体论 [M]. 北京:人民教育出版社,2003.

[38] 李福华. 高等学校学生主体性研究 [M]. 合肥:安徽人民出版社,2004.

[39] 李玲,殷新,朱海雪. 信息技术隐性课程对中学生信息素养的影响:基于倾向得分匹配法的实证分析 [J]. 中国电化教育,2018(2):100-106.

[40] 李庆安,李洪玉,辛自强. 英语教学心理学 [M]. 北京:北京教育出版社,2001.

[41] 李晓华. 导向型自主学习的基本原理与教学策略 [M]. 西安:陕西师范大学出版社,2009.

[42] 廖旭梅. 大学生自主学习:影响因素与有效策略 [M]. 北京:社会科学文献出版社,2022.

[43] 林崇德. 21世纪学生发展核心素养研究 [M]. 北京:北京师范大学出版社,2016.

[44] 林立. 任务型学习在英语教学中的应用 [M]. 北京:首都师范大学出版社,2005.

[45] 刘良华. 叙事教育学 [M]. 上海:华东师范大学出版社,2011.

[46] 刘明辰. 自主式学习 个性化发展:高中小班化教育探索与实践 [M]. 济南:山东友谊出版社,2013.

[47] 刘萍. 认知、互动、自主学习:课外环境中大学英语学习现状研究 [M]. 南京:东南大学出版社,2017.

[48] 龙丽嫦,曾祥潘,简子洋. 用技术解决问题:教师信息素养88个情境实例 [M]. 广州:暨南大学出版社,2014.

[49] 鲁子问. 英语教学论 [M]. 上海:华东师范大学出版社,2010.

[50] 罗爱梅,罗丹,何艳铭,等. 当代中小学外语课程发展[M]. 广州:广东高等教育出版社,2005.

[51] 罗钢. 叙事学导论[M]. 昆明:云南人民出版社,1994.

[52] 吕良环. 外语课程与教学论[M]. 杭州:浙江教育出版社,2003.

[53] 马克·柯里. 后现代叙事理论[M]. 宁一中,译. 北京:北京大学出版社,2003.

[54] 马一波,钟华. 叙事心理学[M]. 上海:上海教育出版社,2006.

[55] 毛善新. 新课程视域下个性化自主学习策略研究[M]. 武汉:华中师范大学出版社,2012.

[56] 梅德明,王蔷. 普通高中英语课程标准(2017年版)解读[M]. 北京:高等教育出版社,2018.

[57] 梅德明,王蔷. 义务教育英语课程标准(2022年版)解读[M]. 北京:北京师范大学出版社,2022.

[58] 梅德明. 新世纪英语教学理论与实践[M]. 上海:上海外语教育出版社,2004.

[59] 莫锦国. 外语E-learning:理论与实践[M]. 上海:上海外语教育出版社,2011.

[60] 潘洪建. 有效学习与教学:9种学习方式的变革[M]. 北京:北京师范大学出版社,2013.

[61] 潘庆玉. 教学:作为故事讲述的方法[M]. 广州:广东教育出版社,2006.

[62] 裴娣娜. 现代教学论(第二卷)[M]. 北京:人民教育出版社,2005.

[63] 全国课程专业委员会秘书处. 21世纪中国课程研究与改革[M]. 北京:人民教育出版社,2001.

[64] 任长松. 新课程学习方式的变革[M]. 北京:人民教育出版社,2003.

[65] 阮周林. 基于元认知知识的中国学生自主学习与自主写作研究[M]. 上海:上海外语教育出版社,2012.

[66] 申丹,王丽亚. 西方叙事学:经典与后经典[M]. 北京:北京大学出版社,2010.

[67] 申金霞. 自媒体时代的公民新闻[M]. 北京:中国广播电视出版

社，2013.
- [68] 施良方. 学习论：学习心理学理论与原理 [M]. 北京：人民教育出版社，2009.
- [69] 施良方. 学习论 [M]. 北京：人民教育出版社，2001.
- [70] 束定芳，庄智象. 现代外语教学：理论、实践与方法 [M]. 上海：上海外语教育出版社，1996.
- [71] 束定芳. 外语教学改革：问题与对策 [M]. 上海：上海外语教育出版社，2004.
- [72] 谭君强. 叙事学导论：从经典叙事学到后经典叙事学 [M]. 2版. 北京：高等教育出版社，2014.
- [73] 田艳. 智能化英语自主学习 [M]. 北京：外语教学与研究出版社，2018.
- [74] 王培光. 语感与语言能力 [M]. 北京：北京大学出版社，2005.
- [75] 王田. 大学生自主学习的现状及影响因素研究 [D]. 东北师范大学，2014.
- [76] 王卫军. 教师信息化教学能力发展研究 [M]. 北京：中国社会科学出版社，2018.
- [77] 王寅. 认知语言学探索 [M]. 重庆：重庆出版社，2005.
- [78] 王映宇. 大学英语自主学习模式新编 [M]. 北京：北京交通大学出版社，2019.
- [79] 王枬. 教师印迹：课堂生活的叙事研究 [M]. 北京：教育科学出版社，2008.
- [80] 魏永红. 任务型外语教学研究：认知心理学视角 [M]. 上海：华东师范大学出版社，2004.
- [81] 文秋芳. 英语学习策略论 [M]. 上海：上海外语教育出版社，1996.
- [82] 文秋芳. 英语学习策略论 [M]. 上海：上海外语教育出版社，1996.
- [83] 吴晨光. 自媒体之道 [M]. 北京：中国人民大学出版社，2018.
- [84] 吴鼎福，诸文蔚. 教育生态学 [M]. 南京：江苏教育出版社，1990.
- [85] 吴康宁. 教育社会学 [M]. 北京：人民教育出版社，1998.

［86］吴永军. 课程社会学［M］. 南京：南京师范大学出版社，1999.

［87］晓丹. 培养孩子自主学习力的88个细节［M］. 天津：天津人民出版社，2018.

［88］徐淑娟. 网络时代大学英语自主学习探究［M］. 北京：科学出版社，2016.

［89］徐晓东. 信息技术教育的理论与方法［M］. 北京：高等教育出版社，2004.

［90］徐云知. 语感和语感教学研究［M］. 北京：高等教育出版社，2004.

［91］旋黎辉，付国伟. 信息化时代大学英语自主学习能力的培养研究［M］. 北京：中国书籍出版社，2023.

［92］严明. 大学英语自主学习能力培养教程［M］. 4版. 哈尔滨：黑龙江大学出版社，2014.

［93］杨小微. 现代教学论［M］. 太原：山西教育出版社，2004.

［94］杨义. 中国叙事学［M］. 北京：人民教育出版社，1997.

［95］叶澜. 教师角色与教师发展新探［M］. 北京：教育科学出版社，2001.

［96］袁军. 媒介素养教育论［M］. 北京：中国传媒大学出版社，2010.

［97］袁振国. 教育新理念［M］. 北京：教育科学出版社，2002.

［98］曾洁. 外语自主学习策略教程［M］. 上海：上海外语教育出版社，2011.

［99］张彩虹. "三段·六重"讲评课模式探究和学生自主学习能力培养论［M］. 北京：中国农业大学出版社，2019.

［100］张大均. 教育心理学［M］. 北京：人民教育出版社，2004.

［101］张豪锋，张水潮. 教育信息化与教师专业发展［M］. 北京：科学出版社，2008.

［102］张剑平. 信息技术教育：概观与展望［M］. 北京：高等教育出版社，2003.

［103］张静波. 信息素养能力与教育［M］. 北京：科学出版社，2007.

［104］张万敏. 认知叙事学研究［M］. 北京：中国社会科学出版社，2012.

［105］章兼中. 外语教育学［M］. 杭州：浙江教育出版社，1992.

[106] 赵应吉. 中国文化英语自主学习研究：基于语料库数据驱动视角 [M]. 重庆：西南交通大学出版社，2019.

[107] 珍妮特·沃斯，林佳豫. 自主学习的革命：《学习的革命》工具篇 [M]. 刘文，译. 北京：中国友谊出版公司，2016.

[108] 郑金洲. 教育文化学 [M]. 北京：人民教育出版社，2000.

[109] 中华人民共和国教育部. 普通高中英语课程标准：2017年版 [M]. 北京：人民教育出版社，2020.

[110] 中华人民共和国教育部. 义务教育英语课程标准：2011年版 [M]. 北京：北京师范大学出版社，2012.

[111] 中华人民共和国教育部. 义务教育英语课程标准：2022年版 [M]. 北京：北京师范大学出版社，2022.

[112] 中华人民共和国教育部. 全日制义务教育普通高级中学英语课程标准：实验稿 [M]. 北京：北京师范大学出版社，2001.

[113] 钟启泉，汪霞，王文静. 课程与教学论 [M]. 上海：华东师范大学出版社，2008.

[114] 钟启泉，张华. 世界课程改革趋势研究 [M]. 北京：北京师范大学出版社，2001.

[115] 钟启泉. 课程与教学概论 [M]. 上海：华东师范大学出版社，2003.

[116] 朱纯. 外语教学心理学 [M]. 上海：上海外语教育出版社，1994.

[117] 朱莉娅·斯蒂德，鲁奇·萨瓦哈. 教会学生自主学习：在课堂中实践成长型思维的实用工具包 [M]. 白洁，译. 北京：中国青年出版社，2021.

[118] 朱万喜. 走向自主发展：中学生自主学习策略的思考与实践 [M]. 南京：江苏人民出版社，2009.

[119] 祝智庭. 信息教育展望 [M]. 上海：华东师范大学出版社，2001.

[120] 左焕琪. 外语教育展望 [M]. 上海：华东师范大学出版社，2002.